LETTRES D'AMOUR
DE
ROBERT ET CLARA SCHUMANN

LETTRES D'AMOUR

DE

ROBERT ET CLARA

SCHUMANN

Traduites de l'allemand
par
MARGUERITE ET JEAN ALLEY

Préface de Michel Schneider

BUCHET/CHASTEL

Malgré les démarches entreprises par l'éditeur, les ayants-droits des traducteurs n'ont pas pu être joints dans les délais de publication. L'éditeur les invite à se mettre en relation avec ses services.

© Buchet/Chastel
un département de Meta-Éditions, 2008
7, rue des Canettes, 75006 Paris
ISBN 978-2-283-02361-7

PRÉFACE
Deux cœurs en morceaux

S'il connut plusieurs femmes et s'éprit de deux ou trois, Schumann n'eut qu'une femme dans sa vie, Clara. Il commença à l'aimer quand il avait dix-huit ans et elle huit. Il ne parvint à l'épouser qu'après une longue lutte. Et, peut-être pour se convaincre qu'elle était bien sa femme et lui bien un homme, il lui fit huit enfants. Pendant la durée de leur vie commune, entre le mariage (1840) et l'internement de Robert (1854), et même au plus fort de sa folie, il consignait leurs rapports sexuels dans son *Journal*.

Ce n'est pas qu'il n'y eût pas de mystère dans cet attachement. Clara n'était pas une banale *Hausfrau*, mais une pianiste extraordinaire, fille de Friedrich Wieck, qui avait été le professeur de Schumann, une musicienne d'exception, qui se mesurait à des hommes et devint la première femme virtuose de l'histoire du piano. Quand il la rencontre en 1830, Robert comprend que la pianiste, c'est elle, et s'arrange pour s'abîmer tellement la main qu'il sera forcé de devenir compositeur et non interprète. À l'inverse, elle renoncera à composer, parce qu'elle sait que le génie est en lui et qu'elle devra faire vivre avec ses doigts la maison Schumann.

Lettres d'amour ? C'est le titre du recueil qu'on va lire. Il serait plus exact de dire, comme l'édition allemande : *Lettres de jeunesse*, car les lettres entre Robert et Clara ne cesseront pas en 1840 au moment où enfin ils se marient après avoir obtenu gain de cause en justice, tandis que l'amour, lui, aura peut-être cessé. Car beaucoup de froid surprend dans cet amour romantique. Ainsi, Clara, qui en deux ans et quatre mois d'internement psychiatrique de son mari ne trouva pas un instant pour venir le visiter. Inquiet de n'avoir plus aucune nouvelle, Schumann demanda un jour à Brahms si Clara était morte. Froid aussi chez Robert. Froid mortel devant cette union aussi crainte que désirée. À la fin, Robert demande lui-même à être interné : « Tu veux abandonner ta femme ? » interroge Clara. Il acquiesce : « Mais ce ne sera pas long. »

Lettres d'enfants ? Chacun se veut la mère de l'autre « Si je ne t'écris pas pendant quatre semaines, ne m'en veux pas. Ce ne sera que par manque de temps. Comme je dois, en principe, mener ce qu'on appelle la grande vie, mes soirées seront sans doute occupées. » C'est une jeune fille de dix-huit ans qui écrit ces mots à un homme de vingt-sept. Alors qu'ils ne sont pas encore mariés, Clara Wieck écrit à Robert Schumann comme une mère à son fils. Il est vrai que dès sa première lettre (elle avait onze ans), Robert lui déclarait : « Je pense souvent à vous — pas comme un frère à une sœur, ni comme un ami à une amie, mais comme un pèlerin à la Madone. » Mais pour Clara, qui fut abandonnée par sa mère à l'âge de quatre ans, elle qui parlait peu et mal jusqu'à ce qu'à cinq ans on la mette au piano et qu'elle trouve dans la musique une sorte de langue maternelle, que fut Robert sinon une autre mère, celle qui la nourrissait de musique, comme l'autre, la vraie, avait manqué de la nourrir d'amour ? Lorsque chacun accepte ainsi d'être enfant devant l'autre, cela s'appelle l'amour. Au risque de souffrir si l'autre en abuse, et d'en mourir s'il fait défaut, l'amour, c'est ouvrir à l'autre l'enfant en soi, devenir l'enfant de l'autre, et l'âge réel de ceux qu'il unit ne fait rien à l'affaire.

Lettres de musique ? Souvent séparés, d'abord par le père, puis par la carrière de concertiste de Clara et enfin par l'internement de Robert, les deux amants se sont beaucoup écrit, et quand ils se retrouvaient, ils rédigeaient à deux un *Journal*. Les lettres, les mots, les lectures, l'écriture, sont partout présents à l'intérieur et autour de la musique de Schumann. « C'est étrange, mais quand je t'écris beaucoup, comme en ce moment, je ne puis composer. C'est comme si toute la musique passait dans mes lettres. » Il est vrai, en retour, que les musiques écrites à cette époque sont toutes des lettres secrètes adressées à Clara...

« Ah ! mon chéri, mon cœur est en morceaux ! » écrit-elle. Entendons-le littéralement : ces morceaux sont des pièces de musique, des *Stücke*, *Stückchen*, *Stücklein*, que Clara compose, puis donne à Robert, qui s'en inspire puis lui retourne pour qu'elle les joue. Lettres de deux enfants qui s'aiment en mots et en notes. L'année suivante, Robert écrit : « Ce que j'ai fait, c'est comme l'écho de ce que tu m'as écrit un jour : "Moi aussi je t'apparais quelquefois comme un enfant !" En un mot j'avais des ailes et je me suis mis à écrire une trentaine de petites pièces dont j'en ai gardé douze et je les ai appelés *Kinderscenen* (Scènes d'enfants). »

S'ils se perdent, c'est avec la musique qu'ils se cherchent dans le noir, comme à colin-maillard. S'ils se trahissent ou se trompent, c'est avec la musique encore qu'ils cherchent à oublier le manque de l'autre. Clara écrit : « Quelquefois je joue du piano jusqu'à ce que je n'en puisse plus. Mon cœur s'allège au contact de la musique, et quelle sympathie il y rencontre ! Elle est ma consolation dans les larmes. » Elle lance un jour : « Robert n'est plus que musique. » C'était un éloge plein d'amour, mais aussi une prémonition scellant un destin.

Lettres de folie et de mort? Non pas. Bien que sa folie apparaisse très tôt, Schumann a trouvé en Clara la tendre lumière que son nom faisait rayonner dans ses ténèbres intérieures. Et comme tout amour, le leur faisait entendre la musique de l'autre, cette voix de passion qui conjure la mort. Ces lettres sont des lettres de bonheur et de désir. Mais entre les lignes surgissent parfois l'angoisse que tout finisse, l'amour, le chant, les mots, et que Schumann se noie dans le désir de ne plus avoir de désir, dans la haine de l'amour. En 1838, il décrit une pièce qu'il vient d'écrire, *La fin du chant* : « A la fin tout se résout par de joyeuses noces, et pourtant, avant de terminer, une grande douleur surgit quand je t'évoque et alors intervient au milieu de ces noces un son qui résonne comme le glas de la mort. » Entre eux, l'amour et la musique sont une seule chose qui protège les enfants contre la mort. Mais tant qu'il put nommer sa douleur, lui donner le nom de sa femme aimée et manquante, tant qu'il sut prendre du plaisir à composer d'innombrables pages où il dissimulait les cinq lettres de son nom sous les notes d'un motif descendant, Schumann tint la folie en lisière.

Jusqu'au jour où elle fit taire en lui la musique. Composées dans la nuit du 17 au 18 février 1854, « sous la dictée des anges », selon Schumann les *Variations sur un thème des esprits* ont la beauté douloureuse des choses qui déjà disparaissent. Elles sont toujours dédiées à Clara, mais, si le piano parle une dernière fois, ce sont les *ultima verba* d'un poète qui a déjà rejoint les gens et les pays étranges. La folie de Robert a éteint l'amour de Clara. Le 27, il essaie de se noyer dans le Rhin. Quand Brahms arrive, le 3 mars, les *Variations* sont recopiées au propre et données à Clara pour qu'elle les joue. Le lendemain, Schumann est enfin conduit à l'asile d'Endenich où elle ne le reverra que le 23 juillet 1856, six jours avant sa mort. Elle ne jouera jamais les *Variations sur un thème des esprits* et refusera de les recueillir dans les œuvres de Schumann.

Michel SCHNEIDER

INTRODUCTION

Diderot écrivait à Sophie Volland: « Jamais passion ne fut plus justifiée par la raison que la mienne. »

Si baroque que cela paraisse, ce philosophe du dix-huitième siècle, se peignant lui-même, définit ainsi, et sans la moindre préméditation, la nature de l'amour qui fut celui de Clara et de Robert Schumann.

Couple romantique s'il en fut et qui nous confond par son exaltation et sa sagesse, sa patience et son impatience, son acceptation de l'obstacle à franchir, sa fierté et son humilité, une égale générosité de cœur, une égale ardeur dans la culture de leur art et aussi l'appel constant de la musique dans la joie et la douleur d'une adoration réciproque.

Extraordinaire duo de deux êtres assez riches d'amour pour sembler jeter un défi au monde et vivre une passion qui dépasse le rêve, celle du créateur et de son interprète.

Mais Schumann acheta durement son génie: une fin tragique écourta cette union d'une qualité si 'rare.

La folie précéda la mort de quelques années: Schumann mourut à quarante-six ans.

Ces lettres s'intituleront: Lettres d'amour de Clara et de Robert Schumann, *car ici les deux protagonistes sont de même importance. Ce n'est pas toujours le cas. J'insiste là-dessus.*

Nous disons volontiers : « Les lettres de Mademoiselle de Lespinasse » ! Parce que le pauvre Guibert, à qui elles sont adressées, ne fut pas plus qu'un fantôme — et il devait même craindre l'arrivée du courrier.

Il y a aussi les admirables Lettres de la Religieuse portugaise : *l'officier qui les inspira n'est pas plus qu'une image d'Epinal.*

On dit encore : les lettres de Ninon de Lenclos, la grande cartésienne qui substitua peut-être le nombre à la qualité ! Et j'en passe.

Cette rapide et frivole classification n'a d'autre intérêt que de souligner l'extraordinaire valeur parallèle de ce couple unique, pour lequel l'amour et la musique furent à la même dimension.

Toute leur vie quotidienne en fut imprégnée ; dès leur enfance, la magie des sons et de la tendresse les enferma dans un même univers.

Clara Schumann, de son nom de jeune fille Clara Wieck, naquit à Leipzig en 1819. Son père, Friedrich Wieck, était professeur de chant et de piano, également facteur en instruments. Il fut le maître et l'impresario de sa propre fille, la présenta au public pour la première fois à l'âge de neuf ans.

Il commença à s'occuper d'elle quand elle eut 5 ans. Il le fit avec frénésie et discipline. C'est aussi à cette époque-là qu'il se sépara de sa première femme, une ancienne élève à lui ; mariage de passion qui ne dura pas longtemps.

La mère aurait voulu, à tout prix, garder Clara avec elle ; malgré ses supplications, Wieck refusa et Clara demeura auprès de son père.

Elle écrivit plus tard dans son journal : « Ce fut la première dissonance de ma vie. »

Elle avait de son grand-père maternel, Johann Georg Tromlitz, une sérieuse hérédité musicale : il jouait de la flûte, composait pour la flûte et en fabriquait.

En 1829, Robert Schumann, âgé de dix-neuf ans, vient étudier le droit à Leipzig. Clara en avait dix.

Robert était déjà un pianiste très remarquable. Il devint le pensionnaire et l'élève de Wieck qui lui témoigna un réel intérêt et décida de faire de lui un des plus grands virtuoses d'Europe.

Robert devint l'enfant de la maison.

Clara et lui menèrent une vie idyllique. Ils jouaient ensemble à quatre mains. Il improvisait pour elle et lui racontait des contes fantastiques.

Déjà, à cette époque, Clara joua devant Paganini, de passage à Leipzig, et à Weimar, elle fut reçue par Goethe. Elle lui fit entendre les variations de bravoure de Herz.

Goethe remarqua que cette musique française avait du piquant et de la gaieté, mais qu'heureusement, «l'interprétation aide à faire oublier l'œuvre», et il ajouta : «Cette fille a dans les bras la force de six garçons réunis. »

Seules les tournées qu'entreprenait Clara, à travers les grandes et petites villes d'Allemagne, interrompaient la douce et romanesque existence des deux enfants qui s'aimèrent avant de le savoir.

En 1834, Clara donnant un concert à Plauen (elle avait quinze ans), fit la connaissance d'une jeune fille, Ernestine von Fricken, qui fut très émue par le talent de Clara, décida d'aller travailler avec Wieck et de devenir sa pensionnaire.

Les deux jeunes filles se lièrent d'amitié et Clara mourait d'impatience de lui présenter Robert, son meilleur ami et celui qu'elle admirait par-dessus tout.

A cette époque-là, le père Wieck commençait à se détacher de Robert. Celui-ci avait eu un accident au troisième doigt de la main droite, sa carrière de pianiste semblait un peu compromise, et le père Wieck n'avait pas su prévoir encore le génial compositeur qui était en lui.

Clara partit pour Dresde avec son père où elle devait rester quelques semaines avant d'entreprendre une nouvelle tournée.

Wieck avait décidé de la séparer de Schumann, pour un temps au moins. Il regardait nettement d'un moins bon œil l'amitié passionnée qui liait les deux enfants.

Au bout de quelques mois, Clara apprit que Robert était fiancé à Ernestine. Elle en conçut un chagrin profond, mais ne dit mot à âme qui vive.

Nous trouvons dans une lettre que Robert écrivit plus tard à Clara, les explications des raisons déterminantes de ces fiançailles incompréhensibles : « J'étais mélancolique, abattu, sans goût au travail, halluciné de tristesse. Je perdais la tête, je ne savais plus où j'en étais — tu étais loin, et, à ce moment-là, tu ne t'occupais pas de moi. Je rêvais de musique, je ne pouvais rien. Ah ! Clara, il n'y a pas de détresse plus grande pour un homme que de sentir la raison l'abandonner. Désespéré, je courus chercher le médecin ; il m'examina et me dit, avec un bon sourire réconfortant : ce n'est pas grand'chose, oui mon garçon, il ne vous manque qu'une femme, et tout ira bien.

Ernestine était là, tout près de moi ; elle était bonne, dévouée, et je crois qu'elle m'aimait bien ; le reste, tu le comprends. Je te le raconterai plus tard. »

Ces fiançailles bizarres ne furent qu'un épisode.

Après sa tournée, de retour à Dresde, Clara apprend que Robert a rompu avec Ernestine. Immédiatement, elle lui écrit pour lui demander de venir la voir à Dresde, son père étant absent.

Robert accourt. Clara tombe dans ses bras et tous deux décident de s'épouser et d'obtenir le consentement de Wieck.

Celui-ci apprend, avant d'avoir revu Clara, le voyage de Robert.

Des scènes extrêmement pénibles eurent lieu ; les enfants ayant mentionné le mot mariage, le père Wieck brandit une arme et menaça de tuer Schumann s'il faisait la moindre tentative pour revoir Clara.

Clara fut terrifiée.

Son père exigea les lettres qu'elle avait reçues de Schumann ; désespérée, elle les lui donna. A Leipzig, les pauvres enfants furent réduits à des rendez-vous clandestins ; dans une ville de province, ce n'était pas une tâche facile.

Le vieux Wieck défendit également toute correspondance entre eux pendant les tournées de Clara.

Bien entendu, ils trouvèrent un moyen de s'écrire, grâce à un tiers complaisant.

Mais ce qu'il y eut de plus curieux dans leur comportement, ce fut le respect qu'ils gardèrent longtemps pour ce père dénaturé.

Clara éprouvait pour lui une immense gratitude en matière artistique et une tendresse filiale que Robert admira.

Le plus véritable des romantiques allemands de la musique s'inclina plus de trois ans devant le refus du père.

Clara se révoltait rarement et espérait toujours le faire revenir à des sentiments plus humains. Cette soumission à la volonté paternelle peut nous paraître inopportune dans un cas d'amour aussi justifiable ; mais ce qui fait que cette soumission nous émeut plus qu'elle ne nous révolte, c'est que tous deux sublimaient ce que nous serions tentés d'appeler de la faiblesse ou un manque de courage devant la vie : c'est que leur romantisme à eux était au profond de leur cœur. Par ailleurs, ce Schumann était un sédentaire— les voyages l'effrayaient.

Quand, un an avant leur mariage, Clara s'en alla seule à Paris, il trembla pour elle et la félicita de son audace !

D'autre part, ils avaient à sauvegarder leur art, cet enfant fragile.

Aussi ce qu'il y a de plus étonnant dans cette correspondance à la fois si pleine de jeunesse, de passion et de confiance, c'est la préoccupation constante de la vie matérielle.

Robert, lui — nous le sentons dans plusieurs de ses lettres — aurait été facilement plus léger et plus insouciant, mais Clara qui était évidemment l'équilibre et la volonté de ce couple et qui sans doute subissait aussi l'empreinte de son père, décida de mener peu à peu Robert à se préoccuper davantage des questions pécuniaires ; et nous trouvons même une lettre touchante où Robert aligne des chiffres et fournit des preuves de ses revenus et de ses gains.

Elle lui dit à différentes reprises : « si nous avons trop de soucis, tu ne pourras pas créer, et moi, il ne faut pas que les soins du ménage m'absorbent trop. Il faut que je puisse me faire aider, sinon qu'adviendrait-il de mon art ? »

Quelle extraordinaire humilité ! Il n'y a rien de mesquin dans ces petites préoccupations quotidiennes.

Au moment où Schumann quitte Leipzig pour Vienne, il lui écrit : « Je suis tout de même un vrai Saxon et j'ai de la tristesse à quitter ma ville natale et, toi aussi, n'est-ce pas, tu es une vraie Saxonne ? » Comment le nier ? Et pourquoi le nier ? Ils sont germaniques, dans leur essence même.

Ce sont des sentimentaux de grande envergure, avec des points de repère dans les plus petites traditions.

On se souhaite son anniversaire, la Noël, le Jour de l'An ! Les dates pour eux ont un sens, un sens poétique même.

Ils n'ont pas la moindre indifférence pour ce qui a été institué par les hommes.

Schumann n'est pas seulement un artiste, il est aussi un grand poète. S'il parle de la lune et des étoiles, nous levons les yeux vers le ciel — il en parle si bien. Oui, mais c'est qu'au ciel, il voit Dieu — ce sont aussi des âmes religieuses, de grands Luthériens qui luttent sans cesse pour mériter !

Dans leur mélancolie et leur désespoir, nous rencontrons des déceptions d'artiste, des langueurs d'amoureux. Schumann, lui, dès son jeune âge, est sans doute marqué de ce par quoi il devait finir, mais jamais vous ne sentez en eux le sinistre : à quoi bon ? Quand ils souffrent, c'est qu'ils n'atteignent pas leur but ; leur but, c'est l'art, leur but, c'est l'amour, c'est aussi l'endurance devant le refus paternel ; jamais chez eux un sentiment désespéré du néant !

A partir du jour où Clara et Robert décidèrent de s'épouser, Wieck développa d'heure en heure, de mois en mois, et d'année en année, sa haine contre Schumann.

Clara, forte et courageuse, continuait sa carrière de virtuose, tandis que Schumann composait pour elle son Carnaval, *ses* Etudes symphoniques, *ses* Scènes d'Enfants, *mettait au point la* Fantaisie en ut *qu'il dédiait à Liszt.*

Clara fut une des premières interprètes du Carnaval.

En 1840, Wieck n'ayant pas cédé, Clara et Robert eurent recours au Tribunal pour obtenir une autorisation de mariage.

Le père eut alors une conduite quasi freudienne.

Sa haine pour Schumann semble s'étendre jusqu'à sa fille. Il essaya de lui nuire partout où il le pouvait. Il la poursuivait de lettres anonymes où il calomniait Schumann, d'une manière ignoble, dans toutes les villes où elle donnait des concerts. Il envoyait aux gens qui la connaissaient des lettres de calomnie la concernant personnellement.

Mais, cette fois, ils passèrent outre.

Le Tribunal décida en leur faveur, et, le 15 septembre 1840, Clara et Robert s'épousèrent.

Les lettres qui sont publiées dans ce volume s'arrêtent à l'époque de leur mariage.

Le mariage une fois conclu, le père Wieck, têtu et maussade, ne broncha pas.

Clara écrit dans son journal :

« J'espère que mon cher Robert ne m'en veut pas, mais, malgré le profond bonheur que j'ai de vivre avec lui, je

ne suis pas exempte de certaines heures de mélancolie où la haine de mon père me torture, et où je suis prise pour lui d'une profonde pitié. »

C'est dans le journal que Robert et Clara avaient décidé, d'un commun accord, de noter au jour le jour, tout le long de leur existence, l'essentiel de leur vie.

L'en-tête du journal était ainsi conçu :

LABEUR, ÉCONOMIE, FIDÉLITÉ

L'envers du romantisme.

A deux reprises, Clara essaya de reprendre les relations avec son père : une première fois en lui souhaitant sa fête, une seconde fois en lui annonçant qu'il était grand-père.

Il ne réagit pas.

Soudain, un jour, c'était en janvier 1843, Clara reçut une lettre de son père :

« Ma chère fille,

« J'aime encore toujours sincèrement et sans regret la musique, aussi je désire que tu saches que je ne reste pas insensible et que je n'ignore pas l'activité de ton mari dont je reconnais le grand talent.

» Je t'écris cela afin que tu me dises quand je pourrai entendre quelques-unes de ses dernières compositions, dont tous les amateurs de musique me parlent avec enthousiasme.

» J'irai exprès pour cela à Leipzig. Ton mari et moi nous sommes de fortes têtes, mais nous avons du jugement.

» Je rends justice à son zèle et à ses facultés créatrices.

» *Viens bientôt à Dresde pour le Quintette de ton mari ;
sois cordiale et simple, et ne parlons plus du passé.* »

*Un peu plus tard, il écrivait à Schumann, alors que
Clara était auprès de lui :*

« *Cher Schumann,*

» Tempore mutantur et nos mutamur in eis.

» *Il est impossible que nous ne nous rapprochions l'un
de l'autre, aussi bien à l'égard du monde que pour Clara.*

» *Vous êtes père de famille aussi à l'heure qu'il est :
pas d'explications inutiles.*

» *Au point de vue de l'art, nous nous sommes toujours entendus, puisque j'ai même été votre maître.
Etant donné la carrière que vous faites actuellement,
j'ai décidé de vous demander de venir ici.*

» *Je n'ai pas besoin de vous assurer de l'intérêt sincère
que je prends à vos efforts et à votre talent.*

» *Je serais très heureux de vous recevoir à Dresde.*

» *Votre père. F. R. WIECK.* »

Ces lettres étaient de décembre 1843.

Clara et Robert allèrent fêter la Noël chez Wieck.

*C'était la première fois depuis sept ans que Clara
retrouvait la maison paternelle pour la fête de Noël !*

*Dans le «journal», Schumann écrit : «Clara travaille
Beethoven et son mari (Schumann) ; elle m'a aidé à
mettre de l'ordre dans une symphonie ; elle lit aussi
une Vie de Gœthe et épluche les haricots s'il le faut,
mais elle préfère la musique à tout, et c'est une véritable
joie pour moi.* »

*Ce fut à ce moment-là que Schumann lui enseigna les
Fugues de Bach. Elle y prit une joie et un intérêt
immenses, et, à ce propos, parlant de Mendelssohn,*

qu'elle aimait et admirait infiniment : « Tout de même, ses fugues à lui sont bien pauvres à côté de celles de Bach », dit-elle.

Le grand désir de Schumann fut de donner à Clara une culture générale à côté de sa culture musicale.

Il était passionné de Shakespeare, lui fit lire aussi d'autres poètes anglais ; lui conseilla la lecture de Gœthe, lui apporta des poésies de Heine et lui expliqua Jean-Paul.

Ils entrèrent en relation avec des peintres et des critiques d'art.

Ils tenaient à se laisser initier à tout ce qui leur était demeuré étranger jusqu'alors et aucune forme de génie ne les laissait indifférents.

Mais bien que leur vie personnelle fût déjà relativement glorieuse, elle était quand même assez difficile.

Schumann était susceptible, rapidement mécontent de lui, d'une vulnérabilité maladive.

Sa santé était une des plus douloureuses préoccupations de Clara. Après des périodes de travail euphoriques, il tombait souvent dans un état de dépression inquiétant. Quelquefois aussi, il se mettait à avoir des hallucinations de l'ouïe. Mais Clara demeurait courageuse, patiente, optimiste. Elle avait en elle, en plus de ses dons d'artiste, des dons de dévouement extrêmement rares.

Au début de leur mariage, elle se privait de travailler personnellement pour laisser son mari composer tranquillement au piano. Dans l'ombre, elle se tourmentait en se disant : «comment vais-je rattraper ce temps perdu... Mon Dieu, si j'allais gâcher ma carrière...»

Mais elle n'en disait rien, et son admiration pour le génie de Schumann, mêlée à son amour, firent d'elle un des exemples les plus extraordinaires d'abnégation féminine.

Un de ceux qui leur vinrent en aide le plus utilement pour leur carrière fut Félix Mendelssohn dont la situation à Leipzig était considérable.

Cependant, entre Schumann et lui les rapports ne furent jamais tout à fait nets, du fait que Schumann aimait Mendelssohn d'affection, mais que Mendelssohn, tout en admirant et en reconnaissant la valeur de Schumann, n'avait pas un goût réel pour ses œuvres et pas de sympathie instinctive pour sa nature.

Par contre, son admiration pour Clara était grande et sa tendresse aussi ; quand elle avait du chagrin ou de l'indécision, elle allait souvent chez lui verser quelques larmes et lui demander un conseil pour elle et pour Robert.

Quand Mendelssohn quitta Leipzig, Clara et Robert eurent un moment de découragement et décidèrent d'aller vivre ailleurs.

Leur prochaine résidence fut Dresde et ensuite Dusseldorf.

Vers 1854, Schumann arrivait à la gloire.

C'est à cette époque-là qu'il rencontre et découvre Brahms et qu'il prophétise si juste de son avenir de compositeur. Brahms avait alors vingt ans.

Au même moment, le jeune violoniste Joachim se révéla à Schumann qui fut ébloui de la nature de ce virtuose et lui confia son concerto.

Ce fut pour Schumann la fin des jours heureux.

Un soir, c'était en l'année 1854, Schumann fut repris d'un certain nombre de malaises : hallucinations de l'ouïe, dépression, fatigue. Mais d'autres crises, cette fois-ci, suivirent presque sans interruption.

Il voyait et entendait des anges et des démons. Il avait des insomnies constantes. Les médecins semblaient impuissants. Clara passait des nuits cauchemardantes auprès de lui.

Le médecin la décida à prendre un infirmier. Au bout de quelques jours, quand Schumann retrouva un peu de calme, il demanda à être transporté dans une maison de santé. Ce fut décidé, mais le lendemain de ce jour, de très bon matin, il disparut de la maison, à peine vêtu.

On donna l'alerte.

Il s'était jeté dans le Rhin, mais on l'avait sauvé.

Ceci ne fut révélé à Clara qu'après la mort de son mari.

Dès ce jour, Schumann fut mis à l'isolement. Ni Clara ni aucun ami n'avait le droit d'aller le voir.

On garda pendant des mois l'espoir d'une guérison possible.

Clara, à ce moment-là, mit au monde son sixième enfant.

Pendant ces abominables mois de solitude et de transes, Clara ne trouva de réel réconfort qu'auprès de Brahms et de Joachim.

Ils vécurent tous trois dans l'adoration du Maître, jouant sa musique, parlant sans cesse de lui.

Dans les périodes de calme, Brahms et Joachim avaient le droit d'aller à la clinique. Quelquefois, on ne leur donnait l'autorisation de voir Schumann que de loin ; dans les jours meilleurs, ils pouvaient même s'entretenir avec lui.

Mais Clara, elle, ne pouvait pas aller le voir.

Désespérée, elle décida de se remettre au travail, et, avec un courage surhumain, faisant violence à sa douleur, elle fit preuve d'une énergie stupéfiante.

Elle partit en tournée, gagna de l'argent, car les économies filaient avec les charges de la maladie, de la maison et des enfants.

Elle joua, le plus qu'elle pouvait, les œuvres de son mari dont le nom avait à ce jour le retentissement qu'elle avait rêvé pour lui.

Brahms, à ce moment-là, pianiste et compositeur, débutait avec de belles promesses.

Au retour de sa tournée, Clara reçut du médecin qui soignait Robert une lettre qui ne lui laissa plus aucun espoir de guérison et qui prévoyait même qu'une mort prochaine attendait son cher Robert.

Depuis son internement, elle n'avait reçu de lui que très peu de lettres qui ne furent encore pour elle qu'un déchirement. Toute chaleur humaine semblait l'avoir quittée.

Pendant toute cette période de sa vie, et aussi plus tard, Brahms et Joachim furent son plus grand secours et Brahms nourrit pour Clara un sentiment d'amitié passionné et une confiance et une admiration artistiques qui ne se démentirent jamais et qui furent partagées.

Après la dernière lettre du docteur qui ne lui laissait plus le moindre espoir, elle eut, bien entendu, l'autorisation de voir son mari. La première fois qu'elle le revit elle le trouva lointain, diminué. Il la regarda d'un air attendri.

Elle y retourna pendant plusieurs jours.

Le dernier jour elle resta auprès de lui comme elle l'avait fait les jours précédents. Rien ne semblait changé.

Elle sortit de sa chambre pour aller parler quelques minutes au médecin. Quand elle revint auprès de son lit il s'était paisiblement endormi pour l'éternité.

LETTRE DE WIECK A LA MÈRE DE ROBERT SCHUMANN

9 août 1830.

Très chère Madame,

Je me hâte de répondre à votre très honorée lettre du 7 courant et de vous assurer de ma profonde sympathie.

Ma lettre sera courte parce que de nombreuses affaires me pressent et que je veux parler moi-même à Monsieur votre fils de ce qu'il y a de plus urgent pour lui et afin d'obtenir rapidement un résultat.

Voici mon projet: Monsieur votre fils quitte Heidelberg qui ne vaut rien à son ardeur fantasque et revient à nouveau à Leipzig, ville froide et uniforme qui, pour de nombreuses raisons que je lui ferai valoir, lui sera bienfaisante — j'insisterai et j'espère le convaincre.

En attendant je prends la responsabilité de Monsieur votre fils qui, vu son talent et sa fantaisie, deviendra au bout de trois années un des plus grands pianistes vivants de notre époque, plus spirituel et plus ardent que Moschelès, et plus extraordinaire comme jeu que Hummel.

La preuve de ce que je peux faire, je le vérifie sur ma fille de onze ans que je commence à présenter au public. En ce qui concerne la composition, je crois que le Cantor Weinlich que nous avons ici suffira certainement.

Robert croit — et c'est une erreur — que pour le piano il ne faut tenir compte que du mécanisme. C'est une vue bien étroite. Je conclus par là qu'on n'a pas dû à Heidelberg lui faire entendre de pianiste tant soit peu intelligent, et qu'ainsi lui-même n'a pu faire de progrès.

Quand il quitta Leipzig, il savait ce qui était nécessaire à un bon pianiste, et, pour le reste, ma Clara qui a onze ans se chargera de le persuader.

Il est vrai que pour Robert la grande difficulté est de trouver une maîtrise constante, froide, réfléchie du mécanisme qui est l'essence même de l'art pianistique.

Mais dans les leçons que je lui ai données, je ne réussis qu'après de dures luttes, des contradictions de sa part et des querelles inouïes entre nous (deux êtres raisonnables) à le persuader que, pour obtenir un jeu élégant, étant donné sa fantaisie sans limites, il fallait de la précision, de l'égalité, du rythme, de la pureté; et malgré ce travail, à chaque prochaine leçon, je constatai qu'une grande partie de mes instructions n'avaient pas porté de fruits. Mais, vu ma vieille affection pour lui, je recommençais, je revenais à mes vieilles théories, je m'acharnais, bien entendu toujours parce que j'aime Robert et par pure conscience artistique. Mais après cela, pendant une quinzaine de jours, il se fit excuser de ne pas venir prendre ses leçons, sous quel prétexte, je n'en sais rien, et je ne le revis plus avant son départ !

Pensez-vous que ce cher et aimable Robert a

changé ? qu'il est devenu plus fort, plus froid, plus
viril et plus semblable à un homme : on ne s'en aperçoit guère d'après ses lettres. Si je prends la responsabilité de faire travailler Robert (et s'il consent à
vivre uniquement pour son art) ce serait à condition
de le faire travailler et de lui donner une leçon presque
tous les jours.

Pourquoi ? Je veux avant tout qu'on me fasse
crédit. Mais comment puis-je réaliser ce projet
puisque j'ai une affaire à Dresde. A partir de Noël
j'en monte une semblable à Berlin, et, pendant une
année, j'emmène ma fille à Vienne, à Berlin et peut-être
à Paris pour lui faire faire une tournée artistique.

Que pensera le fantaisiste Robert d'être confié à ce
réfrigérant Thomas pour le moment (c'est-à-dire de
trois à six semaines) simplement pour qu'il ne s'écarte
pas de la voie dans laquelle je l'ai mis. Chère Madame,
nous ne pouvons répondre pour Robert ni vous ni moi.
C'est lui qui doit décider, s'il est capable de décider
quelque chose.

Avant d'entrer plus avant dans la question, j'affirme
qu'un virtuose qui n'est pas déjà par ailleurs un
compositeur très connu ne peut gagner sa vie qu'en
donnant des leçons (il peut la gagner et fort bien
d'ailleurs).

Il manque partout de bons professeurs intelligents
avec une culture générale, et on sait qu'à Paris,
Vienne, Pétersbourg et Berlin on paye 2 à 4 thalers
la leçon, et à Londres de 6 à 8 thalers.

Ma fille, je la pousse dans la voie du professorat et
cependant elle improvise, privilège unique qui ne se
retrouve pas dans le monde entier et qui ne se retrouve

chez aucune autre pianiste. Malgré cela je me méfie et je ne me laisse pas éblouir.

Robert aurait, comme professeur, une vie très agréable dans l'une ou l'autre de ces villes, d'autant plus qu'il a quelques rentes, et je ne suppose pas qu'il serait capable de manger son capital. Maintenant je me demande si Robert serait capable de commencer à enseigner dès maintenant ici, sur place, vu qu'il faut des années pour devenir un bon professeur.

Robert doit se souvenir de ce que j'exige d'un bon professeur, mais à la vérité je ne sais pas s'il s'en souvient !

Robert se décidera-t-il à travailler pendant deux ans la froide et sèche théorie ? et aussi tout ce que cette étude comporte ?

Le travail de l'harmonie ajouté au travail du piano fait toujours obtenir de bons résultats dans le domaine du toucher — méthode que je préconise et qu'on ne trouve dans aucune école de piano.

Je ne crois pas que Robert ait eu la volonté de se soumettre encore à cette fameuse théorie !

Robert va-t-il se décider à donner à ma Clara quelques leçons pour la faire travailler, par exemple, une composition à deux ou trois voix, sans user de cette facilité d'improviser qui lui est un peu trop chère ?

Mais si Robert ne fait pas tout ce que je propose là que fera-t-il et où sa fantaisie le mènera-t-elle ?

Vu la franchise avec laquelle je m'exprime, bien que je n'aie pas encore tout envisagé, vous pouvez vous rendre compte en tout cas que je suis touché de la confiance que vous me témoignez tous deux et que je ferai de mon mieux pour la mériter; si plus tard votre fils revient à Leipzig, je m'entretiendrai avec lui pour mettre le tout bien au point.

Monsieur votre fils m'excusera, j'espère, de n'avoir pas répondu à sa lettre, mais les affaires que j'ai ici et l'éducation musicale de ma fille m'absorbent au point de me faire commettre bien des petites négligences et m'ont contraint à ne vous écrire qu'une courte lettre.

Chère madame, ne vous faites pas trop de soucis, on ne peut rien forcer, les parents font de leur mieux pour les enfants, Dieu fait le reste.

Si Robert a le courage et la force de ne plus me faire douter de lui — c'est-à-dire de faire pendant six mois ce que je propose (et même s'il ne le fait pas, tout n'est pas encore perdu) —, alors laissez-le s'en aller vagabonder à sa guise et donnez-lui votre bénédiction.

Pour le moment il nous faut attendre une réponse à cette lettre et veuillez croire, chère Madame, à mes sentiments respectueux.

Friedrich Wieck.

SCHUMANN A CLARA

11 janvier 1832.

Chère et vénérée Clara,

Je n'ai pu me retenir de sourire légèrement quand je lus affiché dans la bidaskalia: Variations de Herz, etc... exécutées par mademoiselle Clara Wieck.

Ah ! excusez-moi, comment vous appellerai-je ?
Mademoiselle ? comment puis-je vous appeler ? — non,
je ne vous appelle pas — on ne dit pas monsieur
Paganini, monsieur Goethe.

Je sais que vous avez un cerveau, et que vous
comprenez votre lunatique *conteur d'histoires*. Alors,
chère Clara, je pense souvent à vous — pas comme un
frère à une sœur, ni comme un ami à une amie, mais
comme... un pèlerin à la Madone !

Pendant votre absence, je me suis promené en
Arabie pour trouver des contes de fées qui pourraient
vous plaire, six nouvelles histoires de Sosies, cent et
une charades, huit devinettes fort drôles, et de terribles
et merveilleuses histoires de voleurs et celle du
fantôme blanc, hou, hou... j'en tremble. Mon frère
Alvin est devenu un garçon fort sage. Son nouveau
costume bleu et son béret de cuir pareil au mien lui
vont à ravir. Il n'y a rien de bien extraordinaire à dire
de Gustave. Il a grandi de manière surprenante, il est
à peu près de ma taille — vous en serez tout étonnée.

Clément enfin est le plus drôle et le plus aimable
des garçons et aussi le plus entêté. Quand il parle,
c'est comme une musique, tant sa voix est harmonieuse.
Il a aussi beaucoup grandi ; pour Alvin la question du
violon n'est pas encore résolue. Et quant au cousin
Pfundt[1] il est l'homme qui avec moi se languit le
plus de notre ville de Francfort.

Avez-vous composé ? Et quoi donc ? En rêve
j'entends de la musique quelquefois: C'est vous qui
composez.

---

[1] Plus tard le célèbre joueur de timbales.

Chez Dorn, j'en suis à la fugue à trois voix. A part cela j'ai terminé une sonate en si mineur et un cahier des *Papillons* — le dernier va sortir dans quinze jours — on l'imprime en ce moment.

Le temps est resplendissant aujourd'hui. Comment trouvez-vous les pommes à Francfort ? Et comment se comportent les fa neuf fois barrés dans la *Spring variation* de Chopin ?

Voilà que je suis au bout de ma feuille de papier. Vous voyez, tout finit, sauf l'amitié de votre ardent admirateur.

R. S.

CLARA A SCHUMANN

Leipzig 1832.
17 décembre.

Cher Monsieur Schumann,

Ha ! ha ! Je vous entends d'ici... « J'en étais sûr, elle a oublié sa promesse ! »

Non, elle n'a pas oublié. Mais voilà pourquoi elle n'a pas encore pu vous écrire jusqu'à présent ; lisez et écoutez.

Quelques jours après notre retour, le jour même où je devais jouer au concert de Molique[1], j'attrapai la scarlatine. Je dus garder le lit... ce lit terriblement ennuyeux, et je ne l'ai quitté que depuis quelques jours. Heureusement, je n'ai eu qu'une

---

[1] Violoniste célèbre.

scarlatine légère et je peux maintenant rester debout plusieurs heures par jour et je me suis déjà remise au piano. Evidemment je n'ai pas pu participer au concert du Gewandhaus !

M. Menzel devait accompagner l'*Aria* de Mozart, Knorr ayant refusé de le faire.

Mais ce pauvre Menzel était mort de peur et a joué avec un excès de sentiment et le trac — enfin il s'en est tout de même bien tiré.

J'ai joué une fois devant Hermstedt [1] et Molique, mais ils n'ont pas reparu, ayant peur sans doute de la contagion. Mais, cher monsieur Schumann, ne craignez rien ; venez, avec la nouvelle année tout ça sera balayé ; le 8 janvier je joue au Gewandhaus et immédiatement après je joue dans le septuor de Hummel pour lequel tout est déjà au point. Je crois qu'ici vous n'auriez pas le temps long comme à Zwickau. Les concerts se suivent les uns derrière les autres — Graban chante divinement.

Ah ! comme j'en aurais encore à vous raconter — mais je m'en garderai bien — sinon vous resteriez à Zwickau. Je vous connais bien maintenant !

Je veux aiguiser votre curiosité, pas plus, pour que vous vous languissiez de Leipzig. Quand même, par pitié, parce que tout de même vous devez vous nnuyer ferme, je vous en raconterai encore un peu.

Samedi soir, mon père est allé à Euterpe. Ecoutez bien — M. Wagner vous a dépassé. On a donné de lui une symphonie qui ressemblait à la *Symphonie en la majeur* de Beethoven.

---

[1] Pianiste et chef d'orchestre.

Mon père m'a dit: La Symphonie de Schneider, par rapport à celle de Wagner, rappelle un vieux camion qui traîne entre des rails, conduit par un vieux cocher à casquette qui essaierait vainement de faire avancer ses chevaux en vociférant: Hue, hue, trotte!

Tandis que Wagner, lui, débute avec une voiture à laquelle est attaché un cheval qui galope, qui manque de verser à chaque minute dans le précipice et, après en avoir vu de toutes les couleurs, arrive au but en une journée, tandis que l'autre...

Le jeune et célèbre Bahrdt jouait à ce concert les variations de bravoure de Herz sur un piano à queue.

Vous vous ferez raconter et décrire le reste par mon père. Il hoche la tête et se montre incrédule en ce qui concerne mes débuts... encore lointains. Néanmoins je vais tout de même essayer de me remettre au piano.

Mon père m'a aidée pour cette partie de la lettre. M. D. Carus envoie à son bien-aimé Fridolin[1] ses meilleures amitiés et le prie de lui faire parvenir bien vite ses lieder et sa symphonie.

Eh bien, dites-moi, vous êtes un joli personnage! Vous laissez votre linge dans la voiture. Avez-vous pu retrouver le cocher? [2]

Je me réjouis beaucoup pour Noël et du morceau de Stolle (nom du gâteau) que je garderai pour vous. Il attend déjà et désire être mangé par vous, bien qu'il ne soit pas encore au four.

Maintenant, beaucoup d'amitiés à tous de ma part et écrivez bien vite, mais d'une jolie manière claire et lisible.

[1] Nom que donnaient à Schumann ses amis intimes.

[2] Allusion à une promenade faite avec Schumann. Schumann étant resté seul dans la voiture oublia tout son petit bagage!

J'espère vous voir bientôt chez nous, et demeure
votre amie

Clara.

ROBERT A CLARA

22 mai 1833.

Chère Clara, bonjour !

Vous ne vous doutez pas sans doute dans votre
morne ville de ce qu'on peut ressentir au milieu des
jardins de Rudolph ! Comme tout y murmure, bour-
donne, chante et frémit. Je retrouve en mon cœur
l'allégresse du pinson. N'allez-vous pas vous promener
du côté de Sonnevitz en pareille saison ? Ceux qui
sont obligés d'y aller n'y prennent sans doute pas
grand plaisir.

Répétez-vous avec Wienerin[1] ? Et quand ? Celle-ci
m'a enchanté — mais je ne veux vous parler de tout
cela que de vive voix.

Je me fabrique de jolies pensées par un si beau
matin.

Que cette vie si chaude puisse se prolonger tout
juin et jusqu'en juillet ! que le vieil homme soit un
papillon, l'univers la fleur sur laquelle il se promène !
(cette pensée me paraît un peu invraisemblable).
Ou aussi que le même soleil qui donne dans ma chambre luise également dans celle de Beckers à Schneeberg, que le rayon de soleil qui scintille sur le piano
à queue, et que j'aime particulièrement, s'amuse de

---

[1] Professeur de piano.

l'harmonie des sons, ce n'est après tout que de la lumière mise en musique.

Les raisons de tout cela ne sont pas à la portée de tout le monde.

N'allez-vous pas reconnaître au travers de tout une conscience ?

Robert Schumann.

P.-S. — Envoyez-moi vos *Variations*, je vous prie !

ROBERT A CLARA

22 mai 1833.

Chère bonne Clara,

Vivez-vous et comment vivez-vous ? Je veux le savoir. Vous ne trouverez rien d'autre dans ma lettre.

C'est à peine si je souhaite que vous vous souveniez de moi tant je me dessèche visiblement — je ne suis plus qu'une branche sans feuilles. Le docteur me défend de tant me languir de vous — parce que cela m'atteint trop, dit-il.

Mais, aujourd'hui, j'ai banni mes tourments, j'ai ri au nez du docteur. Il ne voulait que je vous écrive. Alors je l'ai menacé, lui disant que je serais pris d'un accès de fièvre qui serait contagieux pour lui, et alors il m'a accordé ce que je lui demandais.

Je ne voulais pas vous parler de tout ce que je viens de vous dire, mais de tout autre chose. Voilà. Je vous fais une prière que vous devez exaucer. En ce moment nous n'avons aucun point lumineux auquel nous puissions nous raccrocher. Alors voici un projet sympathique : Je joue demain à 11 heures précises l'adagio des *Variations* de Chopin, et, pendant que je les jouerai, je penserai à vous d'une manière intense — uniquement à vous.

Ma prière est que vous fassiez de même de votre côté pour que nos esprits se retrouvent. Le point de rencontre serait le Thomaspförtchen, là où nos Doppelgänger [1] se virent pour la première fois. Si nous étions en période de pleine lune, je me servirais de cette lune pour cacheter ma lettre.

Je compte bien sur une réponse.

Si je n'en obtiens pas... gare !

Je suis de tout cœur.

R. S.

CLARA A ROBERT

13 juillet 1833.

Cher monsieur Schumann,

Avec beaucoup de mal et grâce à ma mère j'ai enfin pu arriver à déchiffrer votre lettre, et immédiatement je m'installe pour vous répondre.

Je vous plains beaucoup d'avoir constamment de la fièvre et d'en souffrir autant. De plus j'ai appris qu'on vous avait défendu la bière de Munich et j'imagine qu'il ne vous sera pas facile d'obéir.

---

[1] « Doppelgänger » signifie sosie. C'est une allusion à certains contes d'Hoffmann où il est question de sosie et dont Schumann se servait pour effrayer et amuser les enfants Wieck. Clara s'en est souvenue pendant longtemps.

Vous voulez savoir si je vis, mais comment ne vous en êtes-vous pas rendu compte puisque voilà plusieurs fois déjà que je vous fais envoyer mes amitiés.

Peut-être ne s'est-on pas acquitté de la commission ? J'espère que si, mais je n'en sais rien. Comment je vis ? Vous pouvez vous en douter. Comment vivre quand vous ne venez plus nous voir ?

Je me trouverai demain, selon votre désir, à 11 heures sur le Thomaspförtchen.

J'ai terminé mon *Doppelgängerchor* — et ajouté une troisième partie.

J'aurais aimé vous écrire plus longuement mais je n'en ai, hélas! pas le temps. Répondez-moi, je vous en prie.

Je vous souhaite de tout cœur un prompt rétablissement.

Clara Wieck.

P.-S. — Je vous prie instamment de m'envoyer le deuxième volume des *Papillons*.

Quand je reçus votre lettre je me suis dit: Je vais écrire très mal — et je l'ai fait, vous le voyez.

Si vous recevez cette lettre sans cachet, soyez assez gentil pour me l'écrire.

LETTRE DE WIECK A CLARA

1833 [1].

Ma fille,

Il est l'heure pour toi de devenir indépendante — cela me paraît d'une haute importance.

---

[1] Clara a 15 ans.

J'ai consacré à ton instruction et à toi-même dix années de ma vie.

Reconnais donc tes obligations vis-à-vis de moi. Tâche d'incliner ton esprit vers des actions nobles et désintéressées, acquiers le plus d'humanité possible, et ne manque aucune occasion de pratiquer la vertu — qui est la seule vraie religion.

Il importe peu que tu sois méconnue, calomniée, enviée. Il s'agit surtout de ne pas te laisser détourner de tes principes.

Il y a là une lutte très dure — mais de cette lutte même naît la véritable vertu.

Je demeure ton conseiller et ton ami qui ne demande qu'à t'aider.

Wieck.

LETTRE DE CLARA A ROBERT

Leipzig, 1er septembre 1835.

Tandis que je me débattais avec votre sonate, deux messieurs venus de Hanovre arrivèrent chez moi pour l'écouter et, au même moment, je recevais une lettre. D'où venait-elle, me demandais-je ? et alors je lus: Zwickau! J'en fus très étonnée. En partant d'ici vous ne m'aviez pas permis d'espérer une pareille lettre.

Je l'ai examinée pendant deux heures et cependant il y a quelques mots d'une certaine arrogance qui ne veulent pas entrer dans ma tête.

Ce qui s'est passé pour moi vous ne le savez pas. *L'allée des roses* est fanée, *car depuis votre départ* je ne suis pour ainsi dire pas sortie. La raison en est mon assiduité au travail. Vous en riez et pourtant c'est vrai.

J'ai terminé ma partition ; j'ai écrit moi-même *les accords*, et cela en deux jours.

J'ai écrit au net mes variations que je dois envoyer à l'impression — ainsi que ma danse des fantômes *(Doppelgängerchor)* et une nuit de Sabbat — Chœur des Sorcières.

J'ai commencé à orchestrer mon concerto, mais je ne l'ai pas encore recopié.

J'ai un peu changé le *tutti*.

Peut-être Moschelès viendra-t-il quelques jours ici et donnera-t-il des concerts ?

Mendelssohn est arrivé ici hier — et puis devinez qui arrive encore, ô joie, votre idéal, Francilla Pixis. Est-ce que cela ne vous tente pas ?

J'envoie aux deux Grâces que vous m'avez si poétiquement décrites mes meilleures amitiés, particulièrement à Thérèse.

Vous m'aviez chargée de compliments pour vos collègues les plus dévoués, je n'ai pu les leur transmettre, car eux, fidèles et soumis, étaient allés rejoindre leur souverain maître pour le soigner et pour partager ses joies et peines. Ce maître, que vous allez connaître certainement, transmettez-lui beaucoup d'amitiés de ma part ainsi que de la part des Davidsbündler et de la sonate de Florestan — qu'ils se réjouissent finalement d'entendre les sons magiques que vous devriez un peu alléger — au lieu de fa dièse majeur obtenez si mineur.

Votre

Clara W.

ROBERT A CLARA

13 février 1836. Le soir à 10 heures
Zwickau — en attendant la poste.

J'ai du sommeil plein les yeux. J'attends la diligence depuis deux heures. Les chemins sont tellement défoncés que je ne partirai peut-être qu'à deux heures du matin. Comme je te vois bien là devant moi, ma Clara bien-aimée, tu es même si près de moi que par moment je crois pouvoir te saisir.

Autrefois, en des mots délicats et tendres, j'exprimais facilement mon attachement; aujourd'hui je ne le puis plus. Et si aujourd'hui tu ignorais mes sentiments je serais incapable de te les exprimer.

Aime-moi — aime-moi bien. Je demande beaucoup parce que je donne beaucoup.

J'ai eu une journée très occupée. On a ouvert le testament de ma mère et j'ai appris comment elle est morte.

Heureusement que ta radieuse image domine ces ténèbres et m'aide à supporter tout avec plus de légèreté. Je crois pouvoir te dire aujourd'hui que maintenant mon avenir me paraît comme beaucoup plus sûr.

Mais je n'ai pas encore le droit de me laisser aller, et il me faut encore beaucoup travailler pour obtenir le visage que tu verras en passant par hasard devant une glace !

Et toi aussi tu veux continuer à être une artiste; tu ne tiens pas à devenir la comtesse Rossi, je suppose. Tu travailleras avec moi, tu partageras avec moi joies et soucis, n'est-ce pas ?

Ecris-moi ce que tu en penses !

Avant tout, j'irai à Leipzig pour mettre de l'ordre dans mes affaires.

Pour ce qui concerne ma vie intérieure, je sais bien maintenant où j'en suis.

Peut-être que ton père ne me refusera pas une main pour nous bénir.

Evidemment il y a encore matière à réfléchir et beaucoup de questions à démêler.

Mais j'ai confiance, je crois en notre bon génie. Il y a si longtemps que je connais notre destin, je n'osais pas te le dire; j'avais peur que tu ne me comprennes pas.

Je t'écris d'une manière brève et décousue, mais plus tard je te reparlerai de tout mieux et plus clairement.

Finalement tu auras trop de mal à me lire. L'essentiel est que tu saches que je t'aime plus et mieux que je ne sais te le dire.

La salle d'attente s'obscurcit. Il tombe une petite neige fine...

Moi, je me mets dans un coin, je vais m'enfoncer bien profondément la tête dans l'oreiller et ne penser uniquement qu'à toi.

Porte-toi bien, ma Clara.

Rob.

Lettre de Robert a X.

Leipzig, 1ᵉʳ mars 1836.

Cher Monsieur,

Je ne vous envoie pas aujourd'hui de musique à déchiffrer et sans périphrase je vais directement au but et vous dis de quoi il s'agit.

Voilà ce qui me tient à cœur.

Pouvez-vous et voulez-vous bien être pour peu de temps un messager entre deux âmes tenues éloignées l'une de l'autre par des circonstances hostiles. Dites-moi en tous les cas si vous êtes bien décidé à ne pas les trahir et donnez-moi d'avance votre parole.

Clara Wieck aime et elle est aimée. Par son comportement et ses attitudes elle ne semble pas appartenir à la terre, vous vous en apercevrez facilement.

Laissez-moi pour l'instant ne pas vous nommer l'autre.

Ces bienheureux enfants se sont permis de s'avouer leur amour et ont pris la décision de s'épouser sans en prévenir le père. Celui-ci s'en aperçut, se fâcha et prit des mesures draconiennes, interdisant sous peine de mort toute relation entre les deux jeunes gens. Il y a déjà eu des cas pareils.

Ce qu'il y a de pire, c'est que là-dessus Wieck part pour Dresde. Et les dernières nouvelles que nous en recevons ne sont guère précises.

Je suppose et suis à peu près persuadé qu'elle est en ce moment à Breslau. Wieck ira sûrement vous voir tout de suite et vous invitera pour vous demander d'entendre Clara.

Maintenant ce sur quoi j'insisterai c'est que vous me fassiez savoir le plus rapidement possible tout ce qui touche Clara. Son état moral, sa vie, tout ce qu'il vous est possible d'apprendre directement ou indirectement.

Voilà, je vous ai livré mon secret le plus cher; considérez-le bien comme tel — n'en parlez à personne, ni à Clara, ni au vieux, ni à quiconque.

Si Wieck vous parle de moi ce sera sans bienveillance. Ne vous laissez pas dérouter.

C'est un homme d'honneur, mais une tête de bois. Avec Clara vous serez vite en confiance, car autrefois déjà je lui avais dit que j'étais en correspondance avec vous. Elle sera sûrement heureuse de vous voir et de pouvoir vous parler.

Cher inconnu, je vous serre cette main généreuse dont j'augure tant, et qui j'espère ne me trahira pas.

Ecrivez-moi bientôt. Un cœur, une vie s'accroche à vous, ma propre vie — car c'est pour moi-même que je vous implore.

R. S.

ROBERT A CLARA

13 août 1837.

Etes-vous toujours fidèle et forte ?

Si inébranlable que soit ma foi en vous, si grand que puisse être mon courage, il y a tout de même du désarroi à ne rien savoir de ce qu'on a de plus cher au monde !

Et voilà ce que vous êtes pour moi.

Je réfléchis sans cesse, et tout me dit : *ce doit être* si nous voulons et si nous agissons.

Ecrivez un simple oui, si vous le voulez bien et le jour de votre fête, le 13 septembre, donnez ma lettre à votre père.

Il me semble en ce moment bien disposé à mon égard et peut-être ne me repoussera-t-il pas si vous insistez comme vous savez le faire.

Je vous écris tout cela à l'aube du jour.

Si seulement nous n'étions séparés que par les feux roses de l'aurore.

Avant tout, soyez forte et tenez bon.

Ce doit être, si nous le voulons et si nous agissons. Ne parlez à quiconque de cette lettre.

Cela pourrait tout gâter.

N'oubliez pas le oui. J'ai besoin de cette sécurité... avant de pouvoir penser à quoi que ce soit d'autre. Tout ce que je vous dis là, je le pense au plus profond de mon âme et le soussigné vous le confirme *en mon nom.*

R. S.

Clara a Robert

Leipzig, 16 août 1837.

Vous voulez que je dise ce petit mot tout simple : « oui », ce tout petit mot si prodigieusement important ! mais un cœur comme le mien aussi rempli d'amour, peut-il ne pas dire oui alors que toute mon âme est d'accord pour le prononcer, et que du fond de moi-même je vous dis à l'oreille oui et pour l'éternité.

Puis-je décrire les tourments de mon cœur, et mes larmes toujours prêtes à couler — non, ce n'est pas possible. Peut-être le destin fera-t-il que bientôt nous puissions nous voir et nous parler.

Votre projet me paraît risqué. Mais un cœur passionné ne se soucie pas du risque.

Enfin je dis « oui ».

Dieu ne fera pas un jour de douleur de mon dix-
huitième anniversaire ? Oh ! non, ce serait trop affreux !

Ce doit être, je le sentais il y a longtemps ! Rien ici-
bas ne peut me détourner de ma route.

Et je démontrerai à mon père qu'un cœur jeune
aussi peut être capable de constance.

Très vite,

Votre Clara.

CLARA A ROBERT

19 août 1837, en grande hâte.

Je vous envoie quelques mots seulement par ma
fidèle et discrète Nanny. Hier, j'ai appris que le
choléra régnait ici; aussi mon inquiétude pour vous
est-elle sans cesse grandissante.

Ménagez-vous, je vous en supplie, pour l'amour de
moi. Pensez à ce que serait ma vie sans vous. Encore
un conseil: ne dites rien à mon père de ce qui nous
concerne avant que vous ne m'écriviez pour ma fête.
Il est très bienveillant pour vous, mais il est nécessaire que tout se passe dans le plus grand calme.
Quel désir j'ai de vous voir et de vous parler! Je ne
puis vous dire à quel point. Si une occasion se présente,
je vous le ferai savoir. Ce matin j'étais absolument
décidée à aller vous voir. Mon esprit déjà m'avait
précédée, quand soudain je n'osai plus. Je regardai
votre fenêtre, une larme coula de mes yeux ! Et

comme elle était chaude et mélancolique ! Et je rentrai à la maison, le cœur débordant d'amour. Que je suis heureuse aujourd'hui de croire en vous! Mon cœur, tout ce qui est en mon pouvoir, je vous l'envoie par l'intermédiaire de cette bague !

Si vous avez quelque chose à me dire, dites-le à ma Nanny. Je suis aussi sûre de sa discrétion que de mon amour !

Mon inquiétude se traduit par cette écriture. Bientôt, j'espère, nous nous retrouverons.

Mais, pour l'amour du ciel, soyez discret.

Votre

Clara.

Lettre de Robert Schumann a Wieck

5 sept. 1837.

Monsieur,

Ce que j'ai à vous dire est très simple et cependant je crains de ne pas trouver toujours les mots qu'il faut.

Une main tremblante m'empêche de guider ma plume avec calme.

Aussi ne m'en voulez pas s'il y a quelques erreurs dans la forme.

C'est aujourd'hui la fête de Clara; jour qui décela la lumière du monde aux yeux de celle qui est pour vous et moi ce que nous avons de plus cher ici-bas.

D'aussi longtemps qu'il m'en souvienne ce jour fut marqué dans mon esprit pour l'éternité. J'avoue qu'en ce qui me concerne, je n'ai jamais eu moins d'inquiétudes pour l'avenir qu'aujourd'hui.

J'ai assez de sécurité pour savoir que je ne manquerai de rien dans la mesure où l'esprit humain est capable de prévoir. J'ai de beaux projets en tête, mon cœur est plein · d'ardeur pour tout ce qui est noble, des mains pour travailler, la conscience d'exercer une magnifique influence sur ceux qui m'entourent, et l'espoir de réaliser ce qu'on attend de moi, aimé et respecté d'un grand nombre. En voilà assez, je pense ! Mais, qu'est-ce que tout ça en comparaison de la douleur d'être séparé de celle qui fait naître ces aspirations et qui m'aime avec tant de fidélité, de passion. Vous ne connaissez que trop bien cet être unique, vous, père bienheureux! Alors scrutez son regard pour vous rendre compte si je dis bien la vérité.

Pendant dix-huit mois, vous m'avez mis à l'épreuve: c'est déjà un lourd destin ! Mais, comment vous en vouloir ? Ne vous avais-je pas fait souffrir ? — sans doute. Aussi, me l'avez-vous durement fait expier.

Et maintenant, vous me redemandez encore la même épreuve. Et peut-être m'y soumettrai-je encore ?

Peut-être même que je gagnerais à nouveau votre confiance — évidemment, il ne faut pas me demander l'impossible. Vous savez que j'ai une sérieuse endurance pour ce qui me tient à cœur. Alors, si vous reconnaissez que je suis réellement fidèle, et que ma conduite est celle d'un homme, peut-être alors bénirez-vous deux âmes à l'union desquelles il ne manque pour être heureuse que le consentement paternel.

Ce n'est ni l'excitation du moment, ni la passion superficielle, ni rien d'extérieur du reste qui fait que je suis attaché à Clara par toutes les fibres de mon être, mais surtout la profonde certitude que rarement une alliance ne s'est présentée sous des auspices aussi favorables et que rarement une jeune fille dispense autour d'elle autant de joie que Clara et qu'elle seule déjà suffit à garantir notre bonheur.

Si vous êtes parvenu à la même certitude que moi, alors donnez-moi votre parole que, pour le moment, vous ne prendrez pas d'engagement pour l'avenir de Clara — de même que je vous donne ma parole de ne pas parler à Clara. Je ne vous demande qu'une autorisation, celle de nous écrire quand vous ferez de longs voyages.

Et ainsi j'en aurai le cœur net. Il bat ce cœur si tranquillement en cet instant car il sent qu'il ne désire que paix et bonheur entre les êtres.

Confiant, je remets mon avenir entre vos mains. Vu mon caractère, mon talent, mon état, vous me devez une réponse complète, mais ménagez-moi. Le mieux serait de nous parler. Mais jusqu'à ce qu'il y ait une décision, il y aura encore quelques moments de calme — d'un calme comparable à celui qui existe entre l'éclair et le tonnerre où l'on ignore si l'on sera anéanti ou si, au contraire, par bénédiction, on sera épargné.

Je vous supplie, comme seul en est capable un cœur inquiet et profondément aimant. Bénissez à nouveau votre vieil ami redevenu ami, comme le meilleur père bénit le meilleur fils.

Robert Schumann.

CLARA A ROBERT

Leipzig, 8 septembre 1837.

Je vous renvoie ci-incluse votre lettre à mon père;
elle ne peut lui faire qu'une impression favorable.
Mais il y a par contre quelque chose qui me déplaît
bien: c'est votre absence. Si vous restez ici, mon père
vous répondra sûrement très, très vite et d'autant
plus si vous lui demandez une réponse urgente.
Je vous en prie, je vous en prie, ne partez pas! Si
tout s'arrange bien nous reparlerons du reste avec
plus de précision.

Oh! comme je vais trembler quand mon père lira
votre lettre!

Je mets ma confiance en son amour pour vous et
pour moi.

Clara.

CLARA A ROBERT

Leipzig 1837. Le 26 septembre.
(Lue entourée de mille amis)

Pouvez-vous encore douter de moi? Je vous le
pardonne parce que je suis une faible fille — oui
faible, mais avec une âme solide et un cœur ferme qui
ne se démentira jamais. Cela suffit-il à ne plus vous
laisser de doutes?

Jusqu'à présent, je me suis sentie toujours très
malheureuse. Ecrivez-moi pour me rassurer quand

vous aurez reçu ce mot et alors je m'élancerai avec moins de tourments à travers le vaste monde.

J'ai promis à mon père d'être gaie et de me consacrer encore pendant quelques années à l'art et à la société — sans doute vous allez entendre parler pas mal de moi — et par moment vous serez pris d'inquiétude, alors bien vite vous penserez : «Mais puisque tout cela elle le fait pour moi... » Et si jamais un jour votre cœur devait fléchir il briserait le mien qui n'est capable de n'aimer qu'une fois.

Clara.

P.-S. — Quand vous aurez lu ce mot, renvoyez-le-moi. Faites-le pour que je sois tranquille.

Robert Schumann a Clara

18 septembre 1837.

La conversation avec votre père a été horrible. Il a une froideur, une mauvaise volonté, et puis il est confus, il se contredit, vous anéantit d'une manière inattendue et vous enfonce un couteau dans le cœur, jusqu'au manche...

Alors que faire ma chère Clara ? Je ne sais par où commencer — absolument pas. Ma raison est réduite à néant et avec votre père il ne peut être question de sentiment.

Alors quoi ? Alors quoi mon Dieu !

Avant tout armez-vous de courage et refusez-vous à tout marché...

Je vous fais confiance — et de tout cœur, et cela me soutient, mais il va falloir maintenant que vous soyez plus forte même que vous n'imaginez. Votre père m'a dit lui-même ces mots impitoyables « Rien ne l'ébranle ».

Vous pouvez tout craindre de lui.

Il vous contraindra par la force s'il ne peut user de subterfuge.

Et s'il échoue vous avez tout à craindre. Aujourd'hui je me sens comme mort — et si diminué que ni belle ni bonne pensée ne m'entre dans la tête. Même votre image s'estompe et je me souviens à peine de votre regard.

Je ne suis pas devenu assez pusillanime pour vous abandonner, mais je suis si exaspéré, si blessé, si touché dans ce que j'ai de plus sacré en moi.

Si seulement j'avais un mot de vous. Dites-moi ce que je dois faire — sinon il me semble n'être que le jouet d'une ironie, d'une plaisanterie grotesque — et moi je me consume, et je n'en peux plus.

Ne pas même avoir le droit de se voir une seule fois !

Nous en avons le droit, ose-t-il dire, mais que ce soit dans un endroit neutre et en présence de tiers. Un spectacle, quoi! et pour les autres.

Nous avons encore le droit de nous écrire mais seulement quand vous voyagez.

Voilà tout ce à quoi il consent.

En vain je cherche une excuse à votre père que je considère toujours comme un homme noble et humain. En vain je cherche dans son refus une raison profonde; peut-être craint-il que vous, une artiste, vous ayez à expier *une promesse* trop précoce donnée à un homme ?... mais non. Il n'en est rien.

Il vous jettera, croyez-moi, dans les bras du premier venu, pourvu que celui-ci ait titre et argent. Et puis, ce qu'il veut avant tout, c'est que vous donniez des concerts et que vous voyagiez. Peu lui importe si vous êtes malade, si vos forces vous abandonnent et si moi, de ce fait, je perds la possibilité de créer de belles œuvres. Il rit de tout cela et aussi de vos larmes.

En ce moment, votre petite bague me jette un regard si tendre comme si elle voulait me dire:

« Ne grogne pas tant contre le père de Clara. »

Je me souviens que, dernièrement, trois fois vous m'avez dit : « Tenez bon, tenez bon. » Je vous écoutais et vos paroles venaient tout droit du fond de votre âme.

Clara, chaque jour je me sens un peu plus anéanti. Si je suis faible aujourd'hui, et si j'ai fait du mal à votre père, ne soyez pas fâchée contre moi, car tout de même j'ai raison. Ayons les yeux fixés droit sur le but. Il faut que, par votre bonté, vous soyez capable de tout aplanir et que vous n'ayez pas recours à la violence !

Je ne peux donc que me taire.

Chaque fois que j'irai voir votre père je dois m'attendre à être offensé cruellement.

Réfléchissez bien à ce que je dois faire. Je vous écouterai comme un enfant.

Ah ! comme tout cela me trotte dans la tête. J'aimerais rire, la mort dans l'âme.

Cet état ne pourra pas durer longtemps. Je ne résisterai pas. Je n'ai pas une nature à le supporter.

Consolez-moi, priez Dieu qu'Il ne me laisse pas sombrer dans le désespoir.

Je suis atteint au plus profond de moi-même.

Rien n'est perdu, je le crois, mais d'autre part, nous n'avons pour ainsi dire rien obtenu. Mes lettres me déplaisent...

Dans huit ou dix semaines tout ira mieux.

Il est très important que nous avancions calmement, avec prudence. Il faut tout de même que votre père se mette dans l'esprit qu'il vous perdra un jour ou l'autre.

Son obstination nuit à notre amour.

Mais cela doit être, ma Clara.

Ne vous encombrez pas de ce que votre père a de faux dans l'esprit.

Quand je lui ai demandé s'il ne croyait pas que tous les deux nous étions les plus heureux de la terre, il voulut bien le reconnaître, et puis il s'en tint là. Ensuite il ajouta: « Vous avez besoin de bien plus d'argent que vous ne l'imaginez » et il parla d'une somme énorme.

Mais nous avons autant de fortune que cent des familles les plus considérées d'ici. Ne discutez pas là-dessus je vous en prie.

Et il continua: « Si vous ne pouvez pas donner de grandes réceptions, Clara pleurera secrètement en silence », etc... Cela te paraît-il vraisemblable ? C'est vraiment à mourir de rire.

Il n'a pu apporter aucun argument qui ait un fondement.

Nous sommes protégés par le bon droit et la raison qui sont de notre côté.

S'il nous pousse à bout et qu'il ne nous ait rien accordé au bout de dix-huit mois ou deux ans, nous ferons valoir notre bon droit et nous nous en remettrons à la justice.

Que le ciel nous préserve d'en arriver là !

Envoyez-moi bientôt quelques mots doux et apaisants.

Encore plus lumineuse et plus belle aujourd'hui que le matin où j'écrivais cette autre lettre, vous êtes auprès de moi et ces mots qu'alors vous avez répétés trois fois: Fort ! Fort ! Fort ! résonnent à mes oreilles, comme s'ils tombaient du bleu du ciel. Et avant de te quitter, ma fille chérie, jure-moi encore sur ta propre félicité que tu as le courage qu'il faut pour supporter les épreuves qui nous sont réservées et que nous les supporterons vaillamment, et en témoignage je lève en ce moment les deux doigts de ma main droite pour le jurer.

Je n'abandonnerai rien — crois-moi. Et si Dieu le veut je resterai éternellement

Ton

Robert.

CLARA A ROBERT

20 septembre 1837.

Tu ne peux savoir comme j'ai souffert le jour de mes dix-huit ans, non seulement parce que mon père ne m'a pas montré la lettre que tu lui avais adressée, mais encore parce qu'il ne m'a pas même donné celle que tu m'avais adressée. La Stegmeyer vint chez nous, et elle, ma mère et mon père s'enfermèrent pour lire tes lettres. C'était vraiment triste — et par trop indélicat. Si mon père ne l'a pas senti, ma mère, elle, a dû s'en rendre compte. Je ne peux te dire ce que j'ai éprouvé. Je savais bien qu'il y avait aussi quelques mots pour moi personnellement. Je dus patienter.

Avec quelle cruauté ils m'ont traitée, et le jour de ma fête encore, c'est ce qui m'a rendue tellement malheureuse. Je n'arrivais pas à me calmer, même les jours suivants, j'avais sans cesse les larmes aux yeux. Mon père eut rapidement pitié de moi et me demanda ce qui se passait ! Je lui dis toute la vérité. Alors il sortit ta lettre de son secrétaire et la posa devant moi en disant: « Je ne voulais pas te la donner à lire, mais puisque tu manques à ce point de compréhension, lis-la. » J'étais trop fière pour accepter la lettre, je ne la lus pas. Cela n'améliora pas mon état. Le soir, quand l'orage survint, je me mis à pleurer à chaudes larmes. Je m'inquiétais de toi. Ton image était ma seule consolation.

Clara.

CLARA A ROBERT

Leipzig, 4 octobre 1837.
Reçu le soir.

Cher Robert,

J'ai pu lire tes lettres. Ton chagrin au sujet des offenses faites par mon père, le bonheur de posséder un cœur aussi noble que le tien, en un mot tous ces sentiments accumulés menacent de m'accabler. Je ne souffre pas pour moi, mais pour toi.

Je suis tellement bouleversée aujourd'hui que ma pensée m'échappe. J'ai senti ta douleur jusqu'au plus profond de mon être, mais quand je te sais tranquille, je suis heureuse.

Il faut que je te dise quelque chose de très pénible. Je ne puis t'écrire en cachette; si je peux trouver une occasion propice de le faire, je le ferai certainement, mais je ne puis rien te promettre. Je pleure de me voir obligée de t'écrire cela. Ecris-moi et à mon père comme tu en as envie avec sans-gêne et souvent, comme à des amis. Ami, quel mot plein de froideur. Quand on pense à ce que nous sommes l'un pour l'autre.

Je suis résignée à tout — au pire ! Par toi je suis devenue forte, par ton cœur, par ta grande noblesse qui m'a donné le sentiment de ma dignité.

Ah ! que la soirée d'hier a été courte ! J'avais encore tant à dire ! Je flotte toujours entre les larmes et le rire. Ma main tremble, mon cœur bat si fort qu'il semble s'en aller vers toi.

Que puis-je dire encore ? Le Dieu tout-puissant devrait te chuchoter à l'oreille ce que je sens si profondément et ne parviens pas à formuler.

Si tu veux me parler encore une fois, tu le peux ce soir entre 6 heures et demie et 7 heures et demie; je serai comme d'habitude au Reichelsgarten.

Clara.

ROBERT A CLARA

9 octobre 1837.

Ton « bonsoir », ton regard quand nous nous sommes retrouvés devant la porte, je ne l'oublierai jamais. J'ai pensé: Cette Clara, celle-là même t'appartient, elle est à toi, et tu ne peux même pas l'approcher, pas même lui serrer la main. Y avait-il dans toute la salle quelqu'un qui pût imaginer mon état d'âme? A peine toi! J'étais mort et heureux à la fois, fatigué à m'évanouir et mon sang me battait les tempes et je me sentais comme envahi par la fièvre.

Qu'est-ce que ça va donner? Mon cousin Pfundt me transmit ton affectueux souvenir, ensuite je dormis plus calmement que la nuit auparavant. Mais, crois-moi, je suis malade, bien malade; encore une commotion et je ne tiendrai plus le coup et ma possibilité de travailler me sera arrachée.

CLARA A ROBERT

10 octobre.

Je t'embrasse pour ta dernière lettre. Comme elle m'a soutenue et donné du courage. Comme tu mérites d'être un jour heureux auprès de moi. Hier au soir à 9 heures, je pensais à toi. Avoir fixé cette heure pour penser en même temps l'un à l'autre m'est agréable.

Pour la première fois depuis des semaines, j'ai éclaté en sanglots. J'avais l'impression que tu t'en rendais compte et je t'ai senti tout proche de moi.

Je ne puis te dire la sensation que m'a donnée ta dernière lettre. Ce ne sont pas des mots, mais des actes qui y répondront.

Clara.

ROBERT A CLARA

11 octobre.

Je n'ose plus ni penser ni écrire. Quand tu pleurais contre mon cœur, Clara, j'ai passé du ciel en enfer ! Si je t'aime et si tu m'aimes, ne me quitte pas, ô créature unique ! Je m'accroche à toi avec acharnement. Si tu m'abandonnes, c'en est fini de moi.

Quand j'improvise au piano, ce ne sont que des chorals. Si j'écris, ma pensée est absente de ce que je fais. J'aimerais à dessiner partout en grandes lettres et en accords: Clara.

Robert.

ROBERT A CLARA

Leipzig, octobre 1837.

Quand vous serez en voyage, dois-je écrire de temps en temps ? Et est-ce à toi ou à ton père que je dois adresser les lettres ? Je ne sais plus comment faire.

Il t'en fera voir encore, et comment, cet homme impitoyable. Malgré ça, ne sois pas malheureuse, conserve ta gaîté, tu as mon cœur et ma parole, et, moi, je sais aussi que je peux croire à ta fidélité.

Eloigne-toi de Banck [1], il m'inquiète, il troublerait l'eau la plus pure.

Il se peut que, pendant un certain temps, nous demeurions sans nouvelles l'un de l'autre, que nos lettres soient interceptées et confisquées par ton père, sait-on jamais ? Qu'on te parle mal de moi, que l'on veuille te persuader que je t'ai oubliée, n'en crois jamais rien. Le monde est méchant, mais ne l'écoutons pas et marchons droit devant nous.

Si je pouvais seulement compter sur une lettre de toi tous les deux mois ? Cette certitude me donnerait de l'apaisement. Est-ce trop demander ?

Dans trois heures je dois te voir. J'en ai une peur !... Peut-être est-ce la dernière fois... Peut-être nous séparerons-nous pour toujours ? Ne t'imagine pas que nous puissions nous voir ou nous écrire en dehors de la volonté de ton père. Sa conduite constante en est une preuve. Ne parle jamais de rien. Sans certains petits mensonges, tout est impossible...

Alors, ce soir, je dois voir ma Clara !

Robert.

CLARA A ROBERT

Leipzig, 11 octobre 1837.
Reçu le samedi soir, veille du départ.

Mon cœur tendre est profondément blessé et chagriné de tout ce que j'entends.

---

[1] Professeur de chant très hostile à Schumann et très lié avec le père Wieck. Il donne des leçons à Clara.

Ma mère dit que tu es hypocrite. Hypocrite ? Est-ce que ta Clara ne connaît pas mieux qu'elle son Robert ?

Ecris toujours directement à mon père, que rien ne passe par les mains de ma mère.

Si tu vas le voir, ne lui confie rien.

Je regrette d'être obligée de dire ce que je dis, mais je crois qu'elle, elle ne pense jamais ce qu'elle dit. Je m'en suis souvent aperçue. Si tu ne m'écoutes pas, je ne pourrais pas te pardonner d'avoir si mal récompensé mon inexprimable amour.

Je me sens si pleine de courage que je suis prête à tout supporter. J'ai écouté tout ce que mon père m'a dit sans douter de toi une minute : ma confiance demeure inébranlable.

Qui sait quelles brillantes perspectives se présenteront encore à moi ? Je renoncerai à tout avec joie car à quoi me serviraient toutes les richesses avec un cœur démoli.

L'amour seul peut me rendre heureuse. Je ne vis que pour toi. Je veux tout te donner. Et maintenant, il faut que je me sépare de ce que j'ai de plus cher au monde.

Sois heureux. Il n'y a pas une minute où tu n'occupes ma pensée.

Ta fidèle Clara.

ROBERT A CLARA

Leipzig 1837.

Un mot aussi divin que celui que tu m'as écrit, je veux le garder toujours... Moi aussi, je suis sûr de moi et, maintenant, détournons nos yeux du passé, soyons calmes et forts avec notre regard fixé sur un seul but: notre vie.

Aie confiance en moi, ma très chère Clara, aie profondément confiance en ma force, elle t'en donnera pour surmonter toutes les épreuves. Avant de te quitter, promets-moi de me tutoyer, comme tu le faisais quelquefois, tout bas. Ce tutoiement tendre m'émeut et semble me lier plus profondément à toi. Tu es ma fiancée bien-aimée... et, plus tard... Encore un baiser... Adieu...

Ton
Robert.

CLARA A ROBERT

Prague, vendredi 3 novembre 1837.
Soir, 9 heures.

Pourquoi ce silence ? Voilà trois semaines que je n'ai rien de toi — c'est très pénible. Et pourquoi aucune réponse à la lettre que mon père t'a écrite sans que je sois censée le savoir.

Nanny est au courant de tout. Mon père lui accorde sa confiance, mais Nanny m'aime trop pour ne pas tout me répéter.

Que dis-tu de la lettre de mon père ? Vas-tu lui répondre ? Ne m'écris qu'une page: B C D E sont les lettres. Fais écrire les lettres par le Dr Reuter à qui j'envoie mes amitiés. Mon père serait capable d'aller à la poste pour se faire montrer mes lettres et reconnaître ton écriture.

Jeudi ou mercredi j'irai voir s'il y a une lettre pour moi. Ne me laisse pas demander en vain.

Dimanche dernier nous avons quitté Dresde. C'était le matin, il faisait beau. L'Elbe était transparente, le ciel s'y reflétait et le soleil brillait avec tant de grâce qu'il semblait vouloir me consoler et me dire : « Tu peux me confier ta tendresse, je la lui transmettrai fidèlement. »

Je suis très bouleversée de voir à quel point mon père est malheureux à la pensée de me perdre un jour. Je sais tout ce que je lui dois, et pourtant quel immense amour j'ai pour toi ! Il croyait que je pouvais t'oublier... T'oublier ?... Ce mot me donne le frisson.

Ah ! les mots me manquent pour m'exprimer — ce que je ressens est si profond, si puissant. Comment te le faire comprendre ! Mais une voix intérieure doit te le dire...

Il faut que je me fasse violence pour me séparer de toi. Mon esprit, lui, demeure toujours auprès de toi — nous sommes si indissolublement liés l'un à l'autre, je ne romprai jamais ce lien.

Tu sais maintenant ce que je souhaite et avec quelle ferveur ! Ecris un mot.

Ta fidèle Clara.

ROBERT A CLARA

Le 8 novembre 1837.
De bonne heure le matin.

Tu me demandes quelques mots seulement, eh bien ! tu en auras davantage quoique au profond de moi-même je suis bien fâché contre toi... et que tu le mérites.

Comment as-tu supporté de ne pas m'écrire pendant un si long temps. C'est incroyable; à ta place cela m'eût été impossible.

Toi tu sais toujours comment tu peux me faire parvenir tes lettres alors que la réciproque n'est pas vraie.

Ah ! comme j'ai souffert pendant ces derniers jours. Mais, silence, n'en parlons plus.

Quand ta lettre m'est arrivée hier, il me semblait soudain avoir échappé à un grand malheur.

Elle est courte, ta lettre, mais elle est bien de toi et j'y retrouve beaucoup de ton cœur. Merci.

Ton père m'a écrit, et voilà à peu près ce que contient sa lettre:

« Vous êtes un homme parfait — et il y en a sans doute encore de plus parfaits.

» Vous voulez que je vous parle de mes projets pour Clara ? A la vérité je n'en sais rien. Tout ne dépend pas de moi... Oui, évidemment, il y a le cœur — mais qu'est-ce que j'en fais du cœur ? »

Et voici encore mot à mot deux passages: « Plutôt que de voir deux artistes tels que vous malheureux et installés dans une vie étroite, bourgeoise et casanière, je préfère sacrifier ma fille d'une manière quelconque. » Et il ajoute ces mots magnifiques: « Si je dois la marier rapidement à un homme ou à un autre, seul vous seriez *la cause* de ce sacrifice. »

Voilà qui me paraît net et plein de fermeté, ma chère Clara.

Que puis-je faire après une pareille lettre ? me taire ou alors lui dire franchement: « Tout est fini entre vous et moi. » Quel rapport peut-on avoir avec un homme pareil ?

C'est grave, évidemment, et je ne vois pas comment nous nous en sortirons.

Auras-tu la patience de supporter tout ce qui nous attend ? Vais-je te retrouver en d'aussi mauvaises dispositions que mardi dernier ?

Il faut que tu m'écoutes, fille que j'adore; un certain soir tu m'as parlé comme tu n'aurais jamais dû le faire, parce que ce que tu m'as dit alors nous a rendus malheureux tous deux. Et n'es-tu pas heureuse auprès de moi ? N'es-tu pas sûre de devenir la plus heureuse des femmes ? et ne l'es-tu pas déjà ? Si tu n'en es pas sûre, dès maintenant séparons-nous. Je te rendrai tout, même la bague...

Mais es-tu heureuse de mon amour ? Ton cœur est-il comblé ? As-tu bien tout pesé ? mes défauts et mes mauvaises habitudes. Te contenteras-tu du peu que je t'offrirai ? Il n'y aura bien entendu ni perles ni diamants.

Oui, alors ce sera comme ça a été déjà, ma chère et fidèle Clara, et je ne te rendrai plus rien du tout.

Ne te crois pas liée à moi par des devoirs — et exige de moi ce que tu veux puisque tu dis oui à ce que *je désire et que tu gardes la bague.* J'en aurais encore très long à raconter aujourd'hui. Par quoi commencer ?

Ces trois dernières semaines de ma vie furent bonnes et m'ont apporté une certaine fraîcheur. J'ai beaucoup travaillé; à chaque coup de sonnette je sursautais, croyant que c'était le facteur. Mais il s'entêtait à ne rien vouloir m'apporter, aussi ai-je fini par l'envoyer promener.

Enfin maintenant tout va bien et mon cœur s'est repris au rythme vif des jours anciens.

J'ai beaucoup réfléchi à notre avenir... j'en ai long à t'écrire là-dessus, je le ferai bientôt. J'ai divers projets: comment nous pourrons nous installer, et si ton père s'amadouait, et encore bien d'autres choses.

Je suis triste quand je relis tes lettres; de plus en plus je sens le désespoir te gagner. Ne te laisse pas aller, je t'en prie. Tu peux aimer ton père — et tu peux m'aimer aussi, mais il est impossible que tu te laisses marier, ça je le défends, tu entends, Clara, ma fille!

Tu te souviens, autrefois je t'appelais souvent ma fiancée pour plaisanter. Cette plaisanterie, je l'expie... et elle va nous coûter encore bien des larmes.

Tu m'en dis trop peu dans tes lettres, tu ne parles pas de ce que vous projetez, rien de toi-même.

Tu avais promis de m'écrire tous les jours... mais comme ça ne va pas, écris-moi au moins de manière à ce que j'en reçoive quelques-unes dans l'année.

Je t'en avais demandé six; tu as refusé, mais maintenant je t'en réclame douze, et puisque ta lettre d'hier marque un si heureux début... Chère Clara, écris-moi, je t'en prie. Je m'appelle X+ + + et je demeure . .

. . . .

N'as-tu pas remarqué d'après ton expérience que beaucoup d'artistes femmes, parmi les meilleures surtout, n'ont guère aimé leur cher et tendre plus d'un an, au maximum trois; par bonheur les pianistes ont été souvent reconnues comme des exceptions.

Ce matin je suis sans cesse dérangé, et je ne peux mettre aucun ordre dans mes pensées, et ma lettre doit partir.

Mais comment t'exprimer la joie que m'a donnée ta lettre? Ne perds pas courage, ma chère et merveilleuse Clara.

Inscris dans ton cœur ce que je t'ai dit : Douter c'est déjà être infidèle, croire c'est posséder à demi.

Pour le reste, remettons-en nous à notre bon génie qui, dès notre naissance, nous a destinés l'un à l'autre et nous conduira sans aucun doute à une fin heureuse.

Donne-moi ta parole de garder toutes mes lettres — et aussi de ne jamais les montrer à ton père. Tu avais eu la faiblesse de le faire à Dresde. Ne recommence pas.

N'oublie jamais que tu es aussi proche de moi que tu l'es de ton père à qui tu as déjà apporté tant de joie et qui a fait de tes plus belles années des années de douleur.

Et ne m'oublie pas, fais-en moi le serment.

Mille amitiés à la fidèle Nanny. Elle était charmante quand je lui ai dit, au moment du départ, qu'elle devrait ramener de son voyage un bon mari tel qu'elle le mérite et qu'elle m'a répondu : « Non », parce qu'elle préfère rester avec toi.

Je souhaite qu'elle soit bientôt récompensée pour cette bonne parole. Peut-être viendrait-elle chez nous.

N'oublie jamais de penser à moi à 9 heures du soir, à cette heure-là je suis toujours auprès de toi.

Sois heureuse, ma chère et précieuse fille.

Ton

Rob.

CLARA A ROBERT

Prague, dimanche soir,
12 novembre 1837.

Cher Robert. Je ne peux pas te dire combien je
suis heureuse d'avoir ta lettre. J'en tremblais de joie
quand Nanny me l'a tendue. Mais permets-moi
d'abord de te gronder un peu et de te dire que tu es
insatiable. D'abord tu demandais une lettre tous les
deux mois puis tous les mois, et maintenant je t'écris
toutes les trois semaines et tu te plains.

Tu essayes sans doute d'ores et déjà de me faire
sentir l'autorité maritale.

Bon, ça va, je crois que nous nous entendrons.
Mais que signifie dans ta lettre cette allusion à mon
«espoir qui faiblit»? Où as-tu vu ça? Tu me désoles!

Une seule pensée, un seul espoir m'anime, me dicte
ma conduite et me fascine — et tu oses me dire un mot
pareil, pardon, m'écrire... c'est fini, n'est-ce pas, tu
me le promets?

Pour ce qui concerne le mariage c'est évidemment
encore... à voir!

Si un diamant peut m'éblouir au point de me faire
oublier Florestan, Eusebius et les autres, alors finalement tu liras un beau matin dans les journaux:
« Fiançailles de mademoiselle Clara Wieck avec monsieur Chaînedeperles ou Couronnedediamants ».

Alors, sérieusement, tu me prends pour une enfant
qui se laisse mener à l'autel comme en classe?

Mon Robert — quand toi tu m'appelles «enfant»

c'est adorable, mais quand tu penses que je suis une enfant, alors là je peux te dire que tu fais fausse route. Aie pleine confiance en moi.

Ne t'ai-je pas écrit un jour : « la nécessité *brise le fer* » et si tout est perdu je chercherai le calme dans les bras de celui que j'aime.

Et maintenant où en sommes-nous ? Oui, à propos de la bague ? Tu voulais me la rendre ? Hum ! Hum ! Il faut voir, je m'en vais réfléchir... Ah ! tu ris ? Eh ! bien, moi aussi. Mais voilà que la lune luit... Elle te salue bien ! Alors, mon cher Robert, nous ne changeons rien à ce qui était et tu m'appelleras toujours ta fidèle Clara.

Tu veux que je te parle de ma vie, alors écoute-moi. Aujourd'hui j'ai donné un concert au Conservatoire. (Ici on donne les concerts à midi ou à 5 heures de l'après-midi à cause du théâtre.) J'ai eu treize rappels. Je n'ai jamais vu un pareil enthousiasme.

Je ne savais que faire de moi. Il me fallait tout le temps ressortir de mon repaire et leur faire de ces révérences que je fais si cordialement mal !

Pendant que je jouais j'étais si passionnément occupée de toi que le public en fut touché et se passionna autant que moi.

J'ai déjà reçu des lettres de félicitations et quelques visites. Les gens sont complètement fous ici. Mais regarde l'heure, comme il est tard — et moi qui avais tant besoin de me reposer aujourd'hui ! Je bavarde, je bavarde. Allons, bonne nuit, et rappelle-toi que si je t'ai dit mardi : « tout ça ce sont de belles paroles », je n'ai pas voulu te blesser. J'ai encore dit bien d'autres choses dont tu tâcheras de te souvenir.

Maintenant je souhaite faire de beaux rêves où j'apercevrai une jeune fille qui t'aimera plus fidèlement et plus tendrement qu'aucune autre.

Clara.

CLARA A ROBERT

Le 19 novembre 1837.
Dimanche.

Je m'étais bien promis, ce soir, de t'écrire très longuement et voilà que ce garçon qui me fait cette cour lamentable arrive et me gâche ma belle soirée.

Evidemment tu devines et tu vas rire. J'ai encore ici un admirateur qui m'avale des yeux dès que je me mets au piano. Chaque fois qu'il vient, je me résigne à ce qu'il me prenne dans ses bras; mais, heureusement, je n'oublie jamais de poser une chaise à côté de moi contre laquelle il bute. Je te l'ai déjà raconté, tu te souviens?

Il y a aussi ce terrible bavard de Tomaschel qui est furieux contre toi parce que tu as critiqué son élève, et rien ne m'exaspère comme de lui avoir joué de tes compositions. Tomaschel ne les comprend pas ou ne veut pas les comprendre. Je me suis disputée avec lui au sujet de Bellini et de Spohr.

Tu connais mon grand faible pour Mozart. Quand je lui en parle, il me répond que Gluck est le premier compositeur du monde et que je ne comprends rien à la vraie musique.

Je lui répondis: « Quand je serai une vieille fille, je me pâmerai sur la musique de Gluck; mais pour le moment je me sens heureuse de ne pas avoir de parti pris et aussi longtemps que je serai vivante, je veux participer et goûter ce qui est beau. » Il partit et ne revint jamais.

Ma mère me dit que tu voudrais que je t'envoie un lied de Mendelssohn et tu vas me trouver peu complaisante si je te le refuse. Je voudrais tant garder ce Lied pour moi — il m'est cher. Mendelssohn a encore au moins cinquante lieder sans paroles dans sa tête... et, si tu veux, il pourra t'en écrire...

Hier, j'ai donné mon second concert; il y avait six cents personnes, bien que l'aristocratie n'y vienne pas encore.

Saphir et Usso étaient également au concert, et Saphir m'a dit qu'il a envoyé immédiatement un article à *L'Humoriste,* ce qui est très important.

Pourquoi t'imagines-tu que je n'aime pas les « Davidsbündlertänze » ?

Jusqu'à présent, je n'ai pas encore trouvé à leur consacrer les deux heures de calme et de solitude dont j'ai besoin pour déchiffrer une pareille écriture; c'est un travail qui n'est réservé qu'à moi.

Maintenant, bonsoir — le thé est complètement froid — et la chambre se refroidit de plus en plus. Mais, moi, mon cœur est de plus en plus chaud.

Clara.

CLARA A ROBERT

Vienne, le 21 novembre 1837.

Aujourd'hui, j'ai donné mon second concert et ce fut un triomphe.

De tous les concerts donnés ces jours-ci, c'est au mien que fut réservé le meilleur accueil. Tu me demandes si j'ai joué de ma propre initiative cette fugue de Bach. Bien entendu, je la joue partout et elle contente ceux qui connaissent bien la musique et aussi ceux qui ne la connaissent pas.

Je ne dis pas pour cela que, moi, j'en sois contente, ça c'est une autre question. Ne me crois pas assez imbécile pour ne pas me rendre compte de certaines erreurs faites à ce concert; mais le public, lui, l'ignore, et il est inutile qu'il en soit instruit.

Dis-toi bien que je n'aurais pas joué ce que j'ai joué si je trouvais ici aussi peu d'adeptes qu'à Leipzig. D'ailleurs, après être venue ici, on n'a aucune envie de retourner dans les pays du Nord où règne une insensibilité absolue. (Bien entendu, tu es l'exception.) Ici, après la *Fugue* de Bach et les *Variations* de Henselt, j'obtiens un tonnerre d'applaudissements et toujours des *bis*...

Il n'y a pas d'impression plus réconfortante que de sentir le public réellement content. J'ai eu cette impression.

Maintenant, parlons de toi.

Le passage de ta lettre où tu me dis: « Et ainsi nous regagnâmes notre petite maison chargés de trésors ! »

Ah ! mon Dieu, cher Robert, à quoi penses-tu ? On ne peut plus acquérir de trésors dans les carrières de musique instrumentale. Que d'efforts il nous faut faire pour obtenir et garder quelques francs d'un passage dans une ville.

Si, à 10 heures du soir, tu es assis chez Kappe ou que tu rentres chez toi, je dois, pauvre de moi, m'en aller dans le monde jouer du piano pour m'entendre dire quelques mots agréables et boire une tasse d'eau chaude !

Entre 11 heures et minuit, je rentre morte de fatigue à la maison, je bois une gorgée d'eau, je me couche, et je me dis: «qu'est-ce que c'est qu'un artiste? pas beaucoup plus qu'un mendiant !»

Et cependant quel miracle d'avoir un beau don. Y a-t-il rien de plus divin que d'arriver à transposer ses sentiments en musique? Quelle consolation dans nos jours de mélancolie ! Il n'y a pas de plus douce impression que d'apporter à quelques-uns un peu de ce bonheur que la musique sait donner.

Y a-t-il un sentiment plus noble que celui d'être assez profondément attaché à son art pour lui consacrer sa vie ?

Voilà ce que j'ai tâché de faire aujourd'hui, et encore davantage; aussi je me couche contente et heureuse.

Oui, je suis heureuse, mais je ne le serai complètement que quand je serai serrée contre toi et que je pourrai te dire: «Maintenant je suis à toi pour toujours — je t'appartiens avec tout mon amour et aussi l'amour de la musique.»

Clara.

CLARA A ROBERT

24 novembre au soir, vendredi.

Demain nous partons pour Vienne par la diligence. Tu recevras cette lettre lundi, et je te laisse huit jours pour me répondre. Ainsi tu pourras m'écrire longuement et lisiblement.

Nanny me disait à l'instant que, depuis le soir où j'ai été obligée de mettre deux heures à déchiffrer ta lettre, mes yeux sont devenus tout à fait tristes. Tu vois de quoi tu te rends coupable !

N'oublie pas aussi de me mettre au courant de tes projets, cela m'intéresse énormément. J'ai de nouveau beaucoup réfléchi à ma situation et je veux t'en parler et attirer ton attention sur certains points. Cette bague que nous avons échangée te donne confiance, mais à la vérité, ce n'est pas si neuf ! N'avais-tu pas aussi donné une bague à Ernestine et même une bague qui t'appartenait ? Tu lui avais donné aussi ta parole, ce qui ne t'a pas empêché de rompre avec elle. Alors, tu vois qu'en somme la bague ne signifie rien.

Moi aussi j'ai pensé à l'avenir et même gravement. Je ne pourrai pas être ta femme avant que notre situation ne soit absolument différente. Je ne veux ni chevaux ni diamants, je serai suffisamment heureuse de t'avoir toi — mais j'ai besoin d'une vie sans soucis et d'exercer mon art en toute tranquillité. La préoccupation du quotidien me serait très pénible.

Je me rends compte qu'il me faut avoir de grands moyens pour mener une vie à peu près convenable, c'est-à-dire telle que je la comprends. Réfléchis et vois si tu te crois capable de m'offrir une vie telle que je la désire. Bien qu'élevée modestement, songe que je n'ai jamais eu la moindre préoccupation, et si je ne vis pas dans ces conditions-là, il me faudrait renoncer à mon art.

Hier, j'ai joué pour la dernière fois au théâtre — et

je fus rappelée quatre fois après chaque morceau, ce qui n'est pas la coutume.

J'ai joué mon *Concerto* et les *Variations* de Henselt — on ne se souvenait pas d'avoir vu une salle aussi bondée. J'aurais dû encore rester ici, mais Vienne m'attire tellement. Quand j'arrive dans une ville étrangère comme une parfaite inconnue, je me sens toute désemparée et mon esprit est accablé de tristesse.

Ah ! mon chéri, mon cœur est en morceaux ! Si je ne t'écris pas pendant quatre semaines ne m'en veux pas. Ce ne sera que par manque de temps. Comme je dois, en principe, mener ce qu'on appelle la grande vie, mes soirées seront sans doute occupées. Cette lettre est ennuyeuse — et cependant je ne te l'écris qu'avec un cœur plein d'amour.

Ta Clara.

P.-S. — Le 3 ou le 4 j'ai demandé à la poste s'il y avait une lettre de toi.

Tu n'es pas fâché j'espère — il me semble t'avoir peiné, contrarié. Mon Dieu, je ne sais plus ce que je veux.

ROBERT A CLARA

Leipzig, 30 novembre 1837.

Avant tout parlons du point le plus important de ta lettre. Celui où tu me dis ne pouvoir être ma femme avant que notre situation ne soit complètement différente. Tu es imprégnée de l'état d'esprit de ton père, et c'est lui qui t'a dicté cette lettre — et tu as raison de penser à ce qui t'est nécessaire.

Il nous faut donc préciser.

Ce qui me chagrine c'est que tu ne m'aies pas fait ces objections au moment où je t'ai parlé de ma situation et où tu m'as laissé écrire à ton père et où toi-même avais encore tant de difficultés. L'état actuel de ma fortune est le même qu'au moment où j'ai parlé à ton père. Il n'est pas très brillant, mais malgré cela il y a bien des jeunes filles et même de jolies et de bonnes qui m'auraient accepté comme mari en me disant: « Vivons ensemble, tu trouveras en moi une vraie femme et aussi une femme d'intérieur. » Toi aussi tu as pensé cela, mais maintenant tu penses différemment et moi, par moments, je me sens dépourvu de tout sentiment.

Venons-en au fait.

Si une main providentielle ne fait rien tomber du ciel sur moi, je ne vois pas comment mes revenus pourraient augmenter en peu de temps; ce serait évidemment mon plus grand désir.

Tu connais ma manière de travailler. Mais le travail intellectuel a ses heures — ce n'est pas comme un travail mécanique. J'ai prouvé que je savais patienter. Cite-moi un garçon de mon âge qui ait montré autant d'efficacité dans son activité et en aussi peu de temps!

Que je puisse augmenter ma somme de travail et que je veuille gagner davantage, quoi de plus naturel ! mais alors même, aurai-je assez d'argent pour combler tes désirs, je ne le crois pas.

Par contre, je peux en toute conscience espérer, d'ici deux ans, même sans un travail forcené, être capable de subvenir aux besoins de deux personnes. Chère Clara, la dernière page de ta lettre m'a fait joliment redescendre sur terre; et que je voudrais assommer tous·ces petits bourgeois !

Tu aurais pu d'ailleurs t'exprimer d'une manière un peu plus romantique.

Chaque mot que je t'écris en réponse à ta lettre m'est pénible. C'est ton père qui t'a tenu la main pour écrire.

Tes quelques lignes m'ont meurtri.

Et comme tu tiens peu à cette bague ! Depuis hier, je n'aime plus du tout la tienne et je ne la porte plus.

Je rêvais que je me promenais auprès d'une eau profonde et l'idée m'a traversé l'esprit d'y jeter la bague et de m'y précipiter ensuite.

Demain j'écrirai davantage — mon sang bouillonne — j'ai la tête en feu — le chagrin fait que mes yeux voient trouble !

Porte-toi bien.

R.

ROBERT A CLARA

29 novembre 1837.

Et après, s'il nous manque quelques sous au bout de l'année ? Comment peut-on se tracasser pour ça ?... Mais, bien entendu, il faut tâcher de les gagner, ces sous. Tu sais ce que je possède. La moitié de ce que j'ai me suffit à moi; si l'autre moitié ne te suffit pas, tu pourras en gagner un peu toi-même. Tout dépend de la manière dont on s'organise. Sache bien que j'y ai pensé et repensé. Ce que je préfère, c'est de garder encore pendant quelque temps mon indépendance. Avoir une maison un peu éloignée de la ville, te voir travailler auprès de moi. Vivre heureux et tranquille avec toi. Tu continueras à cultiver ton art comme tu l'as fait jusqu'à présent, mais ce ne sera que pour te perfectionner et seulement pour le plaisir de quelques élus — aussi pour notre bonheur.

Ce ne serait pas difficile, si tu le voulais, de vivre ainsi, et c'est un mode d'existence qui n'exige pas de grandes dépenses.

Peut-être ce genre de vie ne te rendra-t-il pas heureuse longtemps ? Je ne le sais pas, toi non plus. On change. Le hasard et le destin détruisent les plus beaux espoirs ; tant d'éléments inconnus interviennent. Moi, je te le dis sincèrement, c'est le genre de vie que je préférerais. Je pourrais te dépeindre cet avenir sous un jour plus éblouissant pour que tu te jettes dans mes bras et que tu me dises : « Oui, Robert, je voudrais vivre ainsi. »

Si tu m'aimes, décide-toi. Ou bien, si tu souhaites mener une vie de société, cela ne me déplaît pas non plus.

Nous quitterions notre maison de campagne pendant trois mois et nous irions voir les villes les plus intéressantes d'Allemagne. Moi, je rédigerai mon journal d'avance, et peut-être même irions-nous jusqu'à Paris et Londres.

Toi, tu as partout un nom, moi des amis et beaucoup de relations, nous obtiendrions vite le respect que nous méritons et nous reviendrions chez nous chargés de trésors — ces trésors qui nous font encore défaut aujourd'hui. Leipzig serait notre centre d'où nous rayonnerions.

Et que dirais-tu si, un beau matin, je t'apostrophais de la sorte: « Ma chère femme, j'ai composé, sans te le dire, quelques symphonies de fort bonne qualité, et ce n'est pas tout, j'en ai encore plein la tête, et aussi des projets de voyage, où si tu en as envie tu pourras aller chercher partout des lauriers et des couronnes; qu'en penses-tu ? Et si nous emballions nos diamants et que nous allions nous installer à Paris ? » Tu répondrais, sans doute: «On va voir», ou «Écoute, voyons», ou encore «Après tout, si tu veux» — ou bien, « Restons ici, ça me plaît tellement... » et tranquillement j'irai m'asseoir devant une table à écrire et je continuerai à composer ! »

Belles images dont il ne reste souvent que des ruines.

Si seulement, auprès de ton cœur généreux, je pouvais un jour connaître le bonheur ! Ces nuits d'insomnie, ces nuits douloureuses, cette souffrance sans une larme, tout cela il faut qu'un Dieu plein de bonté puisse le compenser. Ah ! laisse-moi me reposer une minute seulement.

Voilà — et tous ces projets sans compter qu'il y a ton père — nous appellerons cela faire une addition sans l'aubergiste !

Toi seule tu peux agir; moi, pour le moment, je ne peux rien.

Et maintenant, j'en reviens à la partie de ma lettre où il était question de faire valoir mes droits. Je n'ai pas besoin de te dire que je ne tiens pas à faire de notre mariage une question juridique.

Tu sais bien que je n'aurais rien dit si tu avais rencontré un autre plus heureux que moi que tu aurais aimé et qui t'aurait donné le bonheur...

Non, pour cela je t'aime trop, je préférerais en mourir ; et puis, tu sais, j'ai aussi de l'orgueil... En certains cas... tu me connais.

Tu me parles durement quand tu me dis que j'ai rompu avec Ernestine — ce n'est pas exact. Nous nous sommes séparés d'un commun accord pour nous rendre notre liberté réciproque. Mais en ce qui concerne cette sombre page de ma vie, je t'en parlerai un jour. C'est un secret profond que ce mal physique dont j'ai été atteint — mais il me faudra beaucoup de temps — ça a commencé l'été de l'année 1833; quand tu sauras ce qu'il en est, tu auras la clé de mes actes et tu comprendras la singularité de ma conduite. Aujourd'hui je te rappelle simplement ces mots qui terminent un excellent livre que j'ai lu : « Celui qui se laisse aller à ses sentiments sans les contrôler est un insensé. »

Alors dis-moi encore une fois ton « oui » et avoue que cette bague est tout de même un lien — si léger soit-il. Tu n'es pas obligée de me rester fidèle, à moi moins qu'à tout autre. Tu es d'ailleurs une fille pieuse et tu sais tout cela ! Tu m'as paru, dans ta dernière lettre, bien singulière, Clara; il est douloureux de passer nos plus jolies années de jeunesse l'un sans l'autre.

Quel que soit l'endroit où je me trouve, j'entends parler de ton charme; on te loue, on t'admire, et moi je ne peux ni te parler ni t'entendre.

Je ne peux rien savoir de toi, je ne peux pas même jouir de ton esprit; et toi, qu'as-tu de moi ? Quelques précieux souvenirs de cet inoubliable soir de septembre où nous nous sommes remis d'accord. A part cela, du chagrin et cette bague qui ne t'apporte plus aucune joie, comme tu l'avouais dans ta dernière lettre, sur la vilaine dernière page... il est vrai que la première... On peut à peine croire qu'elle est de la même jeune fille... Tu es à la fois si passionnée et si compréhensive, si méfiante et si bonne, tu aimes avec tant d'ardeur et tu te fâches si méchamment. Le mardi soir tu appartiens au clair de lune, tu as des larmes de joie dans les yeux, tu t'abandonnes... Et puis, le lendemain, avec ton petit chapeau, *tu me retournes* le couteau dans la plaie. Quand tu mettras ce petit chapeau, tu te diras: « C'est ainsi qu'il me préfère ».

Mon enfant, as-tu compris? je suis si plein de toi, je te parle si tendrement, si profondément...

Ce que tu m'écris, concernant ton père, est fort joli... de ta part [1].

Je n'écris ton nom qu'avec répugnance dans mon journal (*Zeitschrift*) et je voudrais toujours y ajouter: « C'est ma bien-aimée — et je n'admets pas qu'on dise d'elle quoi que ce soit. Vous n'avez pas à vous en occuper. »

Depuis quelques semaines, je suis très mécontent de ma vie. Notre séparation, des chagrins venus de diverses contrariétés font que mon esprit s'affaisse. Alors, je n'arrive à rien. Je me mine pendant des heures, je regarde ton portrait qui est accroché devant moi et je pense: comment tout cela finira-t-il ? Et puis

---

[1] Le père Wieck trouvait que Schumann ne mentionnait pas assez souvent le nom de Clara dans son périodique.

j'essaie ensuite de m'encourager à l'aide de quelques
mots. Et souvent je suis dégoûté que des imbécillités
de ce genre arrivent à me gâcher mon travail. Je me
fais alors l'effet d'un dément, d'un bon à rien, d'un
être inutilisable ! Et, cependant, je sens au fond de
moi-même sommeiller encore quelques symphonies
dont je suis assez fier. Alors parle-moi quelquefois
avec amour pour me conserver ma force et mon
espoir.

Je pourrais peut-être travailler davantage pour
gagner plus d'argent — c'est-à-dire plus superficielle-
ment et plus médiocrement. La véritable création a
ses limites, on ne peut pas travailler que dans le
sublime. Sinon on ne travaillerait pas. J'ai encore
beaucoup à te dire.

D'abord, une question... Si ton père découvrait
notre correspondance, que ferais-tu ? Réponds-moi
là-dessus d'une façon précise; n'aie pas peur s'il
te parle de te déshériter ou de bêtises analogues. Il
ne peut pas te prendre ton cœur, et puis tu as aussi
une mère. Si jamais il voulait un jour user de violence, tu irais te réfugier chez elle.

Au cas où ton père apprendrait quoi que ce soit,
ce que je te demande, c'est de ne pas te laisser à
nouveau intimider — comme à Dresde où soudain tu ne
m'avais plus donné de nouvelles — Clara, je ne te
rechercherai plus une seconde fois. Jamais plus. Ne
prends pas cela en mauvaise part, sois prudente et
surveille les lettres. Ne te laisse pas prendre !

Que tout est triste ! Mais toi, sois bien gaie pendant
ton voyage. Dis-moi comment tu as été accueillie.
J'en serai heureux ou peiné !

Joues-tu toujours ton *Concerto* à ta manière ?
Il y a une série de pēnsées qui rappellent des
étoiles au début — pourtant il ne m'a fait qu'une
impression incomplète. Quand tu es assise au piano,
je ne te connais pas. Mon jugement est d'une absolue
indépendance.

Chopin est malade, m'a dit hier Mendelssohn ; nous
étions chez Voigt avec Lambert, David et C... Il y a
huit jours, j'ai reçu une lettre de Laidlaw. Je lui ai
pris son cœur je crois. Elle m'a envoyé l'une de ses
boucles — que tu le saches ! Mais tu ne peux pas
être jalouse sans doute. J'aimerais te mieux connaître.

Pour le 29 ou 30 décembre j'attends tes lettres.

Fais que ce soir béni le soit pour moi et écris pour
ce jour !

Je t'embrasse avec toute la force de mon amour.
Adieu mon Fidelio... et demeure-moi fidèle comme
Léonore à son Florestan.

Ton
Robert.

CLARA A ROBERT

Vienne, mercredi 6 décembre 1837.

Ma joie en recevant ta lettre n'eut d'égale que mon
chagrin à la lecture de la première page.

Comment peux-tu me blesser aussi profondément et
faire couler de mes yeux des larmes aussi amères ?

Est-ce toi, Robert, qui m'as ainsi méconnue et qui me prêtes d'aussi vilaines intentions ? Ai-je vraiment mérité cela ? Oui, je sais, on te propose, sans doute, des filles plus jolies et plus gentilles que moi et qui seront peut-être aussi de meilleures femmes d'intérieur... Ce n'est pas exclu pour une artiste de l'être, mais... évidemment... oui, je sais. Mais comment oses-tu me parler ainsi à moi qui ne vis que par toi et pour toi.

Si tu m'aimes vraiment, comment peux-tu en arriver là ?

T'imagines-tu réellement que mes désirs sont si déraisonnables ? Je n'ai que deux souhaits : faire ton bonheur et posséder ton cœur.

Tu ne me crois tout de même pas capable de vouloir exploiter tes dons magnifiques et essayer de faire un métier de ton art pour satisfaire mes plaisirs ?

Non, je n'en suis pas là ; mes espoirs sont plus nobles. Et j'espère que, plus tard, tu arriveras à mieux me connaître.

Je n'imagine pas un bonheur plus grand que celui de vivre pour son art, mais, tout de même, dans une relative tranquillité, pour que toi et moi nous puissions nous accorder aussi quelquefois des heures de détente et de joie.

Ne penses-tu pas comme moi ? Oui, Robert, et, alors, je pose ma tête contre ton cœur et je dis : laissons-nous vivre.

Ne crois-tu pas que moi aussi la rêverie m'est douce ; oui, j'aime aussi à rêver. Mais il n'y a plus de rêve quand on déborde de soucis... et c'est alors que tu te sentirais diminué.

Je regarde la bague que tu m'as donnée. Je me sens pleine de courage, et je me dis: confiance, amour, espoir.

Clara.

CLARA A ROBERT

Mardi 12 novembre 1837, au soir.

Enfin me voilà un soir chez moi et je peux enfin bavarder tranquillement avec toi. Je passe mon temps à être invitée et très aimablement reçue.

On me manifeste tant d'enthousiasme que par moments cela me paraît incompréhensible. Je ne dois évidemment pas si mal jouer puisqu'on me fait une place aussi honorable qu'à Thalberg.

Mon cœur bat déjà à la perspective de mon prochain concert.

Vienne ne ressemble pas à ce qu'on en dit ailleurs. Il y a ici de nombreux amateurs de musique, de nombreux dilettantes avec un grand sens artistique. On connaît tout de Chopin et on le comprend; Henselt, on le connaît peu. Je le ferai connaître et on sera étonné de savoir qu'il a vécu ici pendant trois ans. Mendelssohn est presque inconnu. Les *Romances sans paroles* sont empilées chez les marchands de musique et le *Songe d'une Nuit d'été* a été exécuté et a déplu sérieusement.

Je voulais jouer un morceau de lui à mon premier concert, mais je n'ose le faire avant d'avoir tout un public pour moi.

Tes compositions trouvent un grand protecteur en la personne du professeur Fischof, surtout depuis que je lui en ai fait entendre quelques-unes. Il est ton seul ami parmi de nombreux ennemis. C'est à peine si on peut prononcer ton nom. Ils ont tous l'air furieux contre toi, et pourquoi ? à cause de Thalberg et de Dihler sans doute.

Je n'arrive pas à lire ton journal.

Aujourd'hui 13, Fischof m'a dit : « J'ai reçu une lettre de Schumann », et j'ai tressailli de tout mon corps comme chaque fois que l'on prononce ton nom.

« Qui est-ce donc que ce Schumann ? ». dit-on « Joue-t-il du piano ? Il paraît qu'il compose. Comment sont ses compositions ? » Alors, j'aimerais leur dire : « Ne vous occupez donc pas de cet être-là. Il vous domine à un tel point — de si haut — vous ne le comprendrez pas ; d'ailleurs il est impossible de trouver les mots qu'il faut pour parler de lui. »

Aujourd'hui, Fischof m'a montré ta lettre pour que je déchiffre quelques mots qu'il ne pouvait pas lire.

Et quand j'ai vu ta signature, mon cœur s'est senti plein de joie et de douleur. J'aurais aimé pleurer, je ne sais si c'était de chagrin ou de bonheur.

Ah ! crois-moi, Robert, j'ai passé bien des heures douloureuses. Il n'y a pas de plaisir véritable, complet, puisque tu n'es pas auprès de moi. Ah ! ce qu'il faut être aimable avec tout le monde !

Ma seule pensée est pour toi et auprès de toi.

Clara.

CLARA A ROBERT

14 décembre 1837.

Et même après ce que je t'ai écrit de mon père ne sois pas trop sévère pour lui.

Il ne m'a jamais dit ces temps-ci que je devais renoncer à toi. Il sait que cela me rendrait malade, me mettrait d'une humeur abominable et qu'ainsi le travail pour mon concert me serait rendu plus difficile. C'est douloureux pour moi quand je sens que tu jettes la pierre à mon père. Après tout, il demande simplement d'être un peu récompensé de tout le mal qu'il s'est donné pour moi. Il voudrait me savoir heureuse — croit qu'on atteint le bonheur par la richesse. Peut-on lui en vouloir ?

Il m'aime par-dessus tout, et moi, son enfant, il ne me repoussera pas s'il sait un jour que seul tu peux faire mon bonheur. Alors, par amour pour moi, pardonne-lui sa vanité personnelle et songe que s'il s'est mal comporté vis-à-vis de toi, c'est encore par amour pour moi. Je sais aussi combien tu m'aimes, et en lui pardonnant tu me rends heureuse. Je ne voudrais pas que tu le méconnaisses. Chaque être a ses défauts — toi et moi aussi, n'est-ce pas ? pardonne-moi de le dire.

Alors, maintenant, encore une question, mais ne sois pas fâché, mon cher Robert, je te connais bien, mais pourquoi évites-tu chaque occasion de parler de moi dans ton journal ?

Mon père est maintenant très malheureux de penser que je t'aime. Il ne parvient plus à être vraiment tendre avec moi; l'idée que mon cœur bat pour un autre que pour lui lui donne de la froideur à mon égard. Il ne peut s'imaginer que je puisse être heureuse avec toi — et il ajoute: « Schumann ne fait rien pour Clara à l'heure qu'il est — le fera-t-il quand il sera marié ? » Je pourrais t'en écrire davantage, mais je sais que tu en serais ulcéré. Aussi je ne vois pas la nécessité de le faire. Tu demeures Robert et moi Clara. Tout le reste n'existe pas.

Et cependant ce qu'il y a de secret en toi me préoccupe; comment puis-je te comprendre, t'interpréter ?

Clara.

ROBERT A CLARA

Leipzig, 22 décembre 1837.

Au milieu des mille voix qui maintenant gaîment t'acclament, peut-être en entends-tu une qui t'appelle tout bas par ton nom.

Tu te retournes — et c'est moi.

« Toi ici, Robert », dis-tu. « Et pourquoi pas ?... »

Pourquoi ne serais-je pas à tes côtés et ne te suivrais-je pas partout, même si tu ne me vois pas.

Et l'ombre disparaîtrait.....

Amour et fidélité !

Ces quelques mots, fiancée bien-aimée, te rappelleront ton

Robert

CLARA A ROBERT

Vendredi, 22 décembre 1837.

Voilà près de huit jours que je n'arrive pas à t'envoyer un mot. Ne crois pas que ce soit facile pour moi de t'écrire; il faut que je le fasse sans que ma porte soit fermée à clé. C'est un ordre de mon père, et si je désobéissais il serait furieux. D'autant plus qu'il a des soupçons. Il a dit à Nanny: « Je saurai bien, et je vous le dirai, comment j'ai appris que Clara écrit à Schumann. On ne pourra pas me le cacher longtemps. »

Ce qu'il y aurait de mieux c'est que tu m'envoies ta prochaine lettre poste restante à M. Krauss, bien entendu à Vienne.

Fais toujours écrire l'adresse par le Dr Reuter.

A l'instant je relis le mot que je t'ai envoyé dimanche, et je pense soudain que tu as pu te méprendre sur le ton légèrement badin de ma lettre.

Je t'en prie, prends très au sérieux tout ce que je te dis et ne me répète plus que tu manques de confiance en moi. Cela me blesse profondément.

Je crois qu'il existe entre nous le plus bel amour qui soit au monde et ma constance est infinie. Compte sur moi comme je compte sur toi, et il n'y aura plus d'obstacles pour nous, et, s'il y en avait, nous passerions outre; ou, alors, à moins que nous ne soyons victimes d'une puissance obscure résolue à nous séparer l'un de l'autre.

Clara.

CLARA A ROBERT

Noël soir 1837.

Comment fêter mieux un soir de Noël qu'en venant bavarder avec toi.

J'étais très triste aujourd'hui. Pas le moindre petit arbre pour me réjouir les yeux !

Où peux-tu être ? Es-tu vraiment heureux ?

Oh ! oui..., tu brûles des feux de l'amour !

Une pensée m'a préoccupée aujourd'hui: Où en serons-nous dans trois ans ?

Peut-être as-tu eu la même pensée ?

J'espère que tu as reçu dans la journée quelques lignes de moi.

Clara.

CLARA A ROBERT

26 décembre 1837. 11 heures du soir.

Il est déjà tard, mais tout de même je veux t'envoyer encore quelques mots...

A l'instant, je reviens de chez l'impératrice. Je mange une assiette de potage qui n'est guère que de l'eau, mais je veux terminer ma lettre.

Quoique j'aie eu une grande conversation avec l'Empereur et l'Impératrice, tu ne doutes pas, je suppose, que je préfère de beaucoup bavarder avec toi.

Pour moi, voici où j'en suis: je dois aller encore à Budapest et à Gratz. Mon père a dit encore hier soir à Nanny: « Si Clara épouse un jour Schumann, je persisterai à dire jusque sur mon lit de mort qu'elle n'est pas digne d'être ma fille ! » C'est vraiment douloureux d'entendre cela. Ce que j'ai ressenti, j'aurais du mal à te le dire; mais, enfin, il n'y a pas de souffrances que je n'accepterai pour toi. Je te dis cela en passant, simplement parce que mon cœur est trop bouleversé pour essayer de te le cacher.

Tu peux t'imaginer combien je suis hors de moi quand le soir j'entends mon père ronchonner, et que les malédictions qu'il profère et qui troublent mon sommeil s'adressent toujours à ce que j'ai de plus cher au monde.

Je t'avoue que j'aime moins mon père et que j'ai du mal à être tendre avec lui malgré mon désir de l'être, car évidemment je lui dois tout.

Enfin, se résoudra-t-il peut-être à ne plus s'opposer à mon plus grand désir... et alors nous pourrons nous aimer sans tristesse.

Tu me demandes si je suis encore capable de me laisser intimider par mon père; je te répondrai: « Non, jamais plus. »

Ta fidèle

Clara.

ROBERT A CLARA

Le 1er janvier 1838, au matin.

Quel matin merveilleux ! Toutes les cloches sonnent. Le ciel est d'or et bleu et pur ! J'ai ta lettre devant moi.

Mon premier baiser est pour toi — ma chère âme — ma bien-aimée.

Robert.

ROBERT A CLARA

Le 2 janvier 1838.

Comme tes dernières lettres m'ont rendu heureux ! Et surtout celles du soir de Noël.

Je voudrais trouver des mots pour te nommer et pourtant je n'en connais pas de plus joli que ce petit mot allemand *Liebe* (amour), à condition qu'il soit prononcé avec une intonation particulière.

Alors, ma chère petite fille tant aimée, j'ai pleuré de bonheur de t'avoir et souvent je me demande si je suis digne de toi.

C'est prodigieux tout ce qui peut se passer dans la tête et dans le cœur d'un homme en vingt-quatre heures ! Quel miracle que tout ça n'éclate pas !

D'où viennent ces mille pensées, ces douleurs, joies, espérances, désirs qui du matin au soir ne vous laissent jamais en paix ! Hier et avant-hier, je me sentais inondé de lumière ! Comme tu as su m'écrire et comme tu es pleine de beaux sentiments. Tu sais être à la fois fidèle et forte — et comme ton amour est profond ! Que puis-je faire pour t'aimer, ma Clara ! Les anciens chevaliers étaient plus favorisés que moi. Ils risquaient de passer par le feu pour leur belle — ils allaient même jusqu'à tuer un dragon — mais nous autres, comment prouver notre amour ?... Tout au plus peut-être en fumant un peu moins de cigares...

Mais nous pouvons aimer quand même — même s'il n'y a plus de chevaliers, et même si les temps changent — le cœur reste le même.

Que de choses à te dire — des milliers — des sérieuses, des frivoles...

Si je pouvais te les dire d'une manière ordonnée au moins; mais je crois, hélas ! qu'au fur et à mesure que j'écris mon écriture devient de plus en plus illisible... tout se brouille et mon cœur aussi.

Il est vrai que j'ai bien souvent des heures effroyables où je m'écarte volontairement de ton portrait — où je me fais des reproches... Ai-je bien conduit ma vie ? n'ai-je pas eu tort, mon ange, d'enchaîner ta vie à la mienne ? Vais-je pouvoir te rendre aussi heureuse que je le désire ?

De pareilles questions engendrent bien des doutes et j'arrive à trouver ton père très coupable dans sa conduite envers moi.

Le jugement des autres peut influer sur ce que nous pensons de nous-mêmes.

Vu la manière d'agir de ton père n'est-il pas naturel que je me dise: « Suis-je donc si mal que ça ? et ma situation est-elle donc si médiocre pour oser me parler de la manière dont il le fait ? »

J'ai toujours facilement surmonté les difficultés, j'ai été habitué au bonheur, à l'amour, et assez gâté; la vie ne m'a pas été dure, et soudain me voilà rabroué, offensé, calomnié ! C'est du mauvais roman et je ne soupçonnais pas qu'un jour je deviendrais le héros d'un roman de Kotzebue [1] — à vrai dire, ça m'étonne un peu, j'avais tout de même trop d'estime pour moi pour en arriver là. Encore si j'avais fait souffrir ton

---

[1] Romancier de mauvaise qualité, auteur de nombreux romans-feuilletons très bourgeois.

père, il pourrait me haïr ; il n'a pour le moment aucune raison de m'insulter, et tu me dis toi-même qu'il me hait ! C'est incompréhensible. Enfin, un jour mon tour viendra, et alors il verra comme je vous aimerai tous les deux ; car, je te le dis tout bas à l'oreille, je respecte ton père pour sa magnifique énergie, mais il n'y a sans doute que toi et moi qui puissions l'apprécier à cause d'un attachement qui nous vient de l'enfance... et qui appelle la soumission.

Et à cause de tout ce que je te dis là, je souffre davantage qu'il m'écarte toujours de lui. Enfin, peut-être un jour fera-t-il la paix et nous dira-t-il : « Eh bien maintenant, je le veux bien, soyez l'un à l'autre ! »

Tu ne peux imaginer combien ta lettre m'a remonté et comme elle m'a donné du courage.

Quelle fille magnifique tu es ! et j'ai bien plus de raisons d'être fier de toi que toi de moi !

Si tu ne me dis rien, il faut absolument que je me rende compte de ce qui se passe en examinant bien ce qu'il y a au fond de tes yeux, il faut toujours que tu penses que ton Robert est un brave garçon et que tu le possèdes tout entier — aussi qu'il t'aime plus qu'il ne peut le dire et si réellement.

Oui, il faut que tu penses cela !

Je te vois encore comme tu étais le dernier soir avec ton petit bonnet et la manière dont tu m'appelais. Je n'entendais pas bien ce que tu disais, sauf que tu me disais tu... Est-ce que tu t'en souviens ?

Et je te vois encore différemment mais toujours inoubliable — une fois en noir au moment de notre séparation alors que tu allais au théâtre avec Emilie

List [1] — tu ne l'as certainement pas oublié, je le
sens. Une fois aussi au Thomaspförtchen, avec ton
parapluie et où tu m'as quitté si brusquement — et
puis une fois après le concert tandis que tu mettais ton
chapeau, nos yeux se sont croisés, et dans les tiens je
voyais beaucoup de jolis poèmes et ce vieil et éternel
amour... et je te vois encore de mille manières, surtout
dans les derniers temps, je ne te regardais même pas,
mais comme tu m'as plu, c'est impossible à dire, jamais
je ne pourrai assez faire l'éloge de ta manière d'être,
de ton bon goût... bien sûr puisque tu m'as choisi.
Oh! mais je ne te mérite pas. Alors Henselt est là, je
ne veux pas y penser pour ne pas ternir cette belle
impression que j'ai eue quand pour la première fois
je l'ai vu apparaître. Notre première rencontre fut
vraiment fraternelle. Comme il est robuste, naturel;
quelle solide corpulence, et ses paroles et ses jugements
sont si conformes à son apparence !

D'heure en heure notre intimité se resserrait — et
quoique je ne sache rien de lui, je lui suis complètement acquis.

Comme pianiste, je t'avoue qu'il a surpassé mon
attente — il arrive à être presque démoniaque comme
Paganini, Napoléon, Schroeder, et soudain il m'apparaît comme un troubadour avec un joli béret garni
de grandes plumes. D'heure en heure son importance
croissait, sauf lorsqu'il se donnait trop de mal en
jouant — alors là je le trouvais plus faible — mais
dans l'ensemble il n'a cessé de grandir à mes yeux
jusqu'au moment où nous nous sommes dit adieu.

[1] Emilie List, fille du consul d'Amérique à Leipzig.

Robert a Clara

Même jour, après 11 heures,
1838.

Je suis assis là déjà depuis une heure.

Je voulais d'abord passer ma soirée à t'écrire et voilà que je ne trouve pas de mots.

Alors, assieds-toi auprès de moi, mets tes bras autour de mon cou, laisse-moi plonger dans tes yeux et demeurons heureux dans le silence.

Dans le vaste monde deux êtres s'aiment !

A l'instant la pendule sonne minuit un quart; au loin on entend des gens qui chantent un choral.

Connais-tu ces deux qui s'aiment ?

Comme nous sommes heureux !

Viens ma Clara, je suis si près de toi — viens, nous allons nous agenouiller tous deux.

La dernière fois, quand nous étions l'un près de l'autre... tu te souviens de notre dernier mot... le plus inoubliable...

Robert.

Robert a Clara

3 janvier 1838.

Je suis de temps en temps un être si impatient, si mécontent, si insupportable que décidément tu me prends pour quelqu'un de trop bien. Si seulement je pouvais être à nouveau croyant comme je l'étais étant enfant. J'étais un enfant heureux quand je cherchais encore à faire des accords sur le piano ou à cueillir des fleurs au jardin; c'est à ce moment-là que je faisais les plus belles prières et les plus beaux poèmes. Je n'étais que poésie — mais on avance en âge — et aujourd'hui je voudrais jouer avec toi comme les anges jouent entre eux à travers l'éternité.

Sommes-nous encore loin du but ?

Tu auras encore des heures lourdes et beaucoup à lutter. Mais j'ai pour partenaire une fille forte et courageuse en qui on peut avoir confiance, ça je le sais. Clara, je presse ta main sur mes lèvres.

Robert.

ROBERT A CLARA

Jeudi, 4 heures.
Janvier 1838.

Je me suis presque effrayé de ce que tu m'as dit... vous arrivez bientôt à Leipzig ! Vous me faites vraiment très peur. Ne pouvez-vous donc rester à Dresde ou dans quelque autre ville ! Imagine que tu sois assise à midi au Rosenthal, toi à une table, moi à cinquante pas de la tienne. Cela n'est pas supportable. Enfin, s'il n'y a pas moyen de faire autrement... Mais que tu viennes ici, je t'avoue que je ne m'en réjouis pas du tout.

Bien sûr que j'aimerais te voir. Tu as sans doute encore grandi de quelques centimètres, tu es une belle fille, et je ne peux pas en vouloir à ton père de tenir tant à toi. Et puis tu as un ton de voix si charmant !

Mais, écoute bien — moi aussi, je suis devenu quelqu'un. La société Euterpe a, dans un accès de démence, nommé des membres d'honneur : Callivoda, Berlioz, Fink et moi, et j'ai aussi été sollicité pour adhérer à la société néerlandaise de Rotterdam. Aujourd'hui, le baron Reuss est venu chez moi et m'a demandé s'il est vrai que tu es fiancée. Je ne trouvais pas agréable qu'il ne sache rien — en général je me rends compte que tout le monde est au courant de notre amour — Chopin a connu l'histoire de Dresde et l'a minutieusement racontée à Stamaty de Francfort, pendant leur voyage à Paris.

Ecoute, je reçois un peu trop souvent de l'argent d'Edouard et de Carl, aussi est-il possible que je fasse construire un petit musée de trois pièces. La maquette et le plan sont déjà faits dans ma tête.

La maison de Härtel, au point de vue confort, ne pourra pas se comparer à la nôtre. Il régnera chez nous une obscurité de rêve, il y aura des fleurs aux fenêtres, des murs bleu pâle, des gravures, un piano à queue et, là, nous nous aimerons unis dans une profonde fidélité. Tu me guideras avec beaucoup de douceur, tu me diras mes erreurs. Mais quand je serai dans la bonne voie, tu me le diras aussi et je ferai de même pour toi.

Tu aimeras Bach en moi, en toi j'aimerai Bellini. Nous jouerons souvent à quatre mains.

A la tombée du jour j'improviserai... tandis que doucement tu chanteras et, alors heureuse, t'appuyant sur mon cœur, tu me diras : « Je ne pensais pas que ce pouvait être aussi beau ! »   Robert.

ROBERT A CLARA

4 janvier 1838. Le soir.

Chère, ma chère Clara,

Ce que tu es pour moi, combien je t'estime, avec quel respect j'ai toujours parlé de toi, je le sais mieux que quiconque et tu le sais aussi; mais que ton père qui me méprise, qui ne pense qu'à m'humilier vis-à-vis de toi, qui par incompétence, refuse de reconnaître ce qu'il y a en moi et qui demande par-dessus le marché que je lui sois agréable, je le regrette, mais ça je n'en vois pas l'utilité et je ne songe pas à te mendier à lui.

Il m'a déjà écrit une lettre dans laquelle il y avait des mots que j'hésiterais fort à lui pardonner, même si le Très-Haut m'en priait. Je m'abstiens de répondre uniquement parce que c'est ton père, mais mon silence n'en est pas moins lamentable! C'est arrivé une fois, la seconde je ne pourrais pas le faire, dussé-je te perdre !

Mon cœur est tendre et bon, tu me croiras, et n'a rien perdu encore de sa pureté première; il est tel que Dieu l'a fait; mais je ne puis tout supporter et si c'est nécessaire je saurai me défendre et sortir mes griffes.

Pardonne-moi ce que j'écris là, mais cela ne peut te chagriner, tu me restes — je te reste — et alors rien n'ira mal pour moi.

Sous tes ailes d'ange, je me sens tranquille et protégé.

Robert.

Robert a Clara

5 janvier 1838.

Que c'est énervant, je viens encore d'être dérangé par un vieil ami que j'ai connu à Heidelberg, le Dr Weber, de Trieste.

Imagine-toi que, l'autre jour, quand je l'ai rencontré, il m'a demandé : « Pourquoi as-tu l'air si préoccupé ? » et je lui ai répondu : « Vois-tu, il me manque dix mille thalers; il ne m'en faut pas davantage pour avoir la femme que j'aime et la rendre heureuse. » Là-dessus, il me répond : « Si c'est vraiment ce qui te tourmente, eh ! bien, je te les donne. » Et ce n'était pas une plaisanterie ! il m'aime bien, on se tutoie. Je lui ai dit que je n'oublierai pas ce qu'il m'a proposé et que si jamais c'était urgent, je lui en parlerai.

Ne te tourmente pas, ma Clara chérie, en ce qui concerne mon secret — il est difficile pour moi d'exposer ce qu'il y a de plus délicat et de plus douloureux en moi, c'est une longue histoire, et console-toi en te disant que tu peux me guérir, que tu peux me rendre heureux — reste-moi fidèle et donne-moi du courage en me parlant quelquefois avec amour, moi qui suis si facilement déprimé, et puis soudainement en plein bonheur !

Alors, tu as parlé à l'Empereur ? Ne t'a-t-il pas dit : « Connaissez-vous le seigneur Schumann ? » et ne lui as-tu pas répondu : « Oui, Majesté, je le connais un peu ! »

J'aurais bien aimé te voir ! Tu ne vas plus être à toucher avec des pincettes...

Oh ! je t'en prie, ne joue pas toujours aussi bien. Chaque fois qu'il y a un tonnerre d'applaudissements je sens que ton père m'écarte encore davantage. Pense à cela ! Oh ! non, combien je suis heureux et comme je te souhaite les belles couronnes de lauriers que tu recueilles ; mais mille couronnes de lauriers n'en font pas une de myrte, et celle-là c'est moi qui la poserai sur tes beaux cheveux noirs...

Les *Davidstänze* et *Phantasiestücke* seront terminés dans huit jours ; si tu veux je te les enverrai. Les *Davidstänze* évoquent des noces joyeuses ; il me semble que j'ai eu là une jolie inspiration si je me souviens bien.

Je te les expliquerai.

Et maintenant, pour terminer, je te dirai que j'ai eu six bons jours — six jours pendant lesquels je t'ai écrit. C'est fini ! Voilà de nouveau la solitude, l'obscurité.

Pour toujours et éternellement à toi.

Robert.

CLARA A ROBERT

7 janvier 1838.

Je donne mon troisième concert, et mardi (après-demain) je joue devant l'Impératrice. J'ai trouvé ici un accueil qui m'a dédommagée des humiliations qu'ils m'ont fait subir dans le Nord.

Tu as dû savoir que je suis l'objet ici d'une très tendre sollicitude.

Schubert m'a abandonné, parmi plusieurs morceaux, un duo à quatre mains que Diabelli fait imprimer maintenant et qu'il m'a dédié. J'en ai été très émue. Pourquoi a-t-il fait cela ? Il est curieux comme je suis devenue irritable. J'ai l'impression que ma sensibilité est exaspérée.

J'ai joué plusieurs fois à quatre mains avec Fischof. Il ne joue pas, il cogne sur le piano.

Si je pouvais seulement rejouer avec toi la *Fantaisie hongroise* ! Une fois seulement t'entendre improviser. Crois-moi, je t'aime beaucoup. La pauvre Laidlaw me fait pitié ; sûrement elle te porte dans son cœur. Cela ne m'étonne pas.

Tu aimerais me connaître mieux ? Que dois-je répondre ? Si je te dis que je suis jalouse, je te mentirais, et si je te dis que je ne suis pas jalouse, tu croiras que je mens.

Il faut donc patienter encore un peu !

Liszt n'est pas arrivé ; on l'attend tous les jours. Mais sais-tu qui est ici ? Eichorn et ses trois fils dont l'un est un violoncelliste de 10 ans ! Il me semble que l'aîné n'a rien donné. Il en est souvent ainsi des enfants prodiges. Ils ne donnent pas grand'chose. J'en suis un exemple !

Dans mon prochain concert, je joue la *Sonate* de Beethoven en fa mineur, et ensuite, dans l'intimité, ton *Carnaval*.

Est-ce que tes *Phantasiestücke* sont bientôt terminés ?

Mon cher Robert, j'aurais aimé t'envoyer pour la Noël un petit souvenir, résultat de mon travail. Mais il me semble que j'emploie mieux mon temps à t'écrire.

Clara.

11 janvier 1838.

*Clara Wieck au poète Grielparzer qui lui avait envoyé
des vers pour son interprétation de la* Sonate de
Beethoven *en fa mineur.*

Cher Monsieur,

Vous avez parlé de moi avec tant de noblesse et
vous m'avez rendue si heureuse ! Merci et du plus
profond de mon âme.

Votre nom est déjà un mot d'introduction pour
l'Europe entière ! Mais je pourrais pleurer de ne
jouer qu'un si pauvre instrument devant vous. J'aimerais vous en écrire davantage, et tout ce que je vous
dis me semble si maladroit. J'aimerais improviser
pendant une longue heure en votre présence. Oh ! mais
je serais bien intimidée. Enfin, terminons-en avec
cette lettre.

Ces jours-ci je dois jouer le *Carnaval* de Robert
Schumann, quelques morceaux très vivants, comme
des images transposées en musique, devant quelques
amateurs éclairés. Puis-je vous prier d'être des nôtres ?
Je vous préciserai encore le reste.

J'espère pouvoir me réjouir de votre présence.

Votre dévouée

Clara Wieck.

ROBERT A CLARA

11 janvier 1838, après-midi.

Tu ne peux pas t'imaginer comme je me suis effrayé
hier.

Le baron Reuss, qui vient souvent me voir, arrive très agité et me dit avoir une nouvelle importante à me communiquer et qui ne doit pas manquer de m'intéresser !... Il a un cousin, le baron S..., que tu as ébloui et il ne s'agit pas moins que de te demander de faire partie comme principale virtuose du concert de musique de chambre de la Cour et que lui est prêt à en parler à l'Empereur.

Ensuite, Reuss me demanda s'il n'y a aucun empêchement à cela, si ton père est un honnête homme ? Il est facile de le savoir, lui répondis-je.

J'ajoute, toujours avec une grande maîtrise de moi : « Ce serait un grand bonheur pour elle... » (Je ne parle pas d'un autre grand bonheur et le rouge me monte aux joues) et j'ajoute qu'il faut encourager son cousin et que ton père est le meilleur des hommes.

Chère Clara, peut-être tout est déjà résolu pour toi, et ne veux-tu plus entendre parler de moi... J'en aurais tout de même une grande joie pour toi, et ton père enverrait certainement plus d'une estafette d'amis à Leipzig.....

Je suis tout à fait de ton avis; ici on ne t'apprécie pas comme tu le mérites — et je ne demande pas mieux que de chercher à aller dès à présent à Vienne, s'il est possible de trouver là quelque chose d'intéressant.

Ecris-moi donc quelles sont tes obligations si tu devais être la pianiste attachée à la musique de chambre de l'Impératrice ? Resteras-tu à Vienne ?

Je ne le crois pas. Ce n'est sans doute qu'un titre honorifique, comme l'ont eu Paganini et la Pasta.

Ce qui serait encore mieux, ce serait que tu sois

décorée par la reine d'Angleterre d'un ordre qu'elle a remis en vigueur pour les femmes, et que tu deviennes chevalier de cet ordre qui permet aux filles d'un père obstiné de se marier sans le consentement des parents. Alors je dirai: « Ma Clara est la plus grande artiste du monde, mais elle est déjà au-dessus de ça. »

Ici, je crois qu'il faut que j'intercale ce que je pense de toi... Il y aurait beaucoup à dire. Je n'ai pu t'entendre que deux fois en deux ans et il m'a semblé que tu correspondais à ce qu'il y a de plus complet et de plus parfait dans l'art du piano. Je n'oublierai jamais comment tu as joué mes études et comme tu en as fait une création magistrale. Il est impossible que le public puisse comprendre et apprécier ce que tu en as fait, mais il y en avait, un assis là, dont le cœur était en morceaux et qui s'inclinait profondément devant l'artiste que tu es.

Qu'on te juge à ta véritable valeur ou non, voilà qui t'indiffère, je le sais, et c'est ce qui te met au rang d'une véritable artiste.

Mais cette fois-ci tu as battu tous les records, je m'en rends compte dans chaque article que je lis, et le fait que ta personnalité est maintenant sérieusement reconnue me remplit d'aise.

Ah ! j'ai peur de devenir fou de joie !... Tu es quelqu'un de merveilleux, vraiment ! Ce matin je te sentais si grave, et maintenant soudain te voilà pleine de gaîté. Je suis comme toi à présent, mais toujours amoureux...

Hier matin, je me suis de nouveau laissé aller à rêver à l'avenir. J'avais gardé de la lumière toute la nuit. J'écrivais, le poêle crépitait, et rien ne me poussait au sommeil. Subitement tu étais assise à côté de moi, tu cousais... tu tenais un petit ouvrage en main, soucieuse, préoccupée par moi et puis finalement je te prenais la main et je te disais: « Tu me rends trop heureux, ma femme ! » Là-dessus, tu ouvres les yeux, tu te penches sur moi et tu me dis avec les yeux brillants: « Pourrons-nous encore le supporter longtemps ? ne veux-tu pas m'enlever ? »

Ce que je peux t'affirmer aujourd'hui, c'est que si, jusqu'au 8 juin 1840, il n'a rien paru dans les journaux en ce qui concerne notre mariage, alors j'épouserai l'autre Clara et je te laisserai à ton trop juste désespoir.

Clara de mon cœur, tu m'as tellement rassuré dans ta dernière lettre que j'attendrai autant que tu le voudras. Pourvu que je te garde bien à moi. Maintenant, dis-moi ce que tu en penses: je voudrais répondre en quelques lignes à ton père sur le ton de l'indifférence — et qu'il s'en aperçoive. Je lui dirai que je ne sais rien de toi, mais que je sens que tu me resteras fidèle (pardonne-moi ma fierté) et que je ne puis croire qu'il te mènera à l'autel comme on mène une enfant à l'école.

(Ce sont ses propres mots.)

Ecris-moi à ce sujet — et aussi je voulais te dire qu'il est inutile de penser que ton père nous donne son consentement avant qu'il n'ait été avec toi à Paris et à Londres. Aussi pourrais-tu dès maintenant réfléchir à la manière dont tu pourrais t'arranger pour en terminer en 1838 avec Paris et en 1839 avec Londres.

Moi aussi j'irai volontiers bientôt à Paris pour deux mois par exemple; qu'en penses-tu ?

La lettre de Simone de X... m'a fait très plaisir·
En général, je suis content de voir que je perce un
peu partout et que mes œuvres sont en bonne voie.

J'écris maintenant avec plus de légèreté et dans
un style plus large, plus clair et plus agréable qu'autrefois... J'avais le tort d'écrire d'une manière trop
heurtée et il en résultait un travail bizarre, trop singulier et souvent sans beauté. Ces erreurs-là, l'artiste
les livre tout de même au public quand elles ne sont
pas par trop agressives. Depuis quatre semaines je
n'ai presque fait que composer. Comme je te l'ai écrit,
ça venait tout seul; je chantais en composant — et je
crois qu'en grande partie j'ai réussi. Je m'amuse
à trouver des FORMES NOUVELLES. D'ailleurs, depuis
un an et demi, je suis en pleine possession de mes
moyens; il me semble avoir pénétré beaucoup de
mystères. Comme c'est singulier ! Mais ce n'est pas
fini. J'ai encore beaucoup à dire, et si je te garde,
tout verra le jour, sinon tout se perdra.

Je vais faire prochainement trois quatuors...

Robert.

CLARA A ROBERT

20 janvier 1838.

Mon cher, cher Robert,

Je t'appelle ainsi de toutes les forces de mon âme,
et je voudrais encore t'appeler mieux et autrement.

Que ta lettre était belle cette fois-ci ! ce n'étaient
pas des mots que tu employais, il semblait que tu

laissais tomber des fleurs... autour de moi, des fleurs délicates... les plus belles couronnes de laurier, Robert, c'est toi qui me les donnes.

Il faut absolument que je te détourne de cette erreur qui te fait croire que mon père ne me parle de toi que pour me faire voir tes mauvais côtés. C'est absolument faux. Souvent il fait ton éloge, à moi et à d'autres, et s'exprime même avec enthousiasme et me demande de lui jouer tes œuvres.

La semaine dernière il a réuni pas mal de gens et parmi eux les meilleurs poètes de Vienne pour que je leur fasse entendre ton *Carnaval*, et prochainement il a décidé que je jouerai ta *Toccata* et tes *Etudes symphoniques*. J'ai l'intention de donner trois matinées en février.

Oh ! oui, que je me languis de ne pas te voir ! et cependant j'ai une telle aversion pour Leipzig. Je lutte sans cesse avec moi-même, quelquefois j'en perds l'esprit. Et rien n'est plus déchirant pour moi que de te voir assis dans un *bosquet au Rosenthals* [1] et d'être obligée de prendre un air indifférent sous les yeux des parents qui m'épient. Indifférent vis-à-vis de toi — non ce n'est pas tolérable. Leipzig ne m'offre pas le moindre agrément, même Emilie ne revient pas... et il faut que je sois assise là seule et désespérée dans cette rue Nikolaï avec cet impérieux besoin de te voir, et à quelques pas de chez toi... et cependant si loin.

Tu me parles de ma dignité comme si j'y pensais, mais Robert sache bien que seul l'amour me rend heureuse.

---

[1] Jardins de Leipzig.

Je voudrais être Griselidis et que toi tu sois un chevalier et pouvoir te prouver mon amour.

Il y a quelque temps j'ai vu Kettich dans le rôle de Griselidis. Elle m'a fait sangloter et, même arrivée chez moi, je pleurais encore. Ah, j'étais bouleversée ! Tu as dû la voir jouer cet été à Leipzig. C'est une femme très aimable, et une des rares actrices qui ne s'intéressent pas seulement au théâtre, mais aussi aux autres arts. Je vais souvent chez elle, et je crois bien qu'elle m'aime beaucoup.

Je crois aussi d'ailleurs que quand on me regarde ou que je parle de toi ou que je joue tes œuvres, ça doit se voir que je t'aime.

Ah ! si seulement je pouvais leur dire à tous combien nous sommes profondément liés l'un à l'autre et comme nous sommes inséparables.

Enfin, le jour viendra où je serai devant mon père et où je lui dirai: « Les deux ans sont passés, le temps est révolu, et je suis toujours la même, avec le même amour, la même fidélité. Allons, voyons, laisse ton cœur s'attendrir et ne nous refuse pas ce qu'il y a de plus beau au monde: la bénédiction paternelle. »

Mais s'il nous la refusait, je sais ce que je ferai. Ma foi demeure. Je suis à toi, il faut que cela arrive. S'il me repousse (quelle abominable pensée) le ciel me prêtera courage et force pour demeurer celle que je suis et me pardonnera. Pardonner quoi ? de quoi suis-je coupable ? d'aimer ! Ah ! mon Dieu, qu'est-ce qu'une créature doit supporter au nom de l'amour ! Mais quelle récompense je trouverai en toi !

Clara.

CLARA A ROBERT

21 janvier 1838.

Ce ne fut pas un jour facile à supporter, mais ce fut un beau jour.

Aujourd'hui a eu lieu mon quatrième concert où j'ai joué Liszt et Thalberg, et j'aurai cloué le bec à ceux qui prétendaient que je serais incapable de jouer Thalberg.

J'ai eu treize rappels, ce qui n'était pas arrivé à Thalberg lui-même.

Et puis, ce qui a ajouté à l'indignation du public, c'est l'article de ce monsieur Holz, ancien cireur de bottes de Beethoven, qui affirmait que je ne comprenais rien à Beethoven et que j'étais incapable de l'interpréter. Tu peux t'imaginer le vacarme. Cet enthousiasme t'étonnera sans doute, à la vérité tu ne sais même pas ce que je peux donner ou ne pas donner puisque en tant qu'artiste tu me connais bien peu...

Mais ceci ne me chagrine pas — au contraire, ce qui me rend heureuse c'est que je sais parfaitement que ce n'est pas à mon art que je dois ton amour, mais comme tu me l'as écrit un jour sur un joli petit billet : « Je ne t'aime pas parce que tu es une grande artiste, non, je t'aime parce que tu es bonne. »

Quel profond plaisir tu m'as fait en me disant ça. Je ne l'ai jamais oublié.

Clara.

CLARA A ROBERT

Le 23 janvier 1838.
10 heures.

J'avais une véritable envie de te parler ce soir et j'avais bien décidé de le faire quand mon fameux flirt est arrivé et m'a retenu loin de toi pendant deux heures.

Tu peux t'imaginer dans quel état de rage il m'a mise ! Etre obligée d'écouter des paroles flatteuses et fades alors que seul tu préoccupais mon esprit — je planais dans d'autres sphères... si belles...

23 au soir.

Je viens de bavarder avec toi au piano. Il est 8 heures. Mon père ne viendra plus sans doute. Avant de partir de chez X... (je suis attendue), je t'embrasse encore une fois.

Il faut aussi que je te félicite de ta nomination. C'est un grand honneur. Mais veille bien à ne pas devenir trop fier de toi ! Si tu allais être soudain un grand prétentieux ? Non, cela n'est pas possible !

Depuis longtemps déjà, j'aurais pu diriger la musique de chambre de l'Impératrice. Elle m'aime beaucoup, paraît-il.

C'est sa dame d'honneur qui me l'a dit, cette Gibbini qui est connue comme compositeur sous le nom de Kitzebue et qui a beaucoup composé. Mais il y avait pour moi deux obstacles que je ne pouvais franchir; d'abord, je suis luthérienne et ensuite je ne suis pas là pour leur servir de divertissement.

Evidemment, c'était pour moi du plus haut intérêt car il n'y a pas de meilleure lettre d'introduction.

T'ai-je dit qu'à mon dernier concert on a voulu me décerner des récompenses telles que mes ennemis en auraient été sérieusement irrités — alors on a décidé de remettre ça à plus tard. D'ailleurs, j'en aurais été très gênée, et mon émotion n'aurait pas été moins grande que mon embarras.

La plus belle récompense, c'est toi qui me la donneras, et ce jour-là je ne veux pas d'autres lauriers, je les abandonne tous pour la couronne de myrte !

A l'instant, je pense, c'est un peu prosaïque, mais hélas, c'est mon domaine ! Pourquoi te faire des soucis pour moi ? Pourquoi t'attrister et à cause de quelques misérables sous.

Je t'en prie, ne m'en parle plus... Chaque fois j'en suis complètement déchirée. Je me fais des reproches parce qu'une fois dans une heure triste, je puis à peine le croire, ma raison s'était substituée à mon cœur — et voilà pourquoi j'ai pu t'écrire d'une manière aussi peu poétique !

Ne m'en tiens pas rigueur et tu ne m'en aimeras pas moins pour cela, n'est-ce pas ?

Crois-moi, ma confiance en toi est profonde. Nous avons le ciel pour nous. Tu es ardent à la tâche, moi aussi.

Je ne doute pas de toi et je n'hésite pas un seul instant à mettre mon destin entre tes mains.

Tu as de la noblesse, de la bonté, et tu me rendras heureuse.

Ta grande fierté m'a encore surprise à l'égard de mon père.

Tu es vraiment un homme dans la plus belle acception du mot.

As-tu lu le poème de Grillparzer ? Et connais-tu
celui qui a fait le magnifique poème ? Ce dernier est
un fonctionnaire — mais très doué pour la musique —
il compose même des opéras ! Ne serait-il pas possible
que tu fasses paraître ton journal à Vienne ? A Leipzig,
je vivrai toujours méconnue — enfin à la vérité, je
vivrai volontiers où il te plaira. C'était aussi un projet
charmant que d'avoir une petite maison à Leipzig.
Que tu parles bien de l'avenir et combien il me paraît
séduisant sous ta plume !

Cette lettre sera très longue, mais tu ne m'en voudras pas. Je n'arrive pas à me séparer de toi; je
voudrais écrire jusqu'à ce que je n'en puisse plus.

A l'instant un de mes amis est venu me parler du
mariage. Il prétend qu'on trouve toujours un des deux
conjoints à une fenêtre — et l'autre à une seconde
fenêtre et se tournant le dos. Nous n'aurons qu'une
fenêtre, veux-tu ?

Merci de m'avoir envoyé les œuvres de Chopin;
j'en ai eu une grande joie ! C'est surtout la dernière
mazurka qui m'a fait une très belle impression ! Elle
est si fraîche et si poétique, et non pas pauvre d'in-
vention comme la plupart de ses nouvelles œuvres.
Il y a particulièrement les six dernières mesures qui
donnent une idée si juste de ce personnage, à la fois
si romanesque et si lunaire.

Tes *Phantasiestücke* ne sont-ils pas encore terminés ? Si nous sommes encore ici, envoie-les-moi
plutôt par Fischof, mais sans lettre pour moi.

Ecris-moi un petit mot gentil dans les *Phantasie-*

stücke, cela me ferait très plaisir. Ainsi mon père
verra que tu es toujours le même et que tu méprises
ses lettres.

Ton dernier article sur Calliwoda m'a beaucoup
plu. Il était fait, comment dirai-je, avec bonne humeur, et non pas comme si tu y avais été contraint.
En ce qui concerne Bennett, nous ne sommes pas
d'accord: dans un de tes précédents articles, tu dis
qu'un homme qui ne reconnaît pas la valeur de
Bennett est un homme sans culture. Moi, tu me consi-
dères ainsi et tu penses de moi: « Ce n'est qu'une
enfant... qui ne comprend pas grand'chose »; c'est
possible, mais comment un Robert Schumann, qui a
écrit une pareille *Sonate,* de pareilles *Etudes* et un
pareil *Carnaval* et qui est tellement supérieur à un
Bennett peut-il écrire de telles choses et encore, par-
dessus le marché, le comparer à Mendelssohn !

Je voudrais bien aimer Bennett en toi comme tu
aimes Bellini en moi, mais cela est impossible.

Je veux bien aimer Bach en toi pour que tu ne te
plaignes pas.

Ah ! que j'aimerais t'entendre encore jouer une
fugue en chantant à mi-voix si passionnément et
aussi t'écouter improviser. Tu te souviens de ce soir
à 7 heures quand je t'ai vu assis au piano, c'est ton
âme déjà qui créait ta musique et ce jour-là comme
j'aurais aimé te prendre dans mes bras et te dire:
« Ah ! Robert, comme c'est beau ce que tu joues et
comme je comprends bien ce que je viens d'entendre »;
mais je n'ai pas osé. Aujourd'hui, je l'ose et bientôt,
peut-être, je serai ta femme.

Tu te moques un peu de moi... mais, moi aussi je

pense à l'avenir — et beaucoup; c'est mon seul espoir, l'espoir de chaque matin : « Si je pouvais dormir pendant deux ans » — j'emporterais ainsi dans le sommeil des milliers de larmes. Espoir vain ! je suis de temps en temps encore une enfant un peu niaise. Te souviens-tu du soir de Noël il y a deux ans où tu m'as donné cette perle blanche et où ta mère m'a dit : « Les perles signifient larmes. » Elle avait raison...

Elles arrivent bien vite, ces larmes !

Ce temps-là, je ne puis l'oublier — comme tout a été cruel — oui, mais tout ce qui est arrivé n'a contribué qu'à raffermir notre amour. Voilà d'ailleurs ce que j'ai dit à mon père : « Je te suis reconnaissante d'avoir fait en sorte que mon amour s'est affirmé au fur et à mesure que tu as fait surgir plus d'obstacles. »

Le bon Becker, à qui je dois beaucoup, m'apparaît comme une étoile dans une nuit obscure; c'est à lui que j'aimerais confier tout ce pourquoi mon cœur brûle. Si tu lui écris, dis-lui mon souvenir le plus affectueux !

Le 11 je donne mon cinquième concert, et le 18 mon sixième, mon concert d'adieu.

Au cinquième je joue de Mendelssohn le *Cappricioso en si* et les quatre *Etudes symphoniques* d'un certain Robert Schumann. Tu vois où j'en suis.

Dans les restaurants, on sert des tartes à la Wieck, et tous mes admirateurs s'y rendent pour en manger.

Récemment on en parlait dans le *Journal des Théâtres* et on remarquait que c'était un entremets très léger qui fondait dans la bouche... Est-ce que cela ne te fait pas sérieusement rire ?

Clara.

CLARA A ROBERT

Le 30 janvier, au matin.

C'en est fini des loisirs ! De toute la semaine je n'aurai pas une soirée chez moi; aussi vais-je terminer cette lettre.

Qui sait de quel temps je vais disposer, et vais-je pouvoir t'écrire aussi longuement !

Je jouerai encore une fois ton *Carnaval* devant quelques vrais connaisseurs.

Adieu mon cher, cher bon Robert.

Clara.

ROBERT A CLARA

Leipzig, 6 février 1838.

Ma chère Clara

Par quoi vais-je commencer ? Viens d'abord t'appuyer contre mon cœur, et que je t'embrasse pour ta lettre.

Comme j'ai été heureux ces derniers jours ! Je me sentais jeune, léger comme s'il me poussait des ailes le long de mes épaules pour me porter auprès de toi. J'ai voulu te répondre tout de suite, mais les rêves, les méditations, la musique, m'occupaient à tel point que je finissais par ne penser à rien, et je marchais simplement de long en large dans ma chambre en disant de temps à autre: « Le chant de mon cœur... mon enfant... » et puis rien !...

Et puis, après tout, qui pourra me défendre de t'en écrire autant à toi que toi à moi ?

Ce que je préférerais ce serait de m'exprimer en musique, car c'est la musique qui traduit le plus fidèlement notre vie intérieure. Aussi est-ce la raison pour laquelle j'ai tant composé pour toi depuis ces trois dernières semaines : *Spartacus, L'Histoire d'Egmont, Scènes familiales avec Fête...*, *Un mariage*, gai, amusant, et toutes les *Novelettes*, qui à cause de ton nom devraient s'appeler *Wiecketen*, mais la résonance n'étant pas bonne je l'ai changée.

A l'instant, je reçois les *Phantasiestücke* de Härtel avec une charmante lettre me priant d'envoyer d'autres nouvelles compositions. Je vais lui répondre immédiatement.

Adieu pour une heure !

A propos de Vienne, nous sommes tout à fait d'accord depuis longtemps. J'y ai déjà beaucoup réfléchi, mais nous en reparlerons.

On ne voit que ton nom dans tous les journaux, cela ne m'étonne pas, et à cause de cela je vais tous les jours au Muséum et je cherche les articles parus à Vienne.

Tu m'écris que j'ignore ce que tu es en tant qu'artiste. Tu as à moitié raison — et aussi à moitié tort.

Maintenant que tu as achevé tes études, il est possible qu'on puisse développer ton talent, le rendre plus particulier, plus fécond; mais tout de même je connais assez bien ma très ardente fille... Quelque chose d'elle passe à travers la montagne et vient jusqu'à moi.

Le poème de Grillparzer est ce qu'on a écrit de plus beau sur toi. Quel bel état que celui de poète; c'est

divin de pouvoir, en peu de mots, traduire ce qu'on
sent... Des mots qui gardent leur valeur à travers
les siècles !

Quand j'ai reçu ta lettre, Mendelssohn était là et
il partagea ma manière de voir...

« Bergère, tes doigts blancs... »[1] Comme tout cela
est délicat et tendre...

Immédiatement on te voit devant soi !

Aussi ces quelques lignes te seront d'une grande
utilité pour ta réputation...

L'homme le plus ordinaire a de la timidité devant
un vrai poète, mais il lui fait confiance et n'ose le
contredire.

Enfin, ce poème m'a rendu heureux, et si tu avais
un amoureux qui soit capable de chanter et de faire
des vers, ce sont ces vers-là qu'il devrait t'offrir,
oh oui ! ma Clara, seule tu m'as redonné le goût
de vivre et par ton cœur tu m'as toujours exalté
vers la pureté.

J'étais devenu un pauvre homme, abattu, qui ne
pouvait plus prier et qui pleurait dix-huit mois à la file.
Je n'étais plus qu'un être de glace. Maintenant, tout
est changé. Ton amour, ta fidélité m'ont fait
renaître.

Il me semble que pensées et impressions s'entre-
croisent pêle-mêle comme des routes à travers mon
cœur, sur lesquelles courent à tort et à travers des
ombres qui demandent: « où va-t-on par là ? —
Chez Clara — et là ? — Chez Clara... — Et là ? —
Chez Clara... »

[1] Poème de Grillparzer.

Tout va vers toi.

N'as-tu pas reçu les *Davidstänze* ?

Je te les ai envoyées il y a eu huit jours dimanche. Tâche de les travailler. Elles t'appartiennent, c'est ton bien, tu m'entends, et ce que j'ai voulu écrire dans les danses, ma Clara va le découvrir, car elles te sont dédiées, à toi tout particulièrement. C'est une fête à la veille des noces — imagine le commencement et la fin de l'histoire.

Si jamais j'ai été heureux à mon piano, c'est bien les jours où je les ai composées. Je suis bien content que tu joues mes Etudes. Mais je crois que cela te mettra de mauvaise humeur, car il me paraît impossible qu'elles plaisent au public. Dans une circonstance analogue, Goethe disait: « C'est comme quelqu'un qui regarde un ciel étoilé — on n'y comprend rien ». J'ai bien ri.

Mes Etudes, une fois terminées, seront sans doute aussi incompréhensibles qu'un ciel étoilé — si je pouvais m'offrir une pareille comparaison — mais il n'en est pas question.

J'ai adoré le duo de Schubert, mais je ne le considère pas comme un morceau; j'en ai fait chercher le manuscrit original chez ta mère.

Ecoute-moi, j'aimerais que tu ailles sur la tombe de Schubert et aussi de Beethoven. Lie quelques branches de myrte, deux par deux, et va les déposer auprès d'eux — tu veux bien ? et puis dis très doucement ton nom et le mien... pas davantage... tu me comprends, n'est-ce pas ?

Robert.

Robert a Clara

11 février 1838.

Ma douce fille bien-aimée, assieds-toi auprès de moi, pose ta tête légèrement sur le côté droit, voilà ! ainsi tu es bien charmante et laisse-moi t'en raconter, si tu veux bien.

Depuis un certain temps je suis heureux comme je ne l'ai presque jamais été. Voilà un aveu qui peut te réjouir dans ta conscience. Pendant des années j'ai roulé les pensées les plus lugubres et je parvenais avec une maîtrise sans égale à imaginer ce que la vie peut offrir de plus sinistre et de plus désespéré. J'en étais moi-même effrayé, et je pensais souvent à m'arracher à cet enfer.

Eh bien ! tu m'as rendu la radieuse clarté du jour.

Il faut que tu saches tout ce qu'il y a au plus profond de moi-même, toi, mon amour si proche de Dieu. Ma vie commence du moment où j'ai pu voir clair en moi et mesurer mon talent, où j'ai décidé de me consacrer à l'art, la seule voie qui me permette d'employer mes forces.

Aussi, depuis l'année 1830, tu étais à ce moment-là une petite fille prétentieuse, obstinée, avec une mauvaise tête, une paire de beaux yeux, et les cerises étaient ce que tu préférais.

A part toi, je n'avais que ma pauvre Rosalie — quelques années passèrent.

Déjà en 1833, j'entrai dans une mélancolie profonde sans vouloir m'en rendre compte; c'est l'éternelle déception de l'artiste quand la lente réalité s'oppose à la rapidité de son rêve.

Je me résignai difficilement et voilà que je ne pouvais soudain plus me servir de ma main droite [1].

De ces pensées, ces images sombres, la tienne surgit seule et rayonnante.

Tu es sans le vouloir et sans le savoir celle qui m'a pour ainsi dire éloigné de toute autre femme. Alors déjà naquit en moi cette pensée qu'un jour tu pourrais devenir ma femme.

Mais tout cela était plongé dans un avenir trop lointain. Quoi qu'il en soit, je t'ai aimée depuis toujours et de tout mon cœur, d'une tendresse d'enfant, bien entendu.

D'une tout autre nature était le sentiment que j'avais pour mon inoubliable Rosalie [2]. Nous étions du même âge — elle était plus qu'une sœur— mais d'amour il ne pouvait être question.

Elle veillait sur moi, me parlait avec fermeté — toujours pour mon bien, et m'égayait aussi, et fondait sur moi de grands espoirs.

Ainsi elle apaisait mes pensées et je vivais plus calme à l'ombre de son visage.

Cela se passait en l'été 1833.

A ce moment-là je ne me sentais que bien rarement heureux. Il y avait une lacune en moi.

La mélancolie provoquée par la mort d'un frère très cher augmentait de jour en jour.

Et c'est dans ce triste état que j'appris la mort de

---

[1] Paralysie du doigt du milieu.
[2] La belle-sœur, la femme de son frère.

Rosalie. Je ne te dirai que quelques mots là-dessus...
Dans la nuit du 17 au 18 octobre 1833, j'eus soudain
la pensée la plus terrifiante qui puisse assaillir un
être humain, et que le ciel vous envoie pour vous
punir, l'impression de perdre la raison. Cette impression s'empara de moi avec une telle violence, que
prière et consolation de même qu'ironie ou raillerie
semblèrent complètement vaines.

Cette angoisse me fit aller de ville en ville. Je perdais le souffle quand je me disais : « et si tu n'allais
plus pouvoir penser ! »

Clara, crois-moi, rien ne peut se comparer à un tel
sentiment d'anéantissement ; aucune douleur, aucune
maladie, aucun désespoir.

Alors, dans une effroyable agitation, je courus chez
un médecin et lui avouai tout, tout ce qui se passait
dans mon esprit ; que, pris de panique, je ne savais
où aller, que mon instabilité m'effrayait, et que je
ne répondais pas de ce que je pourrais faire de moi.

Je ne veux pas t'épouvanter, cher ange du ciel, mais
écoute-moi bien. Le médecin me consola affectueusement et me dit enfin avec un bon sourire : «Dans votre
cas, la médecine ne peut rien, mais cherchez une
femme, elle vous guérira immédiatement.» J'eus un
soulagement, je pensai que cela pouvait bien arriver.

En ce temps-là tu t'occupais peu de moi. Tu quittais
l'enfance et tu n'étais pas encore une jeune fille.
Alors arriva Ernestine [1] — la meilleure fille que la
terre ait portée.

[1] Ernestine von Fricken devint pensionnaire et élève de
Wieck et amie de Clara. Clara lui parlait avec admiration de
Schumann et les présenta l'un à l'autre. Clara avait alors

Voilà celle qui me sauvera, me suis-je dit. Je voulais m'accrocher de toutes mes forces à une présence féminine. Je me sentais déjà mieux. Elle m'aimait. Cela, je le vis tout de suite.

Et maintenant tu sais tout — et notre rupture et la lettre que je lui écrivis et où je parlai de toi. C'était pendant l'hiver 1834.

Elle, partie, je repris mes esprits. Comment cela allait-il finir ? Alors j'appris qu'elle était pauvre, et fille naturelle, ce qu'elle m'avait caché; moi-même je travaillais tant que je pouvais et pour peu de résultats. Je me sentais pris comme dans un étau. Je ne voyais pas de terme à la situation et d'où viendrait un secours ?

Quand j'appris les origines simples d'Ernestine, je lui en voulus de ne pas me les avoir révélées. Tout cet ensemble de choses, je l'avoue, me faisait me maudire, et me rendit plus froid vis-à-vis d'elle ! Me raccrocher à l'art me semblait une folie; pour me sauver j'essayai de ne pas me séparer de l'image qui me poursuivait comme un fantôme. Il fallait maintenant que je travaille comme un ouvrier. Ernestine était incapable de gagner sa vie. J'en parlai à ma mère et nous fûmes d'accord pour constater que cette situation ne pouvait me donner toujours que des soucis. Voilà, tu sais tout.

Tu es mon plus ancien amour. Le passage d'Ernestine dans ma vie a contribué à nous unir.

15 ans, Ernestine 18. A ce moment-là le père Wieck emmena sa fille à Dresde, trouvant que les rapports avec Schumann devenaient trop affectueux.

ROBERT A CLARA

12 février 1838.

Si seulement je pouvais écrire de mes deux mains aujourd'hui ! Je n'arrive pas à en finir avec tout ce que j'ai à faire, et il faut que cette lettre parte.

Je t'envoie quelques-uns de mes manuscrits d'autrefois. Ce n'est qu'un petit souvenir, ne le jette pas. J'ai trouvé ça dans les papiers de ma mère ; on y reconnaît déjà le futur grand calligraphe, et tu te diras en les voyant que je savais déjà écrire alors que tu n'étais pas encore de ce monde !... et qu'en vertu de ça je dois être bien plus intelligent que toi.

De toute manière tu réussiras difficilement à manier ton célèbre instrument sans moi ; je saurai bien te dompter, petit diable ! Quelquefois je dirai aussi : « Chère madame Schumann, ne soyez pas tout de suite hors de vous, calmez votre fureur... particulièrement s'il s'agit de Bennett » ; je me suis déjà imaginé comment ça se passerait : « Si tu ne cesses pas de récriminer, je t'interromprai et te dirai : « N'entends-tu pas un bruit confus qui vient de la cuisine ?... » « Ah, mes œufs..., mes œufs... », cries-tu, et tu te précipites à la porte.

A Vienne tu ne feras pas de grands progrès en cuisine.

Tu prépareras sans doute de curieux plats ; des biftecks cuits avec beaucoup de bonne volonté...

Je ris tellement que je ne peux plus écrire...

Je crois volontiers que tu joues mes compositions avec plaisir — c'est pour toi comme pour moi. Quand je t'entends jouer je devine ton cœur, ton cœur profond, ton cœur qui m'aime, et je suis pénétré d'un sentiment divin. Du reste, je remarque bien que je n'ai pas encore de cheveux gris, que je vis dans le rêve et que j'ai encore ma part de passion. Mais tout de même, je t'en prie, ne recule pas trop notre mariage; je t'en supplie même, ô mon exquise fiancée !

L'autre soir, j'ai joué chez le comte Reuss (une douzaine de comtesses étaient là). Je ne pouvais le lui refuser; il y avait aussi la comtesse Schönburg... je jouai et chantonnai, mais ce devait être dur pour eux de faire entrer dans leur tête ce que je jouais. Ce devait être aussi étrange pour eux que pour quelqu'un qui voit pour la première fois un ciel étoilé (voir une précédente lettre). Ils me firent des compliments et n'y comprirent rien.

La comtesse m'a demandé ce qui en était de toi et si cela était vrai que tu ne pouvais pas m'écrire; alors j'ai été pris d'un certain énervement et elle s'en est aperçue.

Maintenant laisse-moi te faire un poème de louanges sur tes lettres. Où as-tu appris à t'exprimer ? à construire tes phrases, à les tourner aussi bien ? On pourrait faire imprimer tes lettres immédiatement. Aussi bientôt liras-tu dans le journal: « Un simple oui, demandez-vous ?

» Un si petit mot si important... oui il faut que cela soit. »

.   .   .   .

Et alors, ces dames de Leipzig verront que tu sais distinguer le das du dass... et probablement qu'elles ne savent pas le distinguer. Maintenant, une page encore de questions et puis on se sépare et je te dis « au revoir ».

N'a-t-on pas encore un bon portrait de toi à Vienne ? Prends le meilleur dessinateur que tu puisses trouver afin que le monde connaisse enfin ton vrai visage !

Ta bague est mon fétiche ! Elle est pour moi comme un havre paisible. Dès que je la regarde, le ciel est d'azur, l'eau transparente au point que je vois les ancres des bateaux !

Comment portes-tu ma bague ? A ta main droite ?

Et, à propos... as-tu déjà refusé beaucoup de propositions de mariage à Vienne ? Et le comte ne s'est-il pas risqué à subir un échec ?

Dis à tout le monde: « Je ne me marierai jamais, je n'ai pu avoir celui que je voulais », et on te laissera tranquille.

J'ai encore souvent peur de ton père, il a un caractère infernal et d'une véritable cruauté. Il va te menacer et te maudire; pourras-tu alors lui garder encore les mêmes sentiments ? Voilà que soudain je vois ton regard s'assombrir... Ce n'était que de l'amour ! Tu resteras mienne, je le sens bien.

Ecris-moi si les *Phantasiestücke* et les *Davidsbündlertänze* t'ont plu. Mais parle-moi tout à fait sincèrement comme tu parlerais à ton mari... pas comme à ton fiancé.

Les *Traumeswirren* (hallucinations) et *Abend* (soir), tu pourras peut-être les jouer en public. *In der Nacht* (Dans la nuit) me paraît un peu long... Dis-moi aussi l'accueil que les Viennois ont fait aux *Etudes*. Je n'ai que toi à qui je puisse parler de mon art. A toi seule !

Dans les *Davidstänze* quand il sonne minuit !

Laisse-moi te dire encore combien tu me rends heureux. C'est à un point tel que cela seul doit suffire à te rendre heureuse.

Que Dieu te bénisse ! et garde-moi ton amour.

     Ton

               Robert.

CLARA A ROBERT

Vienne, février 1838.
9 heures.

Que tes dernières lettres étaient adorables, et gaies comme un jour de printemps ! Je ne te connais pas sous cet angle-là ! Moi, je suis aussi sombre que toi tu es joyeux, et comme je suis triste de ne pouvoir t'écrire qu'aujourd'hui une longue lettre. Elle devrait déjà être mise à la poste depuis longtemps. J'en pleurerais. Je ne vais nulle part, à aucun bal, ni au théâtre, et cependant je n'ai pas une minute à moi.

Presque tous les soirs mon père est à la maison, et quand il n'y est pas, c'est le comte qui arrive ; tu sais, mon ex-voisin, qui, de plus, a un maudit domestique qui passe toute sa journée à la fenêtre et qui m'épie sans arrêt pour savoir quand je suis seule à la maison.

Vous autres hommes, vous êtes tout de même des gens heureux, vous ne vous laissez pas faire par les filles. Jusqu'à présent je m'imaginais qu'il avait des égards pour moi, mais hier il a été indélicat au maximum, aussi j'en ai fini avec lui.

Mon travail m'absorbe à un tel point qu'il m'est impossible de profiter de la vie en quoi que ce soit.

L'autre jour mon entrée en scène a été très réussie. La salle regorgeait de monde à un tel point qu'on a été obligé de refuser des centaines de personnes. Ce n'était encore jamais arrivé ici. Je n'y comprends rien, d'autant plus que c'était par-dessus le marché le dernier jour du carnaval et que les Viennois passent cette nuit-là à faire les fous, car ici on ignore tout d'une danse un peu noble et mesurée.

Evidemment je joue bien, je le sais, mais soulever un tel enthousiasme, ça me dépasse.

Je n'ai été à aucun bal officiel; trois fois j'ai dansé chez des particuliers... C'est curieux ! les jeunes gens ne me plaisent pas du tout, je les trouve sans saveur, sans esprit. A la vérité, il n'existe tout de même qu'un Robert. La danse d'ailleurs m'intéresse de moins en moins d'année en année ! Mais si cette passion me reprenait, je pourrais toujours la satisfaire en dansant avec toi. Une fois je t'ai décidé à danser avec moi; c'était une valse et ça se passait chez Stegmeyers. Crois-moi, je ne plaisante pas, je ne peux l'oublier, et je n'ai jamais pu danser depuis ce jour sans penser à cette valse. Comme tu dansais joliment, avec calme et élégance, exactement comme tu es !

CLARA A ROBERT

Vienne 1838, 9 heures.

A l'instant Fischof sort d'ici ; il était venu jouer avec moi l'*Octuor* de Mendelssohn, une œuvre excellente qui n'a pas été du tout comprise ici.

Ses ennemis ont jubilé et ont considéré cet échec comme une véritable injure pour lui.

Ces gens-là mériteraient qu'on les brûle, eux et leurs œuvres. J'ai aussi joué à Fischof plusieurs de tes *Phantasiestücke* qui lui plurent infiniment.

Les morceaux que je préfère sont les suivants : *Les Fables* ; *Auffschwung* (Elévation), *Le Soir* (des Abends), *Chimère* (Grillen), *Fin de la chanson* (Ende vom Lied).

Les *Davidstänze* me plaisent beaucoup, mais je dois t'avouer sincèrement qu'elles ressemblent un peu trop souvent au *Carnaval* et que c'est le *Carnaval* que je préfère à toutes ces autres petites pièces. Je l'aime même par-dessus tout et il me passionne chaque fois que je le joue !

Pourquoi m'en as-tu envoyé un aussi magnifique exemplaire ? Cela ne m'a pas fait plaisir. Il ne faut pas faire de pareilles dépenses. Tout ce qui me vient de toi m'est cher, ne serait-ce même que du papier buvard !

Et malgré tout, merci. Merci beaucoup.

Je me réjouis de travailler ta seconde sonate ; elle me rappelle tant d'heures heureuses... et douloureuses aussi. Mais j'aime cette sonate comme je t'aime. On te retrouve entièrement en elle et elle n'est pas trop difficile à comprendre. Veux-tu laisser la dernière phrase telle qu'elle était précédemment ? Si tu la changes, allège-la, car elle me paraît un peu appuyée. Moi je la comprends bien, et je la jouerai telle quelle, à la rigueur, bien que le public et même les connaisseurs pour lesquels on écrit ne la comprendront sans doute pas. C'est aussi ton avis, je pense, et tu ne m'en veux pas de te le dire !

Tu es si ardent au travail que tu m'en donnes le vertige.

Tu me dis que tu veux écrire des quatuors. Alors permets-moi une question, mais ne te moques pas de moi. Connais-tu les instruments assez à fond ? Je me réjouis beaucoup de ce projet, seulement j'aimerais que ce soit bien clair... Je suis tellement désolée quand on te méconnaît.

Alors, maintenant, venons-en à l'essentiel.

J'ai beaucoup parlé de toi aujourd'hui avec mon père. Il me dit qu'il était décidé à être très aimable avec toi quand nous reviendrons, et à t'accueillir à nouveau comme l'ami de la maison. Il t'a écrit, paraît-il, de Dresde, sans me le dire, et il est prêt à nous donner son consentement à condition que nous allions habiter une grande ville — pas Leipzig. Je le lui ai promis en lui disant que je n'en aimerai jamais un autre que toi. Alors il a écrit dans mon journal qu'il ne s'opposerait pas à notre mariage.

Mais, ce que j'ajouterai, c'est que, pour rien au monde, je ne reprendrai jamais à Leipzig la vie dans les mêmes conditions qu'autrefois — d'abord parce qu'à Leipzig je ne peux pas gagner un sou et toi, mon cher Robert, il faudrait que tu te tues au travail pour nous assurer le plus nécessaire. Non, c'est impossible, ton génie en souffrirait et c'est moi qui en serais la cause. Je ne le supporterai jamais et tu m'écouteras, j'en suis sûre. Nous viendrons ici — où tu viendras seul d'abord. Tu donneras ton journal à Diabelli, à Haslinger (un très honnête commerçant) ou bien à Muchetti, un garçon jeune, vigoureux, entreprenant. Ici en premier lieu ton travail te sera bien mieux payé. Secundo, tu es sûr d'être bien plus apprécié qu'à Leipzig, et, troisièmement, quelle vie agréable, et bon marché par rapport aux autres grandes villes.

Et quelle belle campagne aux environs !

Et moi aussi je suis bien mieux vue qu'à Leipzig, introduite auprès de la plus haute noblesse, aimée de la Cour et du public.

Chaque hiver je peux donner un concert qui me rapporte mille thalers, et cela facilement, les places ici étant très chères. Et puis je peux donner aussi une leçon par jour ce qui me fait encore mille thalers, et toi tu as ces mille, que voulons-nous de mieux ? En somme nous pouvons mener ici la vie la plus heureuse tandis qu'à Leipzig nous sommes méconnus, et qu'un esprit comme le tien s'y développerait mal et que nous serions pleins de soucis et que tu ne pourrais continuer à m'aimer parce que tu serais dégoûté de la vie. Ne crois pas que j'exagère dans tout ce que je t'ai dit là. Mon père me l'a expliqué, aujourd'hui, pendant une heure, en long et en large.

Il m'a même dit : « Si Schumann ne veut pas rester longtemps sans toi, je m'arrangerai pour t'accompagner. » Tu vois que mon père est plein de bienveillance à notre égard, alors ne sois pas trop froid vis-à-vis de lui; il veut notre bien. Il sent maintenant que je ne donnerai jamais mon cœur à un autre et que donner ma main sans mon cœur, un père comme le mien ne pourrait s'y résoudre.

Clara.

Clara a Robert

Vienne, 4 mars 1838, 9 heures.

Malgré mes extraordinaires succès je suis de plus en plus mécontente de moi — et plus mes succès s'affirment, plus je suis mécontente — et plus mes exigences augmentent pour moi-même. Mais le succès ne peut pas me rendre fière, pas plus qu'un titre, d'ailleurs.

Seul, toi tu peux me rendre fière de moi. Je ne crois pas aux titres ni à ce que les gens peuvent me dire. Ce n'est jamais vrai, et d'ailleurs la religion est un obstacle à tout orgueil.

Aujourd'hui nous avons eu quelques amateurs et aussi Fischof pour entendre les *Phantasiestücke* et la *Sonate*, ce qui m'a donné une joie profonde. Tout leur a plu et j'étais à nouveau dans l'ivresse.

Aujourd'hui, *La Fable-Chimère* (Grillen), *Warum* (Pourquoi) m'ont plu encore davantage qu'hier. « Pourquoi » ? Quelle ravissante question ! Elle vous bouleverse au point de ne permettre aucune réponse.

Le morceau *Ende vom Lied* (Fin de chanson) est certainement ce qu'il y a de plus beau dans cet ordre de composition, et n'a jamais dû être dépassé. Il me rappelle *Zumsteeg*.

La *Sonate* aussi est vraiment belle. On a pensé que certains passages seraient capables d'effrayer. Moi, tu ne m'effraies pas.

A mon grand regret, je n'ai pas joué les *Etudes symphoniques*. Il s'est trouvé malheureusement que tous les solistes qui restaient là passaient « en mineur » et que j'ai dû céder.

Le voyage commence à m'ennuyer beaucoup. J'ai besoin de calme. Comme j'aimerais à composer. Mais ici je ne le puis. Dès le matin, je me mets à étudier mon piano et nous avons des visites presque très tard dans la soirée. Alors ma tête est vide, d'ailleurs tu peux le constater par mes lettres, elles sont une preuve de mon épuisement. Mais mon cœur, lui, n'est jamais atteint, il demeure intact quels que soient les événements !

Je suis du reste comme toi, mon cœur est traversé d'innombrables chemins. A peine mon esprit en a-t-il pris un qu'il s'en retourne pour buter dans un autre, et ainsi sans arrêt.

Mes idées sont instables, l'une chasse l'autre, et c'est toi le coupable. Je ne sais pas ce qu'il adviendra de moi.

Après tout, je ne suis qu'une femme et les femmes ne sont pas faites pour composer. C'est ainsi que je me console.

Clara.

CLARA A ROBERT

8 mars 1838.

Il faut que maintenant je parte vite d'ici ; les visites de tous ces pâles prétendants m'exaspèrent, c'est vraiment abusif. Que toi tu m'aimes, je le comprends, parce que je t'aime tant, mais que les autres m'aiment, je n'y comprends rien. Je suis froide, pas jolie (ça je le sais) et ce n'est pas mon art qui les séduit car parmi mes admirateurs il n'y a pour ainsi dire pas d'artistes. Que puis-je dire ? Est-ce bien le même M. Schumann qui, il y a trois ans, refusait de jouer même pour ses amis les plus intimes et qui, maintenant, chez le baron Reuss, au milieu du frou-frou des robes de soie, se plonge dans la musique et se met à improviser !

Te voilà donc devenu un homme aimable. Mais, sérieusement, je suis bien contente de penser que te voilà beaucoup moins soumis à ton humeur. Aussi tu vas pouvoir reconquérir beaucoup de cœurs, et cela me fait un grand plaisir. Tu me demandes ce que je pensais en 1837 ? Tu t'imagines que j'avais un secret et que je ne te le confiais pas ? Ce n'est pas sérieux, je suppose... Je te raconte tout ce qui vaut la peine d'être raconté. Pour le moment, je peux t'avouer que mon cœur, cet hiver, à Berlin, était un peu plus calme ; il ne battait fort que lorsque j'entendais prononcer ton nom ou que je jouais quelques-unes de tes œuvres. Pendant ces deux ans il y eut des jours où ma mélancolie fut sans limites. Un soir que nous étions dans le

Wasserschenke tu passas devant notre table. Ah ! Robert, j'aurais voulu être sous terre, je me sentais mal, et je fus prise d'un violent tremblement qui dura toute la soirée, et une fois couchée dans mon lit j'aurais aimé pleurer. Ce me fut impossible; alors je me mis à prier Dieu — et ce pourquoi je le priai, je ne le sais pas. Jusque-là je ne savais pas à quel point la prière pouvait être efficace; maintenant, je le sais. Mon portrait est terminé et ressemblant mais flatté.

Demain, je joue au théâtre pour la seconde fois. Le 18 je donne mon concert au profit des veuves des universitaires, le 25 pour la fête des Citoyens, et le 6 avril, si nous sommes encore ici, chez Merk avec lui et Mayfeder un trio.

Mais, subitement, je suis prise d'une certaine inquiétude. Demain mes ennemis ont décidé de me boycotter, mais, comme tu l'as dit toi-même, je suis une fille si nerveusement blindée.

Ne sois pas fâché, je t'en prie, de ce que j'écris si mal; mais je suis debout, ma feuille de papier est sur la commode... et chaque fois que je trempe ma plume dans l'encrier, je cours dans une autre chambre... Tu peux imaginer mon installation !

Je ne crois pas que je pourrai encore t'écrire une lettre pendant mon voyage, mais j'espère peut-être encore t'envoyer quelques lignes avant mon départ.

Et voilà. Porte-toi bien, écris-moi comme d'habitude avec tout ce que tu as pour moi de véritable amour, comme je le fais moi-même. Mon esprit est toujours auprès de toi.

Clara.

Robert a Clara

Leipzig, 17 heures, 1838.

Par quoi vais-je commencer ? Par te dire que c'est extraordinaire ce que tu arrives à faire de moi, mon amour ! Que tu es admirable ! Quelle vie ! Quels horizons sans limites tu me fais entrevoir !

Quand je relis tes lettres, tu m'apparais comme l'ange qui apprend au premier homme à découvrir la création. Tu le promènes de hauteur en hauteur, lui montrant toujours des sites plus beaux, et puis te tournant vers lui tu dis: « Tout cela est à toi » et c'est bien vrai: tout cela est à moi.

Un de mes désirs les plus constants est de t'avoir auprès de moi pendant quelques années dans une belle ville *où l'art régnerait en maître*, une ville qui aurait abrité Schubert et Beethoven, et où deux cœurs d'artistes semblent être appelés à vivre.

Tout ce que tu m'as écrit avec tant d'amour et de dévotion m'éblouit à un tel point que je voudrais m'en aller tout de suite avec toi.

Alors donne-moi ta main. C'est bien entendu et mûrement réfléchi — mon désir le plus ardent — notre but, c'est Vienne.

Evidemment, nous abandonnerons un peu de nous-mêmes — notre patrie, nos familles, Leipzig en particulier qui est tout de même une ville digne de respect; il y aura aussi l'adieu à Thérèse et à mes frères, et à mon pays natal, car j'aime mon sol et je suis Saxon corps et âme. Et toi aussi tu es une Saxonne; tu quitteras ton père et tes frères, ce sera comme un pêle-mêle de cloches, de l'angélus de l'aube à l'angélus du soir, mais ce sont les cloches de l'aube qui sont les plus belles et alors tu te reposeras sur mon cœur heureux. Ça y est, c'est décidé. Nous partons.

Maintenant, il nous faut encore gagner la confiance de ton père — que j'aimerais bien appeler « mon père » — lui à qui je dois tant de joies et de douleurs, mais qui aussi m'a appris la vie... J'aimerais ne lui apporter que du bonheur dans ses vieux jours et qu'il puisse dire de nous: « Ce sont de bons enfants ».

Si seulement il m'avait connu davantage il m'aurait épargné bien des misères, à commencer par cette lettre qu'il m'a écrite et qui m'a vieilli de deux ans. Enfin c'est passé, pardonné, c'est ton père, il t'a donné la plus noble éducation qui soit, et sans doute aimerait-il soupeser le bonheur de ton avenir, te savoir heureuse et dans une grande sécurité. Il est vrai que depuis toujours il a pris soin de toi avec dévotion. Je ne peux pas discuter avec lui — c'est impossible. Il désire pour toi ce qu'il y a de mieux sur terre.

Tu me dis qu'il a parlé de nous avec bienveillance. Quelle joie ! J'en suis heureux et surpris. Dis-moi en quelques mots comment je dois me comporter. Et puis je n'ai pas bien saisi ce que tu m'as expliqué au point de vue de ce qu'il avait écrit dans « ton journal ». Répète-le-moi mot pour mot. Pardonne-moi ma méfiance. Ton père ne voudrait-il pas simplement m'éloigner de Leipzig ? Je t'avoue que je ne tiens pas à renoncer à ma vie à Leipzig avant d'avoir reçu un mot de lui confirmant ce que tu m'as dit.

S'il me le confirme Vienne sera désormais mon seul but.

En d'autres termes, tu as su dérouler devant mes yeux comme une carte du ciel... et si j'y trouve quelques coins nébuleux, je ne peux m'empêcher de me plonger avec ravissement dans cet épanouissement de lumière; un nouveau champ d'action réclame aussi de nouvelles forces.

De même que tu trouves ta joie en moi, de même je puiserai dans ton regard une grande force et tout ce qui pourra me rendre meilleur et plus noble.

Bien entendu les soucis ne nous seront pas épargnés.

La jeunesse, ce beau poème, s'efface petit à petit, mais alors il nous restera encore notre art et par-dessus tout la jeunesse de notre amour.

ROBERT A CLARA

Le samedi après-midi.

Je viens de me rendre compte que mon inspiration n'était due qu'à une grande tension et à une impatience sans nom. Et rien n'est plus exact pour ces jours-ci; j'attends une lettre de toi; aussi ai-je composé tout un cahier plein. Du merveilleux, de la folie, de l'aimable ! Tu en feras des yeux quand tu joueras ça ! D'ailleurs, la musique *éclate* en moi ces temps-ci — et il ne faut pas que j'oublie ce que j'ai encore à composer... Ce que j'ai fait c'est comme l'écho de ce que tu m'as écrit un jour: « Moi aussi je t'apparais quelquefois comme un enfant ! ». En un mot j'avais des ailes et je me suis mis à écrire une trentaine de petits trucs dont j'en ai gardé douze et je les ai appelés *Kinder-scenen* (Scènes d'Enfants). Elles te feront plaisir mais il faudra que tu oublies pendant un moment la grande virtuose que tu es. Il y a des titres comme « Faire peur » — « Devant la cheminée » — « L'enfant implore » — « Histoire curieuse », etc..., etc... et encore: « Est-ce que je sais ? »

En un mot, c'est très clair et facile à jouer.

Mais, ma chère Clara, qu'est-ce qui t'arrive ? Tu m'écris qu'il faut que j'écrive des quatuors et tu ajoutes: mais qu'ils soient bien clairs... Il me semble entendre parler une « Demoiselle de Dresde ». Quand j'ai lu ça, je me suis dit: « Oh! oui, que ce soit assez clair pour que les oreilles et la vue en soient aba-sourdies ». Et puis tu ajoutes: « Connais-tu bien les instruments ? » Eh, je l'espère bien, mademoiselle, sinon comment oserais-je entreprendre pareil travail ? Mais ce dont je te loue d'autant plus, c'est d'avoir pensé, en entendant *Ende vom Lied* (Fin de chan-son » à *Zumsteeg*. C'est bien vrai, j'y ai pensé, mais à la fin tout se résoud par de joyeuses noces, et pourtant, avant de terminer, une grande douleur surgit quand je t'évoque et alors intervient au milieu de ces noces un son qui résonne comme le glas de la mort.

Comment tout s'arrangera, cet été, je n'en sais rien. Je veux bien te comprendre, mais passer à nouveau pour l'ami de la maison, il n'en est pas question.

Il ne peut y avoir de plaisir dans nos rapports si ton père ne me considère pas comme un fils pour l'avenir. Je veux même bien admettre qu'il ne fasse

aucune promesse précise te concernant. S'il y consent,
il ne le regrettera pas. Par affection je ferai n'importe
quoi pour lui. Mais peut-être ton père ne t'a-t-il parlé
si gentiment à Vienne que pour te procurer une heure
agréable — et ensuite oublier tout ce qu'il a raconté.
Et puisque tu es une fille si adorable, quand tu lui
reparleras de nous, parle-lui un peu serré, pour qu'il
ne trouve pas à nouveau des tas de prétextes à invo-
quer pour continuer à nous séparer. Pends-toi à son cou
et dis-lui : « Mon père chéri, amène-le-moi quelquefois ;
tu sais bien que jamais il ne se passera de moi ! »

Un peu plus tard.

Plus je pense à Vienne et plus la pensée d'y aller
m'enchante.

Chez moi... une maîtresse de maison sans pareille,
auprès de mon cœur une femme qui m'aime et que
j'adore, et qui de plus est une artiste comme le monde
n'en a pas vu et qui est appréciée comme elle le
mérite.

Moi-même, jeune, joyeux, actif dans le travail, considéré, avec suffisamment pour vivre, et autour de
nous la magnifique nature, des êtres pleins de gaîté,
des souvenirs, le travail qui nous lie, nous rend éner-
giques, quelques relations agréables et qui nous font
honneur. N'y a-t-il pas là de quoi être contente ? Si
ton père refuse son consentement, c'est plus qu'un
péché.

A la vérité, depuis trois mois ma vie ici s'est déroulée
dans un grand calme. Tout le contraire de la tienne
qui pour moi serait «invivable» et m'abasourdirait. Je

me lève très tôt, la plupart du temps avant six heures — et c'est là ma plus belle heure. Ma chambre devient une chapelle, le piano à queue un orgue et ton portrait une enluminure. Si tu savais combien je suis sensible à tout ce que tu me dis, comme tes lettres me rafraîchissent l'esprit. Tes opinions m'intéressent même en dehors de notre art. Raconte-moi ce que tu penses des pays, des gens, des villes. Tu as un œil qui ne se trompe pas et tes jugements m'intéressent. Il ne faut pas trop s'hypnotiser sur soi-même et sur sa propre vie sinon le regard qu'on jette sur le monde perd de son acuité. Et il est si beau, si riche, si neuf ce monde ! Si je m'étais dit cela depuis longtemps j'aurais agi plus et mieux.

Je ne suis pas étonné que tu ne puisses pas composer en ce moment — La vie est trop bruyante autour de toi.

Pour créer, il faut du bonheur et une profonde solitude.

Tu as peut-être du bonheur puisque moi aussi j'en ai, mais il te faudrait encore pouvoir méditer et puis travailler longuement et assidûment !

Je souhaiterais que tu apprennes la construction de la fugue car à Vienne on trouve de très bons théoriciens; ce serait dommage de ne pas le faire si tu en as l'occasion. En tout cas, c'est un plaisir et aussi un moyen de faire des progrès.

Bach est mon pain quotidien; auprès de lui je me rafraîchis et je renouvelle mes pensées. « Auprès de lui, nous sommes tous des enfants », disait Beethoven.

Pourquoi ne joues-tu toujours que la fugue en ut dièse ?

A propos comment t'appelleras-tu ? Wieck-Schumann ou bien le contraire, ou simplement Clara Schumann ? Oh ! oui, ça fait si bien — comme s'il t'était vraiment destiné.

Lundi 19 mars 1838.

Fille de mon cœur, si je trouvais seulement un mot pour te nommer, un mot qui exprime vraiment tout ce que tu es pour moi, toi que j'admire tant, permets-moi de te dire que je te considère comme un être d'élite. Je connais bien ton cœur et le mien et je sais tout le bonheur que tu pourras me donner en tant qu'artiste. Si je t'ai dit un jour: «je ne t'aime que parce que tu es si bonne», ce n'était qu'à moitié vrai, parce qu'en toi tout se tient. Je ne t'imagine pas en dehors de ton art et je t'aime pour les côtés les plus divers de ta nature. Et maintenant, chère et bonne Clara, réponds-moi bientôt, même si ce n'est qu'un mot pour m'apaiser; tu entends bien, sinon je me tourmente et cela me fait trop de mal.

Qu'est-ce que t'a donc fait ton baron pour que tu ne puisses plus le supporter ? Ecris-le-moi, ça m'intéresse.

Tu me parles souvent de ce qu'on appelle les connaisseurs et tu dis qu'on compose pour eux; mais, ma chère Clara, ce sont les plus sots — je les vois réunis là au Quatuor chez David. Tu me comprends ?

Jusqu'à la tombe et au-delà.

Ton

Robert.

ROBERT A CLARA

Leipzig, 14 avril 1838.
Samedi après Pâques.

Avant tout, ma chère et tendre fille, laisse-moi te féliciter de tout mon cœur pour ta nomination.

Quand j'ai appris cette nouvelle, j'ai pendant trois jours fait la fête, j'ai essayé d'avoir des ailes. Je voulais obtenir une place de chef d'orchestre ou briguer une couronne. Finalement, je me suis ravisé, je me suis replié sur moi-même et j'ai trouvé que tout était bien ainsi puisque, quoi qu'il arrive, tu demeureras toujours la même à mon égard. Clara, toi mon cœur, toi le plus vieil amour de mon âme, mon amour mérite le tien; grâce à toi, je redeviens un enfant, et tout heureux, je me promène parmi les hommes.

J'ai tant à te dire — et je me sens tendre comme le printemps et débordant de vie !

Clara, il nous faut maintenant peser et considérer les événements; car, à la vérité, nous en sommes toujours au même point et il me semble que je n'arriverai jamais à avoir ma femme si ça ne dépend que d'elle !

Le fait que ton père recommence à grogner m'a rendu à nouveau très malveillant à son égard. Je recommence à le considérer réellement comme un bourgeois submergé par les questions d'intérêt, insensible à l'amour de la jeunesse qu'il considère comme une rougeole ou toute autre maladie infantile. Tout individu doit passer par là, sans doute, selon lui et par-dessus le marché se laisser détruire s'il le faut.

Et aussi depuis que tu obtiens tant de marques d'honneur et de gloire, son arrogance va s'exagérant ! C'est peut-être humain, mais je commence à le haïr, à le haïr profondément. Cette haine est parallèle à mon amour pour sa fille.

On ne peut plus tenir compte de ses promesses, il donne sa parole et la reprend ; il faut agir par nous-mêmes. Alors, écoute, ma petite Clara. Je veux aller le plus vite possible à Vienne et j'attends ton assentiment pour prendre cette décision. Depuis que tu m'as exposé tes projets, leur beauté m'éblouit, ma décision est ferme et je brûle d'impatience.

Maintenant, il faut que je te pose une question sur laquelle j'ai besoin d'être rassuré. Oses-tu me dire approximativement tout au moins la date à laquelle nous pourrons nous marier ?

Je pense que si on tient bon et si nous fixons cela à Pâques 1840 (c'est-à-dire encore plus de deux ans), tu auras rempli tes devoirs d'enfant et même si tu te vois obligée de te séparer de ton père en employant la violence, tu n'auras aucun reproche à te faire. A cette date, nous serons majeurs et tu auras consenti à attendre plus que les deux ans que ton père t'avait imposés.

Il ne peut plus être question de douter de notre fidélité et de notre endurance, rien jamais ne me séparera de toi.

Alors, donne-moi ta main et d'ici deux ans tout sera résolu.

Robert.

ROBERT A CLARA

Dimanche après-midi, 1838.

Quelle musique j'ai en moi de nouveau, Clara, et quelles belles mélodies !

Depuis que tu as reçu ma dernière lettre, j'ai terminé encore une série de nouvelles pièces; je les appelle: *Kreisleriana.* Toi et ta pensée les dominent complètement et je veux te les dédier — à toi et à aucun autre. Et alors tu souriras avec cette grâce qui t'est particulière et tu t'y reconnaîtras. Ma musique me semble maintenant si merveilleusement réalisée, si simple et venant droit du cœur. Aussi agit-elle dans ce même esprit sur ceux auxquels je la joue — et je joue maintenant souvent et volontiers.

Ah ! quand te sentirai-je debout auprès de moi tandis que je serai assis au piano ? Ce jour-là nous pleurerons comme des enfants, ça je le sais.

Et, maintenant, sois gaie, mon cœur.

Ta chère et fine silhouette est toujours à mes côtés; et, bientôt, tu seras à moi.

Il faut que je te raconte un de mes rêves de l'autre nuit.

Je me réveillai en sursaut et je n'ai plus pu me rendormir tant j'étais bouleversé. Dans mon sommeil, je vivais le grand rêve de ma vie; je t'avais à moi corps et âme et, soudain poussé par une force mystérieuse, je dis: « Clara, je t'appelle » et tu me répondais comme si tu étais à côté de moi: « Robert, mais je suis auprès de toi ! » Alors un frisson d'horreur me saisit, j'étais comme menacé des mauvais esprits qui parcourent le pays des Landes.

Je ne veux plus t'appeler ainsi, je me sentais épuisé.

Robert.

ROBERT A CLARA

Dimanche matin, 15 avril 1838.

Je renonce déjà presque à te voir cet été, puisque j'ai dû depuis deux années souffrir si affreusement de notre séparation. Je puis bien en passer deux autres.

Ça ne rime à rien de voler quelques minutes pour se dire deux mots et par-dessus le marché mourir de peur. Non, c'est inutile, je te veux des journées entières, des années — l'éternité.

Je ne suis plus le Chevalier lunaire d'autrefois. Si tu as un grand désir de me voir, je viendrai volontiers, sinon laissons les choses comme elles sont. Cela ne mène à rien. Je veux que tu sois ma femme, c'est mon vœu le plus sacré, le plus profond. J'en ai fini avec le reste.

Robert.

ROBERT A CLARA

15 avril 1838.
Dimanche après-midi.

Je voudrais savoir beaucoup de choses de toi, mais je vois qu'il t'est difficile de répondre à toutes mes questions.

J'attache une grande importance à ta dernière lettre, crois-moi.

Moi, j'ai des loisirs, je suis heureux de pouvoir t'en faire profiter. Et sais-tu pourquoi ? parce que, depuis le jour de l'an, je me couche à 9 heures et me lève à 5 heures. Ça fait joliment avancer mon travail. De plus, je me sens bien physiquement, ce qui me donne conscience de ma force et de ma jeunesse. Une vie austère de travail, c'est divin !

Peut-être cet aveu te paraîtra curieux, mais ma mélancolie n'était venue qu'à la suite de la fatigue de mes veilles prolongées. Donc je suis content. C'est toi, mon ange, qui me donnes la joie et qui me prends sous ton aile protectrice.

Robert.

ROBERT A CLARA

Lundi vers le soir
(Avril) 1838.

Mon plus ancien souvenir de toi est de l'été 1828. Tu t'amusais à peindre des lettres et tu essayais d'écrire pendant que j'étudiais le *Concerto en la mineur*, et souvent tu te tournais vers moi. Il me semble que c'était hier !

Ton père a montré une véritable méconnaissance du cœur humain.

Pendant des années nous avons passé des heures ensemble; chaque jour, nous étions liés par nos goûts artistiques, une grande similitude d'esprit et une heureuse différence d'âge. Mon cœur était profondément attiré vers le tien — le souvenir d'heures merveilleuses — mille baisers et aujourd'hui notre parole, la petite bague, tout nous lie et ton père nous veut séparer. Non, ma Clara, je ne crains plus rien et je t'emmène avec moi pour te remettre sous la protection d'une main plus haute qui nous a unis jusqu'ici.

Ma patience à l'égard d'un tel bourgeois est à bout. Je suis devenu un monsieur, et si en me parlant de toi il ne me traite pas avec le plus grand respect, s'il ose me dire que je ne mérite pas le bonheur que tu peux me donner, à ce moment-là je lui montrerai qui je suis. Je n'ai pas besoin de lui pour m'apprendre qui tu es.

Hier, je voyais toute la journée danser du jaune devant les yeux, sur les arbres, le mur... partout j'apercevais le facteur. Et il n'est toujours pas venu. J'en ai été bien triste. Le soir, j'ai été prendre l'air comme je le fais presque quotidiennement du côté de Sonnewitz, parce que c'est le chemin qui évoque le mieux ton souvenir. Les nuages au ciel semblaient de grandes montagnes pareilles aux Alpes — c'était à s'y tromper... et je pensais: ce sont les rêves de ma jeunesse. Dans le lointain ils donnaient l'impression d'avoir une base solide... de près ils s'évanouissaient et je me disais: si seulement il en restait un seul... Et puis le soleil disparut, il se coucha, et je pensai que comme toi il reviendrait.

Robert.

ROBERT A CLARA

Mercredi 9 mai après-midi, 4 heures.

Je reçois ta lettre à l'instant, ma bien-aimée, et je dois t'avouer que tu m'as beaucoup fait souffrir ces derniers jours, mais grâce à ta lettre si pleine d'amour, mes soucis se sont évanouis. J'expédie celle-ci immédiatement, pour que tu la reçoives demain.

Est-ce possible que tu sois si près de moi ! de plus en plus près...

Au revoir, ma Clara chérie, je suis toujours et encore ton vieux

Robert.

ROBERT A CLARA

Leipzig, jeudi 10 mai 1838.

Et alors, ma chère fille si rêveuse et passionnée, n'as-tu pas aussi un fiancé passionné ?... et né sans doute pour être un bon commerçant ?

La question du quotidien, une fois résolue, nous aurons des ailes pour voler ! Je rêve à de plus grands horizons...

En ce qui concerne la fameuse bière de Munich, ne crains rien. D'ailleurs, au fait, que penses-tu de moi ?

Je ne mériterais pas un de tes regards si je n'étais capable de me contrôler et de me comporter comme un être raisonnable. C'est bien le moins quand on veut la confiance d'une fille aussi merveilleuse que toi.

Alors dis un peu ce que tu penses de moi ? J'espère que ces quelques mots te rassureront pour toujours.

Maintenant qu'allons-nous faire ici pour nous voir, nous parler ?

Il faudrait arranger cela avant que je ne décide de partir définitivement pour Vienne. Mais je ne me laisse pas attendrir; plus tard, on verra! Evidemment, je serais hors de moi de joie si je te voyais entrer dans ma chambre — je l'espère secrètement... Mais, d'autre part, ma bonne Clara, tout de même, méfie-toi, je ne voudrais pas qu'ensuite ton père puisse encore te faire souffrir. Il y a des gens qui pourraient te voir chez moi.

Je n'ose pas accepter que tu viennes...

Tu vas te dire: « mais quel fiancé désespérant ! »

Ecoute-moi bien et reste à Dresde, ou vas-y le plus vite possible.

Ta présence ici paralyserait tout mon travail et mes projets et me rendrait très malheureux.

Dis à ton père que, si naturel que soit ton désir de me voir, tu y renonces cependant et tu lui donnes ta parole de ne pas me voir à Dresde — du reste comme je te donne la mienne de ne même pas essayer de te voir en cachette. Ou, si je le faisais, c'est que je partirais définitivement pour Vienne. Bien entendu, je pense bien que nous nous écrirons tous les jours si possible.

Il me semble quelquefois inexplicable que tu aies pu grandir toujours calme et forte en gardant intact un sentiment si beau. J'ai souvent parlé de cette énigme avec Mendelssohn. Et maintenant, ce beau temps des fiançailles, nous devons le vivre loin l'un de l'autre. Ah, je deviens fou en pensant à celui qui a été capable de nous imposer cela !

Ta modestie à l'égard de Liszt m'a beaucoup touché. Toi, tu es un ange parmi les artistes. Songe qu'il est un homme, qu'il a douze ans de plus que toi — et qu'il a toujours vécu à Paris parmi les plus grands artistes. Il m'a écrit une lettre très affectueuse que je t'enverrai un de ces jours — elle te fera plaisir.

Alors, porte-toi bien, toi, mon trésor le plus précieux, toi, la lumière et la joie de ma vie. Sois calme, reste forte. Je n'ai rien d'autre à te dire.

Je t'embrasse avec toute la fidélité et l'amour de mon cœur.

Ton
Robert.

CLARA A ROBERT

Début de mai 1838,
samedi, 11 h. du soir.

Peux-tu le croire, mon cher Robert, je t'écris de Maxen [1] où je suis — oui, c'est ainsi. Avec quel sentiment de joie je salue ma patrie, tu ne peux te l'imaginer et comme j'ai été heureuse d'avoir trouvé quelques mots à la poste.

Pense donc que lundi soir, je franchis les portes de Leipzig ! Mon cœur s'arrête de battre tant il déborde de sentiments divers.

---

[1] Près de Dresde.

Je suis très curieuse de voir tes compositions. Demain, je joue ton *Albumblatt* pour la « Majorin ». Elle est bonne et gentille et tous t'aiment beaucoup. Que de choses à te dire ! Je n'y arrive pas. J'attends avec impatience une lettre de toi. N'as-tu pas reçu la mienne ?

Clara.

CLARA A ROBERT

Début de mai 38.

J'ai un mal terrible à trouver un instant pour t'écrire, mon Robert adoré.

Depuis que je suis ici, j'ai complètement perdu la joie de l'esprit, sinon le courage. Mon cœur me pèse, et cependant ta lettre respirait la confiance et le bonheur !

Si quelqu'un me demande si je t'ai déjà vu, les larmes me viennent aux yeux. Tu es si près de moi, et pourtant je ne peux te voir. Soudain, je me promène au ciel et puis immédiatement ensuite je suis malheureuse de ne pouvoir te prendre dans mes bras — toi qui es tout pour moi — et qui as su me faire entrevoir un univers qui m'était complètement inconnu. Tu es l'idéal d'un homme : l'idéal que je portais en moi. Le ciel en a fait une réalité, tu dois m'appartenir — il faut que ce soit et ce sera ainsi.

Ta décision d'aller à Vienne très rapidement me paraît excellente, je ne supporterais pas si tu étais ici de ne pas te voir. Mais je crains que tu ne te plaises pas à Vienne, ce serait pénible pour moi de te savoir là-bas et insatisfait.

Oh ! je ne devrais jamais me séparer de toi, je me sens mélancolique, mon cœur est gros, il éclate tant je me languis de toi, mon cher, mon précieux Robert que j'aime au delà de tout.

Clara.

CLARA A ROBERT

Leipzig, le 2 juin 38.

Je suis seule pendant une minute. Je l'utilise bien vite pour te dire combien j'ai été ravie de tes dernières lettres.

Je tiens à te dire une seule chose. Tu sais que je ne rêve que d'être en 40 pour vivre auprès de toi. Tu n'imagines plus que je puisse changer d'avis. Oh ! non, tu ne le penses pas si tu m'aimes. S'il m'arrive de douter de toi ce n'est, je t'assure, que par humilité.

Je me dis souvent: « Comment oses-tu prétendre à un tel bonheur ? » Et, tout de même, je ne vis et je ne lutte sans cesse que pour voir s'accomplir le plus cher de mes désirs.

Alors, mon chéri, en 40 je serai auprès de toi. Arrive ce qui arrive — compte sur moi — et ne doute jamais. Ce serait très agréable si Thérèse pouvait rester avec nous pendant les premières semaines de notre mariage — elle m'apprendrait ce que je ne puis apprendre chez moi, car mon père ne supporte de ne me voir qu'au piano. Le jugement que tu portes sur mon père dans ta dernière lettre est un peu dur. Mais vraiment, j'ai beau vouloir l'aimer, il fait tout pour m'en détourner.

C'est stupide qu'il se refuse à croire que tu iras à Vienne. Il sera joliment étonné.

CLARA A ROBERT

Le 3 juin.

C'est amusant ce que ma mère a dit à mon père aujourd'hui: « Crois-moi, elle ne tiendra pas bon. » Eh bien, ils verront ! Moi, ne pas tenir bon !

Clara.

CLARA A ROBERT

8 juin.

Comme je suis désolée, mon amour, de ne jamais pouvoir te faire une surprise. Tu le sais, n'est-ce pas, ce qui se passe dans mon âme et quels bons souhaits je t'envoie. Ah ! pourquoi ne puis-je te dire tout cela tout bas à l'oreille. Enfin, ce sera pour dans deux ans, si Dieu le veut, et avec un cœur joyeux. Je t'en prie, mon bon Robert, ne sois pas triste; je fête les plus belles de toutes les fêtes. Je ne trouve plus de mots.

Clara.

ROBERT A CLARA

1838.

Ma chère enfant,

Je suis comme toi, devenu intelligent, mais tu as trop peur. Non ?

Ecris toujours par l'intermédiaire de Reuter, il est fidèle comme ta Nanny. Je sais qu'il est ainsi.

Hier matin, j'ai rencontré tes parents dans le Rosenthal. Ton père me faisait l'effet d'un pistolet chargé. Il me fait rire.

Comme je pense à toi souvent ! Je ne t'ai jamais aimée aussi profondément et les larmes me viennent aux yeux tant j'ai d'amour et de reconnaissance pour toi — toi si bonne.

Oh ! demeure toujours bien fidèle, si pleine de grâce et crois toujours en moi.

Ton plus fidèle
Robert.

ROBERT A CLARA

Leipzig, jeudi matin,
5 juillet 38.

Après ta lettre d'hier, j'ai eu pour la première fois depuis longtemps quelques heures de vraie joie. Je me sens à nouveau vivant. Je goûte le soleil, le vert des arbres. En moi chantent bien des mélodies. Tout ce qui se rapproche de toi est beau, mon amie, ma sœur, ma fiancée. Si seulement un jour je parvenais à ne t'apporter que de la joie, car j'ai été le premier à t'enseigner la douleur... Dernièrement j'ai écrit dans mon journal intime: «N'oublie jamais ce que Clara a supporté pour toi», et je ne veux jamais l'oublier et j'aimerais deviner tes désirs et les combler.

Après ces quelques fois où j'ai pu te voir et te parler, je ne puis te dire à quel point tu m'as plu. Tout en toi respire la force et la loyauté. Mon bon génie semble me chuchoter: «Tu peux compter sur elle.»

Mais d'où te vient cette peur subite de ton père au cas où il découvrirait ce que nous voulons encore lui cacher?

Comment auras-tu le courage d'aller au-devant de lui à l'heure où ce sera nécessaire? Mais j'ai confiance en toi. Voilà un an que nous nous sommes promis l'un à l'autre. Nous nous engageons encore pour un an. Je te donne ma main, ta bague est pure et intacte. Je te demeure fidèle.

Robert.

CLARA A ROBERT

8 juillet 1838.

Tu ne peux t'imaginer à quel point tes deux lettres m'ont remplie de joie.

Tu demandes pourquoi je suis inquiète? Je ne le suis pas pour moi, simplement pour toi; que peut me faire mon père s'il l'apprend? Rien, mais alors toute sa colère retombera sur toi et, ça, je ne peux pas le supporter. Il m'arrive souvent à l'heure qu'il est de me rendre compte que je n'aime plus mon père comme je le devrais. Est-il possible de ne pas avoir d'amertume et comment ne pas me sentir blessée quand je te vois, toi mon Robert, méprisé, méconnu, bafoué.

Je viens de recevoir ici la première lettre de mon père. Elle était pénible et m'a désolée. Cette mauvaise impression a pesé sur moi pendant des jours entiers et je n'arrivais pas à m'en défaire. Pense à quel point ce serait grave si mon père savait tout... mais le moment approche. Compte sur moi. Je te suivrai à Vienne. La séparation d'avec mon père sera dure. Il me faudra lutter et beaucoup, mais je compte sur la force que me donnera l'amour. A l'heure indiquée je serai là.

Peut-être mon père me repoussera-t-il ? Mon Dieu, quelle horreur ! En arriverons-nous là ? Dieu me le pardonnera au nom de l'amour !

Mon père veut aller à Munich et en Hollande, moi je n'ai pas envie de me promener à travers les petites villes, je préfère aller à Paris et à Londres, pendant que je suis jeune encore. Que puis-je faire de mieux que voyager ? Le temps ainsi passera un peu plus vite jusqu'à l'année prochaine encore si lointaine. Mon père viendra sûrement me chercher bientôt. Dans chaque lettre il m'écrit que Felcher, le pâtissier, me réclame tout le temps. Et maintenant, nous n'allons plus cesser de penser l'un à l'autre et je te serre la main bien fort pour l'anniversaire de nos fiançailles. Ta bague est demeurée pure, rien ne l'a effleurée depuis tes derniers baisers. Les jours passent ! Voilà un an que nous sommes fiancés ! Et comme l'amour nous rend plus sensibles à tout ce qui est beau, ainsi la musique est bien davantage pour moi qu'elle n'était auparavant.

Comme elle résonne! c'est extraordinaire. Quelquefois je joue du piano jusqu'à ce que je n'en puisse plus. Mon cœur s'allège au contact de la musique, et quelle sympathie il y rencontre! Alors toi aussi tu aimes tant la *Gretchen* ? Je la joue souvent. Il me semble m'évanouir quand je la joue, tant j'ai l'impression d'être cette Gretchen. Je crois que c'est moi qui parle. Ah ! que c'est beau la musique ! Elle est ma consolation dans les larmes. C'est à mon père que je dois tout et je ne l'oublierai jamais. Mon père croit et espère qu'Ernestine s'opposera à notre mariage. Mon père l'y encouragera certainement. Cela m'inquiète beaucoup. Quand j'y pense, j'ai la tête à l'envers. Ecris-moi sincèrement ce que tu en penses. Ne sois pas fâché si je viens de te troubler un instant, mais je ne pouvais garder tout ça pour moi toute seule. Je suis si merveilleusement heureuse de ton amour que je te pardonne même d'en vouloir à mon père parce que je sais que tu es prêt à lui pardonner rapidement s'il avait une meilleure attitude à notre égard. Ton cœur est trop généreux pour que je te tienne rigueur de quoi que ce soit. Mais je suis sa fille, et c'est souvent amer — et pourtant il est bon et s'imagine agir pour mon bien, mais il a aussi de la dureté et ignore nos véritables sentiments. A ce point de vue-là, évidemment il n'est pas tendre. Mais, crois-moi, quand je serai près de toi, tout s'arrangera. Il m'aime trop pour m'écarter de lui à jamais. Sois tranquille, mon

Robert, il t'aime aussi, il ne veut simplement pas se
l'avouer.

Je t'embrasse encore une fois, mon Robert chéri.

                                        Clara.

ROBERT A CLARA !

Robert Schumann et Clara Wieck
vous annoncent qu'ils viennent de
renouveler leurs fiançailles.
                Leipzig, 13 juillet 1838.

Pardonne-moi cet enfantillage : l'en-tête ! Je l'ai
écrit uniquement pour m'amuser ; il me plaît beaucoup
et je voulais le faire voir à ma Clara. Peu à dire sur ces
derniers jours. C'est l'avenir qui m'importe. Ton père
a dû parler au docteur et à cor et à cris contre nous.
R..., au contraire, l'a réfuté sur tous les points, tu
peux bien te l'imaginer. Il a dû déjà t'en parler et trop
sans doute. « Nous sommes deux natures butées qui
ne sont pas faites pour s'entendre. Je ne fais rien pour
améliorer ma situation et tu ne le toléreras pas », en un
mot c'est impossible. Bien sûr il tentera n'importe
quoi pour essayer de te détourner de moi et compte
sonner l'alarme avec l'opposition d'Ernestine. Or
Ernestine est trop bonne et trop noble pour faire la
moindre difficulté.

Il n'y a que ton père pour trouver d'aussi mauvaises
raisons. Donc, ma chère Clara, ne crains rien que ta
fantaisie débordante !... Et ensuite, il parlera de
Laidlaw et puis est-ce que je sais ? et puis, et puis...

Au piano, pense à moi. Comme c'est curieux, depuis que tu es repartie, je recommence à composer, et pendant ton séjour ici ça ne marchait pas. Mais je ne peux me permettre de ne pas donner toute mon activité à la *Zeitschrift* et de leur envoyer le tirage d'ici. Le départ me sera pénible.

Adieu, ma fille ! Adieu, adieu, adieu.

Robert.

CLARA A ROBERT

Mardi soir.

Mon père est là. J'ai dû entendre aujourd'hui encore combien de paroles qui m'ont été très pénibles. Adieu. Mille baisers de ta fidèle fiancée.

Clara.

CLARA A ROBERT

Dresde, 14 juillet 1838.
Samedi de bonne heure.

Ta lettre m'a trouvée dans une humeur que je ne puis décrire — je pensais à tout en même temps. J'étais sur le point de me faire des reproches; cela va être dur pour toi de quitter Leipzig et c'est moi qui suis responsable de ce départ. Je t'arrache à du certain pour t'entraîner vers de l'incertain. Et en seras-tu récompensé ? C'est utile, voilà, parce que c'est ce qui nous mènera au bout: mon seul but !

Le Dr D... sort de chez moi. Mon père le considère comme un homme très spirituel et aimable. Malgré ma bonne volonté, je ne suis pas de son avis. Je ne

m'éprendrai certainement pas de lui, quoique mon père
le désirât beaucoup. Mais il n'y a rien à faire. C'est
curieux, plus aucun homme ne me plaît. Je suis
morte pour tous, je ne vis que pour un seul, pour
mon Robert.

Dresde, le 26 juillet 1838.

Mon Robert,

Tu ne seras pas fâché contre moi si j'ai mis si longtemps à t'envoyer ce mot, mais je n'ai pas eu une
minute à moi, hélas ! jusqu'à 11 heures ce soir et je
ne puis plus porter de lettre à la poste avec sécurité.
Mais je ne vais pas pouvoir te parler longtemps et
j'en suis désolée. Mais j'ai tant pensé à toi et à notre
avenir que je présage si heureux.

De plus en plus, je sens que ma vie t'appartient.
Tout m'est indifférent sauf mon art: mon art c'est
toi. Tu es ma vie, ma joie, mon bonheur, tout — tout.
J'entends la voix de mon père dans le jardin qui
m'arrache à mon joli rêve.

Clara.

Le 28 juillet 38.

Pauline est revenue et nous vivons du matin au
soir au piano. Elle m'a écrit le *lied* pour toi et tu le
recevras à la prochaine occasion. Il est très joli.

Le 29 au soir.

A l'instant, j'ai mené mon père à la diligence.
Sa mauvaise humeur contre nous atteint son pa-

roxysme et chaque fois qu'il le peut il ouvre son cœur à n'importe qui et répète ce qu'il a toujours dit. Ne nous laissons pas fléchir, mon Robert.

Le véritable amour est récompensé. En moi, tu as une fille forte — que cette pensée t'accompagne jusqu'à Vienne. Suis-je en Hollande ou à Paris ou à Londres, n'oublie pas que ta fille est toujours auprès de toi et le plus grand tourbillon ne m'étourdira pas ! Les lords de Londres, tous les hommes de Paris s'inclineraient-ils jusqu'à terre devant moi, je détournerais la tête et j'irais droit vers l'artiste si simple, l'homme merveilleux, et je mettrais mon cœur à ses pieds.

Clara.

Clara a Robert

Dresde, lundi 30 juillet 1838,
après-midi.

Je rentrai avec Garcia à la maison et trouvai un paquet — j'ai vu l'écriture et les mots « musique imprimée sans valeur »[1]. Ce doit être de Robert, pensai-je et de joie je pris Pauline dans mes bras. Je me mis immédiatement au piano et je jouai. J'ai été émerveillée — à quel point, tu ne peux le croire ! Que c'est beau. Il y a beaucoup d'humour et puis, soudain, tu es mystique ! Pour pouvoir mieux les apprécier, j'ai besoin de les jouer souvent. Je ne

---

[1] C'étaient les Kreisleriana.

sais encore lequel je préfère, car je les ai joués dans un état de surexcitation tel que c'est toujours ce que je jouais en dernier lieu qui me plaisait le plus. Je suis étonnée de la qualité de ton esprit, de tout ce qu'il apporte de nouveau. J'avoue même que tu m'effraies. Quelquefois, je me demande: « Est-ce vrai ? tu vas devenir mon mari ? »

Et si je n'allais pas te suffire ? tu pourrais quand même malgré cela m'aimer toujours peut-être ?

Pauline [1] est une artiste telle qu'elle aurait pu me décourager au point de me faire renoncer à mon art, si mon père, lui, ne m'avait raisonnée. « Après tout, dit-il, il est normal qu'il y ait des êtres plus doués que d'autres. » Enfin, je comprends tout et aussi ta musique, c'est déjà très heureux pour moi.

Adieu pour aujourd'hui. Je te dirai simplement que je t'aime, et, à quel point, tu ne le sais pas. Et puis, tu sais tout cela ! Je t'embrasse encore ! Ce baiser te dira que je suis ta fiancée en toute fidélité. « Clara Schumann », me permets-tu de m'appeler ainsi ?

Clara.

ROBERT A CLARA

Leipzig, mercredi, 9 h. du matin.
12 août 1838.

Ne te récrie pas ma Clara, cette lettre est courte, oui, mais j'étais ces jours derniers si accablé de tris-

---

[1] Pauline Garcia, chanteuse.

tesse, si malade, si profondément atteint, que j'imaginais le dénouement proche.

Ta lettre m'a de nouveau réconforté. Pas de réponse de Diabelli; par contre Besque m'écrit que je vienne le plus tôt possible, car le journal doit paraître à Vienne le 1er janvier.

Les pourparlers pour l'autorisation prennent beaucoup de temps. Aussi ai-je donné congé de l'appartement à Michaelis parce que je serai absent jusqu'au 2 octobre.

Le grand amour que tu as pour ton père me fait te vénérer encore davantage, mais me donne le frisson. Si tu allais m'abandonner à cause de lui ? Pardonnemoi, je me sens encore bien malade. Spohr est venu me voir; c'est véritablement un visage de maître, quel réconfort !

. . . .

Quels sont les projets de ton père ?

Pourquoi nous fait-il à tous une vie si pénible ? Comme il pourrait être heureux et content, s'il venait avec nous. Tu travailles en ce moment ? J'ai un souvenir très exact — c'est curieux — de ta manière de jouer, de ce ton particulier qui t'est strictement personnel.

Mais je veux te gronder sérieusement de ne rien composer pour moi.

Voici du monde. Adieu.

R.

ROBERT A CLARA

Samedi, 29 décembre 1838.

Le temps que tu as vécu à Vienne a été pour toi un temps glorieux, mais quand on arrive ici dégrisé et qu'on y demeure, on peut nettement s'y déplaire.

Ne te l'ai-je pas déjà écrit ? Je n'ai pas envie aujourd'hui de confier à ce papier mes impressions sur tout ce qui m'entoure, les gens, leur manière de se comporter vis-à-vis les uns des autres. Presque tous sont chétifs, insignifiants, ils potinent et pas en artistes, je t'assure. Tout est soumis à leur vanité ou à leur soif d'argent. Quand on les voit vivre, on est effrayé de leur absence de jugement, de leur méconnaissance de l'homme, de l'univers et des arts. Je pourrais te citer un grand nombre d'exemples et parmi eux, je n'épargnerais même pas tes amis personnels. Une lettre ne se prête pas à de trop grands développements là-dessus, mais je tenais tout de même à t'en parler afin de t'éviter pour plus tard des désillusions.

Il faudra que nous trouvions notre bonheur dans notre propre maison, et nous le trouverons — il faut que le bonheur règne chez nous et que nous vivions dans la sincérité et la vérité.

Si je me laissais aller aujourd'hui, je t'écrirais une lettre triste et nonchalante. Je m'ennuie de toi si profondément et je m'ennuie aussi de n'avoir pas vu ton écriture. Ton âme pure s'exprime si bien. Ta voix ne ressemble à aucune autre voix. Tu es à la

fois si mélancolique et si profonde. Quand j'y pense
soudain, cela me bouleverse et me touche. Toi aussi
tu m'as comblé, fille du Ciel.

Mon « Wunsch » (désir) [1] devrait se cacher hon-
teusement; il est vrai que, comme ton « Souvenir », il
venait du fond du cœur. *Füllhorn* a été écrit de
ta propre main, je suppose. Comme tu as dû souvent
trembler en l'écrivant, de peur que quelqu'un ne
vienne te surprendre — et là-dessus j'imagine une
lumière vacillante, le crépuscule qui pénètre dans la
chambre; tu es l'image la plus tendre qu'on puisse se
faire d'une fiancée. Et puis le joli portefeuille, et puis
la lettre sur le charmant papier, et la pantoufle à
laquelle je faisais déjà allusion dans ma précédente
lettre. C'est un véritable plaisir pour moi quand nous
avons une similitude de pensées — et cela nous
arrive souvent. Tu voulais une *Petite Etincelle*, une
de mes dernières compositions, alors qu'elle était déjà
en route pour aller te trouver.

Je m'imagine que même les objets inanimés doivent
se parler quand ils se rencontrent à la poste: « Bonjour
chère pantoufle », là-dessus ma lettre répond: « Tu
arrives à pic, elle aime le la majeur », et puis chacun
des deux reprend rapidement sa route.

Je salue l'année 1839 comme un vagabond la ville
qu'il désire ardemment atteindre, dont il aperçoit
déjà au loin les hautes tours. Souvent, je crois avoir
comme un pressentiment que je n'atteindrai jamais
le but, et alors tu me chuchotes un mot à l'oreille

---

[1] Chacun avait envoyé une composition à l'autre en plus
de petits cadeaux.

et le temps a soudain des ailes, oh ! je ne peux plus attendre le jour où tu seras mon épouse, toi ma tendre fille dont la grâce me donne tant de joie.

Très chère madame Schumann, toi la délicieuse femme d'un bienheureux compositeur, voilà que je prends soudain un ton cocasse où la gaîté se mêle à l'attendrissement. Aussi, je crois que je préfère en rester là. Je vois de hautes tours faire cercle autour de toi, et tu as un petit bonnet sur la tête et puis en moi de la musique. Cessons !

Robert.

CLARA A ROBERT

1er janvier 1839.

Voilà mon premier baiser dans la nouvelle année, mon cher Robert. L'année passée nous a fait bien du chagrin, que la prochaine nous soit plus légère !

Ta lettre, reçue le 1er janvier, fut un rayon de soleil ! j'étais triste... je ne sais pas pourquoi.

Le voyage que je dois faire me pèse, que va-t-il m'arriver ? Celui qui, jusqu'à présent, m'a protégée, ne m'abandonnera pas maintenant. Je pars seule avec cette Française. Mon père est retenu par ses affaires et m'a dit qu'il n'irait pas à Paris. Il considère comme son devoir de ne pas me venir en aide afin que je ne puisse pas atteindre mon but. Il pense que je gagnerai moins d'argent s'il ne me rejoint pas à Paris. Je crois qu'il viendra quand même, mais je dois dire que l'état d'esprit de mon père (lui se croit dans son plein droit) m'a profondément chagrinée.

Mon cœur est lourd de tristesse, demain je pars toute seule avec une personne qui m'est complètement étrangère. J'ai emballé tes compositions, *Toccata*, *Phantasiestücke*. J'ai dû lutter pour le faire, mais j'ai dit « je veux ».

Onze heures sonnent. Je tombe de fatigue. Je vais passer trois nuits en route. Bonne, bonne nuit !

Clara.

ROBERT A CLARA

Vienne, mercredi 2 janvier 1839.

Avant-hier, au milieu de la nuit, j'étais auprès de toi. Si je pouvais seulement te voir une minute... le temps que dure un baiser... Alors, je retrouverais la joie !

Souvent, je me fais des reproches d'être mécontent. Je sais bien que j'ai une fiancée fidèle, pas de soucis pour les jours prochains, quelques amis qui pensent à moi avec tendresse, la musique, la poésie et l'espoir d'un bel avenir et la certitude de ton attachement et de ta fermeté. Pourtant ! pourtant ! enfin tu me connais et tu me pardonnes.

Comment as-tu commencé la nouvelle année ? As-tu fait de beaux rêves ?... Me dis-tu bonsoir tous les soirs en te couchant, comme je le fais avec toi ? Et je t'appelle de tous les noms les plus tendres que je connais et puis je rêve de toi... et puis quand je me réveille, tu es là devant moi, adorable, avec toute ta grâce.

Il m'arrive de t'oublier pendant quelques moments quand je travaille, ou quand j'improvise au piano; là, je m'oublie moi-même, et soudain ta ravissante image surgit devant moi! Comme je suis heureux de t'avoir là, d'avoir quelqu'un qui me comprenne!

Et quelle jolie coutume que ce nouvel an où ceux qui s'aiment font amende honorable pour tout ce qu'ils n'ont pas réussi dans l'année précédente. Ainsi, moi, je suis conscient de n'avoir pas assez travaillé pour toi. J'ai manqué de zèle. Mais que le ciel me pardonne, lui qui m'a fait si accessible à la douleur. Le bûcheron, quand les larmes lui coulent des yeux, est bien obligé de s'arrêter pour essuyer ses pleurs. Est-ce que je ne le vaux pas? Est-ce que je peux travailler quand je pleure? Ce serait différent si ton père me tendait seulement l'ombre d'une main secourable.

J'ai reçu toutes tes lettres. Si tu pouvais toujours m'en écrire autant. Tu es bonne, très bonne, tu en mérites un bien meilleur que moi — il faut vraiment que je travaille davantage — je suis loin d'être digne de toi. C'est pourquoi le destin te refuse encore à moi!

Robert.

CLARA A ROBERT

Nuremberg, 11 janvier 1839.

Dieu merci que je puisse enfin t'écrire! Hier, je ne pouvais le croire. Nous avons au moins dix fois risqué notre vie! Il y avait tellement de neige que nous avons été obligés de passer à travers champs et cimetières. Combien de fois j'ai invoqué Dieu pour que tout finisse bien ! Enfin, cela est passé et je puis écrire l'âme en paix à mon bien-aimé R... Je n'écris pas ton nom pour que la Française ne puisse pas lire par-dessus mon épaule. J'ai donc passé à Zwickau et j'ai pris mon café le matin avec Thérèse. Comme j'ai été contente de voir ma future belle-sœur ! Elle a été bonne et si charmante et ton frère aussi.

Ensuite j'arrive à Hof et tout d'abord je vais chez le libraire Grau pour demander des nouvelles d'Ernestine. Et qu'est-ce que j'apprends ? Elle a épousé le comte Sedwitz ; je ne pouvais le croire et je lui ai écrit immédiatement pour qu'elle me donne de ses nouvelles. Ah ! mon chéri, pourvu que ce soit vrai ! Nous pourrions plus tranquillement savourer notre bonheur.

Cela me paraît extraordinaire d'être seule dans une ville étrangère sans appui masculin. Avant de partir j'ai fait semblant d'être assez contente de partir, d'où je crois que mon père a conclu que je t'avais peut-être écrit de venir me rejoindre à Stuttgart ou ici. Tu n'admires pas le courage que j'ai de m'en aller avec une étrangère comme cela toute seule... la première nuit que j'ai passée avec elle, je n'étais pas très à mon aise !

Clara.

Clara a Robert

Dimanche 13 janvier 1839.
Après déjeuner.

Je m'étais étendue pour me reposer un peu — je ne me sens pas très bien depuis quelques jours — mais je ne peux pas résister à voir ce buvard devant moi, et malgré moi j'attrape mon porte-plume et je me mets à écrire: « Mon trésor que le ciel te protège. » Comment vas-tu ? tu m'aimes encore ? Oh ! oui, je sens que mon Eusebius m'est fidèle. Maintenant il faut que j'aille travailler pour mon concert d'après-demain, mais hélas ! sur un bien mauvais instrument. Depuis que je suis ici j'ai constamment des maux de tête; ce sont les instruments sur lesquels je joue ici qui en sont la cause. Leur son est grêle, pareil au bruit de la scie, il nous déchire les oreilles.

Le *cantor* de Nuremberg arrive à l'instant — et quel *cantor* !

Il faut que je te quitte. En attendant, je te serre la main affectueusement, mon doux Florestan.

Lundi, 14 janvier.

A chaque heure, chaque jour, j'imagine que mon père va tout à coup me surprendre.

L'orchestre a refusé de jouer aujourd'hui; aussi faut-il que j'aille au travail pour me remettre dans les doigts le *Caprice* de Thalberg. Et il faut encore que je m'occupe de tout moi-même, pas mal de petits mots à écrire pour le concert, les billets de faveur à distribuer; il faut trouver des porteurs pour les instruments, des accordeurs — et par-dessus le marché travailler — c'est un peu trop ! je ne sais par quoi commencer...

Et puis aussi ce nombre incalculable de visites fastidieuses !

Mardi 15 janvier.

C'était aujourd'hui le jour de mon concert, mais mon concert n'a pas eu lieu. Il ne nous a pas suffi d'avoir été d'abord sous la neige, il nous faut encore être enfoncés dans l'eau et ne pas pouvoir sortir de chez nous. L'eau monte à vue d'œil, toute la ville est sous l'eau, vu que le fleuve est sorti de son lit. Pas une âme dans la plupart des rues de la ville, on ne peut mettre un pied hors de sa maison. Quelle angoisse ! Beaucoup d'étrangers étaient venus pour mon concert, mais il ne peut pas avoir lieu et on l'a remis à demain.

Aujourd'hui j'ai joué toute la matinée devant quelques amateurs de musique d'ici, et je me sentais exaltée non pas par mon entourage mais par la musique elle-même. Après le concert, je veux jouer encore pour quelques-uns la *Sonate* de Beethoven, quelques Scarlatti et aussi des fugues de Bach, et ton *Carnaval*.

Mardi soir.

Je viens de jouer pour le directeur de la musique de Ausbach et il a été tellement enchanté qu'il ne m'a pas laissé la paix... Il faut que j'aille à Ausbach.

Demain soir, après le concert, je donne encore un petit thé chez moi avec quelques amis de la musique qui m'ont beaucoup aidée, particulièrement Mainberger [1].

Avec tout mon fidèle amour et de toute mon âme, ta fiancée,

Clara.

[1] Editeur de musique.

ROBERT A CLARA

15 janvier 1839.

Ma fille adorée,

Quelle extraordinaire impression de noblesse m'a donnée ta lettre. Comment te le dire ? Je ne suis rien par rapport à toi. Quand j'ai quitté Leipzig j'ai cru réaliser ce qu'il y a de plus difficile au monde. Et toi, une tendre jeune fille, tu t'en vas toute seule à travers ce monde plein d'embûches.

Ce que tu fais maintenant pour moi c'est ce que tu as fait de plus extraordinaire. Aussi, depuis lors, il me semble qu'il n'y a plus d'obstacle pour nous et jamais je ne me suis senti plus de courage. Ta confiance, ton indépendance trouveront leur récompense. Tu es une fille incomparable et tu mérites d'être admirée. Aussi, quand je me réveille la nuit, et que je sens pluie et vent battre les vitres, et que je pense à toi, recroquevillée dans un coin de la diligence, avec ton art comme seul compagnon, et uniquement réconfortée peut-être par l'image heureuse de l'avenir, je me sens fondre de tendresse pour toi et je me demande si je mérite vraiment autant d'amour.

Moi-même je suis maintenant absolument transformé. Il me semble qu'on le voit sur mon visage.

Quelle force morale tu me donnes !

Depuis quelques jours j'ai fait le travail que je mets d'habitude des semaines à faire. C'était comme en août 1837 où nous nous étions promis l'un à l'autre. Tout ce qu'on entreprend réussit et s'accomplit avec facilité. Tu vois, Clara, voilà la force que tu m'as donnée. Une fille aussi héroïque doit inévitablement faire un héros de son amoureux !

Ah ! si je pouvais te suivre, demeurer toujours à quelques pas de toi, invisible, ou même visible; comme un bon génie je voudrais t'abriter de mes ailes pour que rien de mal ne puisse t'arriver. Clara, vois-tu, on s'aime tout différemment quand il faut travailler et se faire des sacrifices l'un à l'autre.

Robert.

ROBERT A CLARA

10 janvier 1839, au matin.

Comment vas-tu ? Si seulement je le savais ! Je volerais à ta poursuite par delà les montagnes ! Aujourd'hui, je l'ai déjà fait sur la carte qui toujours maintenant est étalée devant moi ! mais je vois avec terreur quelle grande distance il y a d'ici à Paris.

Tu serais quand même surprise si tout à coup tu me voyais à Paris à tes côtés. On peut s'attendre à tout avec moi ! Moi aussi je crois que ton père va te rejoindre.

Il doit terriblement s'ennuyer sans toi et doit se faire beaucoup de soucis. Je n'aurais jamais cru qu'il te laisserait aller seule à Paris; à la vérité il n'imaginait pas que tu en aurais le courage !

Tu as fait naître en moi une symphonie ! Je te remercie de tes quelques lignes. Tâche de me remonter de temps en temps, secoue-moi, fouette-moi ! Et

alors pars, chère petite lettre, parcours ta longue
route, va la trouver et dis-lui combien je la bénis,
dis-lui qu'elle est profondément aimée, et qu'on ne
peut l'être davantage — et qu'elle me rend complètement heureux !

Adieu, ma bonne, ma douce, ma souveraine

ROBERT A CLARA

Samedi 19 janvier 1839.

Si seulement je pouvais te voir ! Tu dois avoir des
étincelles dans les yeux. Tu dois ressembler à une
madone et à une héroïne !

Adieu, adieu, Clara.

Robert.

CLARA A ROBERT

Stuttgart, 20 janvier 1839.

Je suis triste ; depuis que j'ai quitté la maison je n'ai
pas un mot ni de Nanny, ni de mon père ! et de toi
rien depuis longtemps. Comment es-tu ? je n'en sais
rien.

Mes concerts de Nuremberg et Ausbach se sont bien
passés (à Nuremberg j'ai suscité de grandes sympathies
et il y a eu des larmes au départ), mais c'était dur,

je n'ai pas dormi pendant trois nuits ! Je ne sais pas comment ça marchera ici. Lindpaintner, Molique, Bohrer, Schünke ne sont pas là !

21 janvier.

Comme toujours il n'y a rien eu à faire ici avec le théâtre. Aujourd'hui on décide si je joue à la Cour. Je ne sais pas ce que je dois penser de mon père ! Il a déjà dû recevoir trois de mes lettres, et moi pas encore une de lui — tout mon espoir était Stuttgart ! Il me laisse au loin sans nouvelles, sans rien; je ne sais vraiment pas ce que je dois faire, dois-je aller seule à Paris ?

Ma situation est affreuse ! Si je ne reçois pas de lettre de lui, je partirai bientôt et serai fin janvier à Paris. Mais que ferai-je là toute seule ? Courage, n'est-ce pas, mon Robert ?

Je crois que c'est la rage qui le retient d'écrire parce que j'ai eu le courage de partir seule.

Si c'est possible, mon cher Robert, je t'écrirai encore une fois de Paris.

Clara.

ROBERT A CLARA

Vienne, jeudi 24 janvier 1839.

Sans arrêt, je suis auprès de toi. Je ne m'occupe que de toi et de notre avenir. Cela me rend sans doute très froid et indifférent à l'égard des autres, mais je ne puis contraindre mon cœur.

Une fois pour toutes, je suis lié à ton âme et à ton existence.

Robert.

Vendredi 25 janvier 1839,
8 heures du soir.

Quelle joie d'avoir lu ton nom dans *le Correspondant* [1]. Et comme on parle de toi sur un ton d'affectueuse sympathie. Vous, bons Nurembourgeois, ai-je pensé, je voudrais vous embrasser pour avoir reconnu le premier fait d'armes de ma fille chérie ! Et maintenant je ne crains plus rien pour toi — et tu obtiendras victoire sur victoire et finalement aussi ton fiancé !

J'ai composé constamment pendant la semaine qui vient de passer ; mais il n'y a pas de véritable joie dans mes pensées, et ma douleur est sans beauté.

A propos du concerto, je t'ai déjà dit que c'est quelque chose d'intermédiaire entre le « concerto-symphonie » et la grande sonate ; je vois que je ne peux pas écrire un concerto en vue d'un virtuose, il faut que je songe à autre chose.

Chère Clara, me permets-tu une observation ? Tu joues souvent le *Concerto* devant un public qui ne connaît rien de moi ; ne crois-tu pas que ce serait mieux de jouer les *Phantasiestücke* ? Dans le *Carnaval* les morceaux se soutiennent l'un l'autre, ce qui déplaît souvent, tandis que dans les *Phantasiestücke* on peut se laisser aller confortablement, il y a

---

[1] Journal de l'époque.

moins de lien... Enfin, fais comme tu veux. Je pense quelquefois que ce que tu as de si particulier en toi, tu n'essaies pas de le traduire en musique, ton extrême naturel, par exemple, ce côté familier et aimable qui te donne tant de charme. Tu vas droit à la tempête, à l'éclat, aux sentiments inédits. Il y a des états d'âme et d'esprit qui règnent en nous éternellement. Le romantisme ne s'exprime pas seulement dans la forme, si le compositeur est poète, il s'exprime autrement. Je te prouverai tout cela un jour au piano avec mes *Kinderscenen*. Ce que je crains quelquefois c'est que nous n'ayons de sérieuses disputes au sujet de nos goûts musicaux. C'est un terrain où l'on est très vulnérable. Il n'y a pas à avoir d'égards pour moi, il faut être dans la chaleur de la discussion extrêmement coupant.

Et puis encore une petite prière. Premièrement, quand je fais une conférence ne me compare pas à Jean-Paul, et ne me dis pas non plus que je suis un second Beethoven, parce qu'alors je me mets à te haïr pour une seconde. Je ne veux rien être pour les autres. Je travaille pour moi-même.

Les *Kinderscenen* (Scènes d'Enfants) ont paru, et aussi la *Fantaisie* dont tu ne connais rien, que j'ai écrite pendant notre si douloureuse séparation, qui est plus que mélancolique et qui doit paraître bientôt. Je l'ai dédiée à Liszt.

Samedi après-midi.

La nouvelle concernant Ernestine est très importante. C'était la seule ombre entre nous; maintenant qu'elle n'existe plus et qu'il n'y a plus d'obstacle à notre but, tu peux attendre avec beaucoup plus de courage et laisse-moi insister tendrement auprès de toi. Il faut maintenant que nous nous unissions au plus vite. Rappelle-toi ce que dit Gœthe : « Les deux grandes fautes de l'homme sont : ou se trop presser ou passer à côté. »

Nous ne nous sommes pas trop pressés, ça nous le savons, ne tombons pas dans l'autre travers.

Il est naturel que tu te sentes souvent mal à ton aise et aussi un peu craintive. J'admire joliment ce que tu as entrepris.

Si je pouvais seulement te donner autant de joie que tu m'en donnes.

Robert.

CLARA A ROBERT

Stuttgart 30 janvier 1839.
Mercredi soir.

Comme il y a longtemps que je n'ai bavardé avec toi ! et aujourd'hui je n'ai encore que peu de temps.

Venons-en à l'essentiel. J'ai enfin reçu une lettre de mon père, qui m'a beaucoup émue et fait pleurer : deux pages pleines de reproches. Il prétend que j'agis toujours à l'encontre de mes intérêts, que je me fais des ennemis partout et que je me rendrai compte bientôt comme je me débrouille mal ; que d'ailleurs il ne viendra pas à Paris, que depuis longtemps je lui donnais toujours tort et que nous n'étions plus faits pour nous entendre. Je ne puis te dire comme tout ça m'est douloureux. Mon père a trouvé moyen de m'écrire une fois en quinze jours et dans sa lettre je n'ai pas trouvé un mot de tendresse. D'ailleurs, cette lettre m'est arrivée à un bien mauvais moment: je partais pour aller jouer à la Cour et tu peux t'imaginer dans quel état de détresse.

Alors maintenant voici: j'ai fait la connaissance du Dr Gustave Schelling [1]; il a été pris d'une grande sympathie pour moi et m'a fait plusieurs articles et bien entendu je ne lui ai pas caché notre amour.

Il m'a beaucoup parlé de son journal et m'a fait comprendre que les autres journaux ne dureraient pas. (Tu t'imagines combien ça m'a trotté dans la tête.) Il dit qu'il me comprenait admirablement, me prit les deux mains dans les siennes, et sais-tu ce qu'il me dit ? simplement que si son journal allait prendre l'extension qu'il présume, et il n'en doute pas, étant donné que les plus grandes autorités y travaillent, et ne pouvant être seul rédacteur en chef, il te prendra comme associé ou te donnera quelque situation analogue — je n'ai pas bien compris — et que maintenant son seul but est de lutter pour notre bonheur.

Le traitement est convenable et nous suffirait, et si tout s'arrange nous devrions être entrés en fonction dans un an d'ici. Il a un très bon cœur, et il dit à chacun en pleine figure ce qu'il pense, j'aime bien ça ! Aussi je lui ai confié notre correspondance, tu ne m'en veux pas ? D'ailleurs, il a dit que si nous venions vivre ici, il faudrait que tu lui permettes de m'aimer !

---

[1] Gustave Schelling: professeur de musique à Stuttgart, directeur de plusieurs journaux musicaux.

Mais l'essentiel c'est que toi tu te décides à aller vivre à Stuttgart.

J'aime bien les montagnes qui entourent la ville. C'est un enchantement et les gens sont adorables et si peu égoïstes !

J'ai été submergée de cadeaux ! Hier j'ai donné un concert. On n'avait pas souvenir d'avoir vu une salle aussi pleine et un pareil enthousiasme ! Une fois tout terminé, quoique morte de fatigue, on m'a obligée à jouer *Erlkönig* (Le Roi des Aulnes).

Beaucoup ont insisté pour que je donne encore un autre concert, mais je n'en ai pas le temps — deux concerts aussi rapprochés me fatiguent et me donnent une trop grande tension nerveuse. Après le concert, le Dr Schelling est rentré chez moi et nous avons parlé de toi jusqu'à 11 heures du soir. Il a beaucoup parlé de ta personnalité, de la qualité de ton esprit, mais je n'ai pas le temps de t'écrire plus longuement.

Deux jours après mon arrivée j'ai joué chez la reine qui m'a fait cadeau d'un bijou ravissant d'un prix fort estimable, tout à fait à mon goût. On a été d'ailleurs très aimable à la Cour.

Je pars demain soir pour Carlsruhe, et après-demain je dois jouer en principe chez la grande-duchesse ; ensuite je vais à Strasbourg où je passerai la nuit de dimanche à lundi, et puis en route pour Paris. Comment cela se passera-t-il ? C'est le Dr Schelling qui se charge de cette lettre. Sois très gentil en lui écrivant car il est bien sincère. Il m'a donné l'occasion d'emmener avec moi à Paris une jeune fille très bien douée, Henriette Reichmann. Elle est bien gentille, très estimée. Son père est pauvre, mais il donne tout ce qu'il peut pour la carrière de cette enfant, et il m'a terriblement touchée quand il est venu chez moi les larmes aux yeux, et en la regardant il m'a dit : « Je vous confie ce que j'aime le mieux au monde. » J'aime bien cette petite et l'impression de pouvoir la rendre heureuse me rend plus heureuse encore. Je m'occuperai d'elle le mieux que je pourrai car elle a du talent et elle aime ce qu'elle fait. Je pense que j'ai bien agi ainsi, mon bon cher Robert, et je crois que tu m'approuveras.

Je me demande si mon père va s'ennuyer de moi ! Je ne peux pas te dire dans quel état m'a jetée la lettre de mon père ! Pas un mot de ma mère ! On dirait que je n'ai plus de parents ! Et dire qu'on peut en avoir et c'est comme si on n'en avait pas. Enfin, ma vie est à toi, et à toi enchaînée !

Tu es mon appui et mon espoir !

Ta Clara.

CLARA A ROBERT

Carlsruhe, 2 février.
Samedi matin.

Avant de quitter Carlsruhe je veux t'envoyer ces quelques lignes ; je sens, mon cher Robert, que le moindre petit mot te fait plaisir ! Aujourd'hui, je joue à la Cour, demain je pars pour la France. Ah ! cher Robert, je ne vais même plus être dans le même pays que toi ; je n'entendrai même plus parler allemand ! Si Dieu le veut, demain dimanche, tandis que tu recevras ma lettre et celle du Dr Schelling, je serai en route pour Strasbourg.

Tout me pèse un peu moins depuis que j'ai une véritable amie auprès de moi qui me comprend et à laquelle je peux tout confier et qui est la meilleure fille de tout Stuttgart. Elle m'aime beaucoup et elle te fait dire qu'elle ne veut pas être heureuse avant que je ne le sois ! Je ne dois pas être si mal que ça puisqu'il y a tant de gens qui m'aiment !

Ç'a été dur le départ de Stuttgart ! J'ai pleuré toute la journée et en regardant les montagnes je me disais : « Peut-être que bientôt tu grimperas là-haut avec ton Robert ! » Le Dr Schelling est l'homme le plus dévoué que je connaisse et il veut notre bonheur ! Je t'assure, Robert, tu peux comme moi lui faire confiance. Il me dit que s'il s'apercevait de quoi que ce soit entre nous qui puisse faire douter de notre bonheur, il ferait tout pour nous désunir parce qu'il m'aime vraiment !

Je n'ai toujours reçu qu'une lettre de mon père. Je lui ai écrit que je voyageais avec l'aide de Dieu, et que s'il se sentait indispensable à Leipzig et qu'il était impossible qu'il vienne ici, je n'insisterai pas; j'ai du courage... pour tout, ai-je ajouté. Je vois bien que je puis vivre sans mon père, et, maintenant, il n'y en a plus pour longtemps; je serai très bientôt auprès de toi et alors je ne veux subir d'autres chagrins que les tiens.

Le Ciel me veut du bien. Il vient de me donner une si bonne amie et bientôt il me donnera le plus cher des amis. Mille baisers de ta fiancée toute dévouée.

Clara Schumann.

O quel nom délicieux !

ROBERT A CLARA

6 février 1839.

J'ai reçu hier ta lettre de Stuttgart. A peine avais-je reconnu l'écriture de Schelling sur l'adresse que je compris ce qui s'était passé. Qu'est-ce que tu as fait, ma petite Clara ? Qu'est-ce que tu as fait ? Je te montre un petit doigt menaçant en te parlant ainsi, et pourtant tu croyais agir pour mon bien, tu veux en faire trop pour moi, du trop difficile, du trop gentil... Ah ! tu es une fille adorable, et je me suis même demandé tout ce que je pourrai encore inventer pour toi — même m'entendre avec Schelling, mais seulement après avoir lutté avec moi-même. Il faut que je t'arrache à tes beaux rêves, non pas par des baisers, mais en tirant tout doucement une mèche de tes nattes jusqu'à ce que tu te réveilles. Voici comment se présente la chose: Schelling n'est pas un paresseux; il a beaucoup écrit (en tant qu'écrivain); il est de la même qualité que Czerny comme compositeur. Il a fait paraître déjà plusieurs mauvais livres; il ne sait plus très bien quoi dire, il manque de matière, alors il a eu l'idée de créer un journal musical. Là, il peut parer aux attaques faites à tous ses mauvais livres car il y a encore des gens qui prennent la peine de parler de lui. Schelling est un homme spirituel et intelligent qui connaît bien son monde et n'ignore pas l'importance de la renommée et sait utiliser à son profit tous les noms célèbres ! En un mot, je tire encore ta natte pour te faire sortir du rêve.

C'est un spéculateur excellent et, ce que je crains en lui, c'est qu'il est de plus un bluffeur et un homme à femmes.

Il est passé maître dans l'art de tirer de l'argent de ses livres et a acquis par là la plus mauvaise réputation. Et toi, la grande virtuose, toi, fiancée à moi depuis trois ans, toi Clara Wieck, tu te laisses embobiner, et tu « le crois capable d'absorber les autres journaux », et tu m'écris qu'il a pour lui « les plus grandes autorités », tu m'écris cela à moi qui ai une expérience personnelle sur la question et tout ce que j'ai écrit a eu plus de retentissement que Schelling n'en aura sans doute jamais.

Sincèrement, petite Clara, tu m'as un peu blessé, je croyais que tu m'estimais davantage et je m'étonne que tu aies pu supposer que je pourrais travailler en compagnie d'un pareil faiseur !

Que veux-tu que je dise quand un type comme Schelling m'écrit: « Je vous protégerai si vous me promettez de rendre cette jeune fille heureuse. »

Tu me permettras de rire un peu...

Enfin, mon cher cœur, je t'ai dit toute la vérité; n'es-tu pas contente de moi comme je le suis de toi ? Ce qui est arrivé entre Schelling et toi est absolument naturel. Tu te trouves dans une ville étrangère, avec ton bon cœur débordant de tendresse et depuis des semaines tu n'avais pu t'exprimer. Schelling sait déjà tout de nous; il te regarde, et tu n'ignores pas que, certains jours, tu es capable d'être vraiment séduisante; alors il s'éprend de toi en tout bien tout honneur, devine en te regardant combien tu as de joie à te confier à lui, et se sent heureux d'être le dépositaire du secret d'une jeune fille aussi célèbre, te promet de te rendre heureuse, et peut-être est-il même sincère dans ce moment-là, et toi, jeune fiancée de 19 ans, qui sais parfaitement si ton petit chapeau te va bien, tu acceptes tout ce qu'on te propose sans arrière-pensée et tu es heureuse, après tout, d'avoir pu dire enfin à quelqu'un tout ce que tu penses.

De plus, tu t'es dit : « Celui-là, voilà mon espoir, notre espoir, enfin un qui va tout sacrifier à essayer de nous rendre heureux, mon bien-aimé et moi ! » Voilà ce que ma chère fille a pensé et maintenant, mon amour, toi dont la grâce est indescriptible, ma chérie, assieds-toi sur mes genoux avec tes bras autour de mon cou et ta tête sur mon épaule, que je sente bien mon cher fardeau et aussi combien je suis heureux.

Et, maintenant, tu crois que je vais écrire à Schelling une lettre extrêmement froide, eh bien ! tu te trompes encore. Il va recevoir, demain déjà, la lettre la plus amicale et la plus reconnaissante qui soit. Je ne puis juger de son entreprise, étant donné d'ailleurs qu'elle n'est pas encore au point.

Ce qu'il m'en écrit est très vague et ne signifie pas grand'chose. J'attends la suite.

J'irai volontiers à Stuttgart ; la ville est charmante, et les gens y sont plus sympathiques et plus cultivés qu'à Vienne. D'ailleurs, mon amour, que ne me ferait-on faire pour toi ? Tout pourvu qu'une certaine dignité soit sauvegardée. C'est ton futur mari qui parle, et bien entendu je ne veux dépendre de qui et de quoi que ce soit.

Encore une chose. Schelling a, je crois, ouvert la lettre que tu m'adressais. Tu ne poses jamais les cachets comme ils ont été posés cette fois-ci. Si tu peux, n'oublie pas de m'en écrire un mot.

Je suis tout à fait d'accord pour l'adoption de cette petite « Mignon ». On est toujours récompensé d'avoir eu un aussi joli geste que le tien. Il me plaît que tu l'aies fait et je t'aime bien pour cela. Dis-moi, est-elle jeune ? Est-ce une pianiste ? Sa conduite à ton égard est-elle en proportion du sacrifice que tu lui fais ? Vu nos moyens, ne te coûte-t-elle pas trop d'argent ?

Robert.

CLARA A ROBERT

8 février 1839.

Mon cher Robert,

Quel malheur ! Je ne puis obtenir ta lettre que si je leur montre mon passeport ! Ecris-moi, même deux mots seulement, je meurs d'inquiétude si je ne reçois bientôt de tes nouvelles. Mon adresse est Mlle Clara Wieck, chez Mlle Emilie List, rue des Martyrs, 43 ; de cette manière je suis sûre de l'avoir. Je vais habiter un appartement dans la même maison que Pauline [1]. Dans quelques jours je t'écrirai davantage.

Je suis inconsolable de ce malheur d'être sans nouvelles. As-tu reçu toutes mes lettres de Nuremberg, Carlsruhe, Stuttgart ?

Mille baisers de ta vieille et dévouée

Clara.

Souvenirs d'Emilie et d'Henriette.

---

[1] Pauline Garcia, la célèbre chanteuse.

ROBERT A CLARA

10 février 1839.

Si j'avais des ailes, je pourrais au moins aller te voir, ne fût-ce que pour une heure et aussi te parler !

Ma situation ici me donne fort à réfléchir, et quelquefois j'ai froid dans le dos devant toutes ces complications.

Toi, tu es ma seule consolation, et je lève mes yeux vers toi comme vers la sainte Vierge, et je viens encore chercher auprès de toi de la force et du courage. Aidemoi, j'ai la tête malade à force de réfléchir et de ruminer et je n'aimerais pas aller voir *Hamlet* en ce moment !

Ah ! si j'avais encore l'esprit léger d'autrefois ! Quand tout me réussissait ! Alors que, maintenant, tout m'atteint, tout me tourmente et me chagrine et tout me paraît plus difficile que je ne l'aurais cru... Ce mariage ? Mais il n'est plus temps de choisir, il me serait impossible de me passer de toi. Si tu m'abandonnais, c'est Dieu qui m'abandonnerait.

Il m'est difficile d'écrire aujourd'hui; pardonne-moi, je ne peux plus, je vais aller dehors me promener, j'ai le cœur trop gros...

Robert.

CLARA A ROBERT

Paris, jeudi 14 février 1839.

A la vérité, je n'ai que toi ! Tu seras mon appui ! J'ai un père que j'aime infiniment ! et qui m'aime, et pourtant je n'ai pas le père dont mon cœur a besoin. Tu seras tout pour moi, aussi mon père, n'est-ce pas, Robert ?

Bien sûr, j'ai reçu quelques lettres depuis que je suis ici, mais c'étaient des lettres tout à fait d'une autre espèce ! Je n'y trouvais pas un mot affectueux, comme ceux que tu m'écris et que j'aime tant. Elles ne contenaient que de froids conseils, des reproches; mon père est malheureux et j'en souffre, mais je n'y peux rien. Je crois fermement que mon père se laissera encore attendrir, et en vertu de cela travaillons à atteindre notre but le plus vite possible. S'il nous voit heureux, il le sera également, oh ! oui, Robert, tout s'arrangera ! Une amie très dévouée me facilite un peu la vie du fait qu'elle pleure et rit avec moi. Et Emilie aussi a pris parti pour toi.

As-tu répondu au Dr Schelling ? Hier, il m'a écrit une lettre que je t'enverrai... Sa lettre me paraît singulièrement excentrique, et je crois qu'il ne faut pas trop compter sur lui, et c'est nettement l'avis d'Henriette.

Est-ce vrai que tu as écrit quelques lignes sur moi dans un journal français ? C'est dans le prochain numéro à paraître. Comme ça me ferait plaisir ! Ici je ne me fie à personne, tout le monde me paraît d'une grande fausseté.

Je travaille dans ma chambre sur un Érard, que je trouve trop dur; je ne sais pas si j'en viendrai à bout. J'en avais perdu le courage, mais hier j'ai essayé un Pleyel et j'ai eu moins de mal.

J'ai besoin de travailler pendant trois semaines avant de jouer un son en public. J'aurais déjà pu avoir trois grands instruments dans ma chambre, chacun veut que je me serve du sien. Comment faire pour ne pas froisser Érard si je choisis Pleyel ? Érard est, à mon égard, d'une extraordinaire complaisance. Tu vois, je suis vraiment seule à Paris. As-tu quelque inquiétude pour moi ? Mon père ne veut absolument pas venir. J'ai écrit à Mme B... si elle ne consentirait pas à me rejoindre. Il est difficile pour moi d'aller ici dans le monde sans être accompagnée d'une dame à l'air digne.

Probst et Fechner[1] m'ont monté la tête pour essayer de me faire rentrer à Leipzig. Alors j'aurais fait ce voyage pour rien ?

J'imagine que mon père payerait cher pour me voir rentrer, mais il n'en est pas question !

Peut-être resterai-je ici tout l'été ? Je donnerai des leçons et irai habiter chez Emilie List.

Ecris-moi vite, vite, pour que je ne désespère pas. Te voilà en possession de huit ou neuf lettres, et moi je n'en ai pas encore une seule ! On me dit que Heller est le type le plus faux qui soit. Pourquoi les hommes ont-ils besoin d'être aussi méchants et aussi faux ?

J'habite la même maison que Pauline (Garcia). Elle a un gros succès. Mon adresse est : Hôtel Michodière, 7, rue Michodière. Je suis hors de moi de penser que je n'ai pas ta lettre et qu'il faut que je la laisse encore entre les mains indélicates de la secrétaire de la poste.

Adieu, ma vie. Je ne t'envoie cette lettre que parce que je crois qu'il est bon que tu la lises.

Clara.

---

[1] Probst et Fechner, amis du père Wieck.

ROBERT A CLARA

Samedi 16 février.

Ma Clara adorée, ma chère et tendre fille, il y a bien longtemps que tu ne sais rien de moi ! et moi qu'est-ce que je fais sans toi ? Et puis quelle malchance que tu n'aies pas pu avoir mes lettres. Je t'écrirai tout à l'heure un pouvoir que tu pourras montrer avec ton passeport. Il y a trois lettres pour toi à la poste. Il y a dans ces lettres pas mal de nouvelles qui te réjouiront, aussi quelques-unes qui t'attristeront. Tu me pardonneras que, pensant à ta vie si belle et si poétique, j'aie du mal à ne pas y songer avec mélancolie.

Que de soucis tu t'es déjà faits pour moi et tu t'en feras encore !

Il s'est passé beaucoup de choses autour de moi et en moi depuis ces quelques derniers jours.

Avant tout il faut que tu obtiennes coûte que coûte mes trois lettres. Il faut que je décide avant la fin du mois si je pars d'ici et où je vais aller m'installer. Je t'écrirai là-dessus en détail.

Il faut que tu me soutiennes et que tu me conseilles ; quelquefois je suis pris d'une angoisse telle que, dimanche par exemple, j'ai été obligé de me confier à Fischof. Il m'a témoigné une grande sympathie. Et là-dessus je me suis senti mieux et maintenant que j'ai reçu ta lettre, je me sens tellement heureux — moi l'élu parmi des millions d'autres. Quand je te reverrai, cette fois, je pleurerai, je crierai, et je ne te lâcherai plus jamais. Il n'y aura rien à faire, tu ne me quitteras plus. J'ai trop souffert pour toi. Mais je sais parfaitement que, là-haut, dans les étoiles, on voit : Clara et Robert !

Robert.

ROBERT A CLARA

23 février 1839.

Je tremble encore tant je trouve inouï d'insolence chaque mot de la lettre de Schelling.

Si un scélérat moins imbécile nous avait offert sa protection, il aurait peut-être pu nous gâcher notre bonheur. Mais c'est un don Juan trop maladroit. Il ne faut plus que tu restes en relation avec lui.

Ne vois-tu pas ce qu'il se proposait de faire avec toi ? C'est un hypocrite et infâme séducteur comme on en trouve dans les romans !

Ne vois-tu pas que, dans sa lettre, il va petit à petit toujours un peu plus loin ? Il évoque les larmes de sa femme qui ne l'impressionnent pas, dit-il ; il se rapproche toujours un peu de toi, et puis il dit qu'il hait « les artistes ordinaires », petite allusion à moi, et puis pour te toucher il rappelle le souvenir de son père, ce qui lui permet de te dire qu'il a un peu d'argent, et qu'il peut nourrir deux femmes, et il ajoute qu'il t'ouvre ses bras et sa maison, et puis, sans en avoir l'air, il dit avoir pris des renseignements sur moi et, avec cette effronterie inouïe, il ajoute qu'il pense « qu'il faut qu'il te sache heureuse, tout le reste est

inutile et vous n'avez plus besoin d'un troisième »,
et il continue : « nous ne pouvons nous arracher à une
décision du Ciel ». Alors, il fait allusion au couvent,
t'offre sa main et puis, quand il parle de G..., il dit :
« Rendez-vous compte combien cette affaire est gran-
diose, eh bien ! nous serons en relation avec cet
homme. » Et puis, il finit par avoir l'air assez sûr de
lui et alors il te prie de « lui écrire tout et bien exactement ». Quel gredin !

Regarde tous ces mots de près !

Je sais que tu as cru bien faire, mais que ceci te soit
un avertissement pour l'avenir. Alors écris-lui que nous
avons pris la décision de ne plus nous confier à personne — à personne, tu entends bien ! Ne crois surtout
pas que je pense à te faire le moindre reproche. Ta
fidélité est unique, aucune autre fille, aucun ange du
ciel ne peut l'être davantage. Toi seule sais aimer et
avec quelle noblesse ; il n'y a pas de mot pour l'exprimer ! Non, pour toi je n'ai pas de mot. Tu devrais
me surprendre à certaines heures qui me sont sacrées
où je rêve, je rêve de toi ; ah ! si tu me voyais alors
et si tu m'entendais, oh ! oui, j'ai aussi conscience que
je te suis demeuré complètement fidèle. Et quand je
pense aux derniers mots de cet hypocrite qui voulait
abandonner sa femme, ce qui me met en fureur ce
n'est pas qu'il t'aime ou qu'il me soit hostile, non,
c'est qu'il veut détourner une fiancée amoureuse et
fidèle de l'homme qui est son amour, ça, ça me fait
horreur ! un imbécile que tu ne connaissais que depuis
dix jours. Je bous de colère — et c'est tellement
bête !

Ce que tu me dis de la petite Mignon me touche

beaucoup; elle doit être reconnaissante à Schelling qui te l'a confiée. Ce que tu m'écris d'elle est si charmant que j'aimerais bien la connaître. Si tu es sûre d'elle, garde-là auprès de toi.

Maintenant secoue-toi, fille sublime. Je sais que tu voulais faire de ton mieux en te confiant à lui, mais ne nous considère pas comme de si pauvres êtres, reconnais ta force, crois en la mienne, même si elle n'est pas à la hauteur de la tienne; nous avons tout de même un cœur et un esprit, ce qu'on ne peut pas nous enlever ! Ne pensons jamais à demander secours à un autre. C'est une expérience pour toute ta vie.

Tu as un cœur d'une si grande bonté et encore de l'inexpérience et tu t'es trouvée soudain en face d'un être d'une vulgarité sans nom. Je me doutais de tout cela et j'avais la sensation, depuis ces quelques derniers jours, que tu étais en danger.

Si tu avais bien lu sa lettre et si tu avais tout bien compris tu m'aurais dit immédiatement : « Protège-moi contre ce scélérat. »

Je ne peux pas ne plus y penser et je tremble encore de tout mon corps.

Tu vas passer par une dure école, et je veux que tu me reviennes comme un professeur plein de sagesse. Je prie le Ciel pour toi.

Dans aucune de mes lettres je n'ai attiré ton attention sur certains dangers que tu auras à courir, étant donné que tu es seule à te défendre. Je ne t'en ai pas parlé ne voulant pas te rendre méfiante à l'égard des êtres en général.

Je voudrais que tu demeures cette même jeune artiste naturelle que j'aime et que je connais bien.

Continue donc ton chemin avec courage, d'un pas ferme, et ne te laisse pas monter la tête.

Le Ciel te récompensera un jour ou l'autre, tu es un être si magnifique !

Vais-je encore te dire quelque chose ?

Je te serre contre mon cœur avec un inexprimable sentiment d'amour. Je t'écrirai bientôt davantage. Je me sens joyeux et fort.

Porte-toi bien.

Robert.

Mes amitiés à Emilie. Tu peux tout lui dire. Elle me donnera sûrement raison.

CLARA A ROBERT

25 février.

Que dois-je faire ?

Si seulement je le savais !

Que tu m'as rendue heureuse hier !

J'ai eu quatre lettres de toi à la fois.

Dès que j'ai pu, j'ai été avec Emilie à la poste, et je tremblais, je t'assure. Je montrai mon passeport et les trois lettres. Je crois que, dans la cour de la poste, tout le monde a vu la joie sur mon visage. C'est à peine si je pouvais parler. Et quelles lettres !

Maintenant que je te dise tout de suite mes projets. Si c'est possible et si ce n'est pas trop dur et que j'aie pu travailler mon instrument comme il faut, je compte donner le 9 mars un concert à la salle du Conservatoire — et si je réussis j'en donnerai un autre, sans doute à la salle Érard. Ensuite j'irai peut-être deux ou trois mois en Angleterre et je reviendrai ici pour l'été et je tâcherai de donner des leçons pendant l'été; mais je ne rentrerai sûrement pas de sitôt à Leipzig.

Si je reste ici l'été j'irai habiter chez les List qui déménagent pour prendre un plus grand appartement. En hiver, j'irai faire une tournée dans quelques villes de province en France, et je reviendrai à Paris et irai à Leipzig en 1840 pour Pâques. Là je mettrai de l'ordre dans mes affaires et si mon père ne donne pas son consentement, j'irai à Zwickau. Alors nous nous marierons et partirons pour Vienne si tu restes encore à Vienne.

Tu crois que je ne suis pas assez passionnée — oh ! je le suis profondément — mais quoi, si j'insiste pour que tu viennes ici ou ailleurs pour que nous nous parlions une fois et qu'il faille encore subir cette abominable séparation ! Oui, bien sûr, j'en ai envie, je veux te revoir, mais pour ne plus vivre séparée de toi; je ne supporterai plus de me séparer encore de toi, c'est une souffrance d'une violence intolérable.

Tu me demandes si je ne veux pas vivre pendant les premières années à Leipzig. Je ne demanderais pas mieux si mes parents et ma famille n'y étaient pas; mais d'être dans une même ville et en mauvais termes avec eux... Et puis il m'est pénible que ni toi, ni moi ne soyons traités avec l'estime que nous méritons; et cependant si tu vois un grand avantage pour nous à vivre à Leipzig, j'y resterai avec toi, avec toi je serai heureuse partout.

J'ai lu avec attention ce que tu me dis concernant les journaux; je crois aussi que tu ferais mieux de retourner à Leipzig. Vienne ne me paraît pas avantageux, les coteries sont insupportables, et la censure gâche tout.

Pourquoi veux-tu rester à Vienne et veux-tu vivre au milieu des gens qui te déplaisent ?

Pars et retourne vers notre Leipzig; c'est là, je crois, où nous serions encore le plus heureux !

D'ailleurs, je pourrai y donner des leçons sans me promener avec le « parapluie », pour employer un mot cher à mon père !

Je suis bien heureuse que tu composes, et une symphonie ! Ça c'est magnifique !

Tu étais un peu fâché que je t'aie appelé un second Beethoven et que je t'aie comparé à Jean-Paul. Tu as raison, je ne le referai pas. Il est inutile de comparer. Dis-moi toujours ce qui te déplaît en moi. Chaque mot que tu m'adresses me fait plaisir. C'est très bien de ta part de donner des leçons maintenant, mais quand je serai auprès de toi, c'est moi qui les donnerai et pas toi, c'est mon affaire, pas la tienne.

J'aimerais bien être derrière toi quand tu donnes des leçons !

La lettre que Schelling t'a envoyée, il l'a certainement ouverte; je l'avais cachetée comme d'habitude ! Curiosité... manque de délicatesse.

Adieu vite, mon cœur. Ecris-moi immédiatement, je t'en prie; que je sois en France, en Angleterre, en Amérique et même en Sibérie, je demeure toujours ta fidèle et passionnément tendre fiancée.

Clara.

CLARA A ROBERT

Jeudi matin, 28 février 1839.

Voilà trois jours que je veux t'écrire et trois jours pendant lesquels je suis constamment empêchée de le faire. Beaucoup de soucis pèsent sur moi à cause de mon séjour à Paris. Les Français ne sont préoccupés que par des questions frivoles et inévitablement j'en suis frappée. Les gens lèvent les yeux au ciel de me voir circuler sans père ou sans mère ! Il me faudrait au moins une vieille dame qui m'accompagnerait dans toutes les soirées et recevrait avec moi les gens importants que j'ai à recevoir. Je suis terriblement embarrassée. Puis-je trouver la vieille dame à laquelle je puisse tout confier et qui viendrait avec moi jusqu'à Londres, cette ville sensationnelle ? Je ne sais que faire et je vais en parler tout à l'heure avec Érard.

Jusqu'à présent tout s'est passé comme il le fallait. On m'aime bien et même ici je n'ai pas à me plaindre.

Ce qui est curieux c'est qu'on annonce beaucoup de concerts de pianistes femmes et hommes à Paris en ce moment. Veulent-ils m'effrayer ?

Or j'ai du courage pour mener à bien ce que j'ai commencé. Je prendrai quelques leçons de chant, avec Bordogni [1] probablement, et je prendrai aussi des leçons de français ! Ce qui est mauvais pour moi, c'est que toutes mes relations parlent allemand et qu'il se passe des jours où je ne parle pas un mot de français ! Avec Emilie, j'apprends un peu d'anglais.

[1] Professeur de chant.

Je suis presque toujours chez les List. Lui, M. List, s'intéresse à moi très amicalement. Demain je rendrai visite à Berlioz et à Meyerbeer.

J'ai parlé beaucoup de toi avec Mlle X..., que j'ai rencontrée ici par hasard et qui fut à Hambourg ma meilleure amie. Elle m'a raconté la grande impression qu'a faite à Hambourg ton article sur *Les Huguenots* et sur Paulus et tous les commentaires auxquels il a donné lieu. Il faut le reconnaître, il était merveilleux.

Kalkbrenner m'a dit également de lui jouer quelque chose de toi car il ne comprend pas bien encore ta musique. Que doit-on penser de cela ? Lui croit, du moins il prétend l'avoir entendu dire, que personne ne joue tes œuvres aussi bien que moi. Si c'était vrai, ce serait malheureux.

La Loweday ne doit pas être extraordinaire; Laidlaw, par contre, doit avoir fait beaucoup de progrès. Enfin j'imagine que tu l'aimes encore plus que moi ! Aïe ! Ça je te le défends, monsieur Robert Schumann. « Robert Schumann », il est vrai que de curieuses pensées montent en moi quand je vois le nom sur l'affiche et j'ai toujours envie d'y ajouter Clara. Ne sommes-nous pas tout près l'un de l'autre ? J'avais à peu près les mêmes pensées quand je songeais combien il me serait terrible de mourir sans porter ton nom, et je songeais que si j'étais à l'article de la mort, même mourante, je n'aurais qu'une pensée: t'épouser ! Laisse-moi finir ma lettre là-dessus. C'est si beau !

Bonne nuit, mon Robert. Je te dirai encore: « Nous nous reverrons bientôt » et un baiser de toi me fermera les yeux.

Clara.

CLARA A ROBERT

1er mars 1839.
Vendredi de bonne heure.

Je viens de recevoir une lettre de mon père. Il souffre de me savoir seule à Paris, et pourtant il est persuadé que ce séjour m'est très profitable, et certes il a raison. Il ne peut être encore question de recettes pour moi, car tout ce que j'ai gagné en Allemagne a déjà été mangé par les frais de voyage, et le séjour ici est très cher, bien que nous vivions simplement. Ne t'inquiète quand même pas de cela, il faut prendre certains risques si on veut vivre dans une grande ville.

Vendredi soir.

Je viens de recevoir ta lettre qui m'a émue au plus profond de moi-même, et moi aussi je suis menacée par bien des soucis.

Je me mets si bien à ta place, et j'aimerais tant être auprès de toi pour t'aider à supporter ton chagrin.

A ta place, mon cher Robert, je retournerais à Leipzig et y resterais tranquillement pour le moment.

Moi-même j'espère gagner un peu d'argent jusqu'à Pâques 1840; alors, j'irai te retrouver et si tu peux t'absenter pour quelques mois, nous pourrions aller ensemble en Angleterre et nous pourrions voir si ce serait intéressant pour nous d'y rester. Si tu retournes à Leipzig, tu es sûr de trouver là une certaine sécurité, tandis qu'à Vienne, pas la moindre. Je m'imagine combien il te sera doux de retrouver ta chambre qui

donne sur le parc et d'y pouvoir à nouveau travailler.
Tu vas renaître ! Si nous habitons Leipzig nous n'avons
pas besoin d'un grand appartement, nous serions très
bien dans la banlieue, et nulle part mieux qu'à Leipzig.

Vendredi soir.

Il faut encore que j'ajoute quelques mots à ma
lettre.

Je ne sais pas, mon cher Robert, pourquoi tu me dis
toujours que je n'aime pas à jouer tes œuvres. C'est
très injuste et tu me fais du chagrin. C'est exactement
parce que j'aime et admire ta musique, que je tiens
à la jouer d'abord devant une élite. D'autre part, je
me rends bien compte qu'à force d'être sentimentale,
on n'arrive à rien, et je jouerai tes œuvres le plus que
je le pourrai. Il m'est toujours si pénible de voir quelqu'un qui n'y comprend rien, tu saisis ? Cela me met
hors de moi ! Je ne demande qu'à être pour toi aussi
complaisante que possible.

Je dois jouer Moschelès, Bennett et, comment
s'appelle le troisième ? Potter [1], je crois !

Le premier ne me plaît guère, surtout dans ses dernières compositions, il est bien sec; le second, je
n'aime pas ce qu'il fait et j'en joue sans plaisir. Le
troisième, je ne le connais pas encore, mais je n'en
augure rien de bon.

Mais, pour tout cela, je veux tâcher de te plaire
autant qu'il est possible. Quels morceaux dois-je jouer
de ces trois, Moschelès, Bennett, Potter, écris-le moi.

[1] Directeur de la Royal Academy de Londres.

Ah ! si je pouvais seulement t'entendre jouer.
Quand j'étais encore une enfant, j'aimais déjà tant
t'écouter ! Tu le savais, aussi improvisais-tu quelquefois devant moi quand nous étions seuls tous les deux.
Est-ce que tu te souviens qu'à Schneeberg tu avais
pris sur tes genoux la petite fille de Rosalie et que
tu lui avais dit en parlant de moi: «Qui est-ce?» La
petite répondit: «Clara». «Non, as-tu repris, ce n'est pas
Clara, c'est ma fiancée!» J'y ai souvent repensé et
finalement c'est arrivé, et j'en suis bien heureuse,
mon Robert, et toi aussi, n'est-ce pas ?

J'ai été aujourd'hui chez Bertin qui m'a promis de
s'occuper de moi pour le concert du Conservatoire.
J'y ai trouvé Berlioz que j'avais déjà manqué trois fois.
Il a parlé immédiatement de toi. Il parle peu, a une
épaisse chevelure, baisse sans cesse les yeux pour
regarder le parquet. Demain, il veut venir me voir.
Au début je ne savais pas qui il était, et je m'étonnais
de l'entendre tout le temps parler de toi; enfin je lui
demandai comment il s'appelait et quand il eut dit
son nom, j'ai été agréablement effrayée et je crois
qu'il en a été flatté. Son dernier opéra a déplu complètement.

Clara.

CLARA A ROBERT

7 mars 1839.

En me disant que je n'avais pas lu avec attention
la lettre de Schelling tu n'avais pas tort, mais tu
m'as beaucoup chagrinée, à la vérité. Même si je

l'avais lue avec attention, je ne l'aurais tout de même pas comprise dans le même sens que toi. Mais peut-être as-tu raison. Tu connais mieux les hommes que moi. Je croyais de sa part à une ardente amitié; mais je dois dire que, lorsqu'il a commencé à parler de dignité, ça m'a sérieusement déplu !

Maintenant, cher Robert, oublie tout ce que j'ai dit, regarde-moi gentiment, prends-moi dans tes bras avec tendresse et j'en ferai autant.

Les concerts que l'on donne ici sont très ennuyeux; ils durent trois à quatre heures. Quant aux réceptions elles sont à peine supportables. Ça se passe d'habitude dans une petite pièce avec une cinquantaine de femmes autour du piano et elles ont une manière d'être si banale... Elles sont frivoles et coquettes, c'est incroyable. Il y a quelques jours j'ai été voir *Les Huguenots*; quelle musique assommante, je n'ai pas le moindre plaisir à l'écouter. J'ai vu aussi *Les Noces de Figaro*, données par des Italiens ! et données comment, tu ne peux pas te le figurer. A chaque terminaison de phrase, ils ajoutent une cadence italienne, et ils la chantent sans le moindre style et méconnaissent réellement le grand maître.

Par contre, ce qui m'est fort agréable, c'est d'être débarrassée de ma Française. Je l'ai remerciée, vu qu'elle était dehors toute la journée et qu'elle m'a paru peu franche et que je n'avais aucune confiance en elle. Maintenant, Dieu merci, je suis seule avec Henriette. Emilie, qui a passé la nuit ici, me charge de te dire que je sais bien faire le déjeuner et que j'accomplis cette tâche d'une manière fort agréable. Elles ont pris un grand plaisir à manger !

Tu as de grands doutes sur ma cuisine, je suppose. Ne t'inquiète pas. Je m'y mettrai dès que je serai auprès de toi. Emilie et Henriette me cassent les oreilles, me parlent de thé, de café et de Dieu sait quoi ! C'est honteux de te parler de toutes ces niaiseries !

Clara.

ROBERT A CLARA

11 mars 1839.

Ma chère Clara,

Ce n'est pas bien de ne pas t'avoir écrit depuis huit jours ! Mais en revanche je t'ai aimée passionnément et comme j'ai rêvé à toi et avec quel amour ! Je n'en avais encore jamais éprouvé de pareil. Pendant toute la semaine j'étais assis au piano pour composer, et j'ai écrit, j'ai ri et j'ai pleuré, tout cela à tort et à travers. Tu retrouveras tous ces états dépeints dans mon opus 20, *La Grande Humoresque*, qu'on imprime momentanément !

Tu vois, ça va chez moi. J'invente, j'écris, on imprime. Et c'est comme ça que ça me plaît. J'en ai composé douze pages en huit jours, alors tu vas me pardonner de t'avoir fait un peu attendre pour t'envoyer ces quelques mots. Maintenant, il faut que tout s'arrange et laisse-moi d'abord t'embrasser pour la lettre que j'ai reçue mardi. Le ton était charmant et j'ai l'impression que tu veux toujours me plaire davantage. Je suis terriblement amoureux de toi, sans compter l'autre amour qui, à proprement parler, a une existence propre. Ta lettre d'hier était si bonne, si exquise. Je me suis fait quelques reproches en ce qui concerne mes compositions et ta manière de les présenter au public. Et finalement tu me trouveras ingrat et vaniteux. Non, je ne le suis pas, mais j'aimerais être sûr que tu participes profondément à ce qui me touche. Qu'ai-je d'autre au monde que toi ? Quand je t'ai parlé de Moschelès et de Bennett, c'est uniquement dans ton intérêt que je te le conseillais. Je crois à la vérité que je veux déjà jouer au mari et tâcher de te mettre en garde. Tout cela part d'un très bon sentiment ! Mais toutes ces petites mesures ne sont rien ; le grand reproche que je me fais c'est de te causer d'inutiles soucis. Réfléchis un peu, nous ne sommes pas dans le besoin. Sur les cinquante grands artistes qui sont à Vienne, il n'y en a pas qui ont la fortune que nous avons, aucun d'eux ne peut vivre de ses rentes. Alors que voulons-nous encore et qu'est-ce que nous désirons ? Il faut que nous en gagnions, bien entendu, mais ça ne m'a jamais fait peur !

Surtout ne perds pas courage ; tu n'es à Paris que depuis quelques semaines. Ils te recevront parfaitement, même si tu ne te fais pas accompagner d'une vieille dame. Essaie donc et tu verras. Surtout, n'insiste pas pour que ton père vienne te rejoindre, sinon les vieilles rengaines recommenceront !

Tu as supporté ce qu'il y a de pire, ce long voyage, les débuts, les premières relations faites à Paris, maintenant va jusqu'au bout.

Tu m'écris d'une façon touchante de notre mariage *in extremis* sur ton lit de mort ; que cette vision soit à chacun de nous une sérieuse émulation, évitons de devenir un vieux couple de fiancés et soyons fidèles à la date de 1840 que nous avons fixée pour notre mariage !

Jusque-là, faisons tous deux le serment de ne mourir ni l'un, ni l'autre.

A propos de l'histoire de la petite Rosalie, je me suis souvenu que j'avais voulu t'embrasser alors que tu n'étais encore qu'une petite fille et que tu m'as répondu : « Plus tard, quand je serai plus âgée. »

Chère Clara, quel œil que le tien et quel esprit prophétique !

Robert.

ROBERT A CLARA

16 mars 1839.

Alors, tu as tout de même pleuré, bien que je te l'aie défendu !

Enfin, en échange d'une larme versée, je te donne un baiser, et je t'égaye avec quelques jolis petits mots. Seras-tu contente ?

Commençons d'abord par un baiser et puis vivement soyons joyeux.

Chère Clara, quand je pense à Zwickau, à ce premier été où nous serons mariés, j'imagine l'univers comme une immense tonnelle de roses et dans laquelle mon bras enlacerait ton bras et où, jeunes époux, nous travaillerions, mais où nous ferions aussi la fête ; pense à tout cela, à ce grand bonheur.

Premièrement (encore un baiser) : Pour que les

hommes soient contents, il faut que les jeunes femmes
sachent bien faire la cuisine et tenir leur intérieur. Tu
peux apprendre en riant et en t'amusant avec Thérèse.
Les jeunes femmes n'ont pas besoin de faire immédiatement de grands voyages, mais elles doivent se soigner et se ménager, surtout celle qui, l'année précédente, a travaillé sans cesse pour son mari et s'est
même sacrifiée pour lui.

Deuxièmement, je tiens à éviter les visites, c'est-à-
dire la curiosité et l'ennui. Troisièmement, nous irons
souvent nous promener et je te montrerai tous les
endroits où, comme garçon, je me suis fait rosser.
Quatrièmement, ton père ne pourrait pas nous en
vouloir. Cinquièmement, nous aurions besoin de peu
d'argent pour vivre, et il nous suffirait de détacher nos
coupons. Sixièmement, je pourrais composer à tour
de bras et toi tu jouerais. Septièmement, on se prépa-
rerait à fond pour Vienne, et maintenant, ma petite
Clara, ma Clara chérie, tu ne pleures plus, regarde-
moi dans les yeux — qu'est-ce que tu y vois ? La
plus profonde confiance en toi.

En voilà assez. Embrasse-moi d'abord, ma bonne,
adorable enfant. On s'aime davantage quand on a été
un peu fâché l'un contre l'autre! Comme après une
ondée au printemps!

Robert.

P.-S. — Ma chère Clara, surtout ne quitte pas
Paris avant d'avoir obtenu un complet triomphe.
Rassemble toutes tes forces pour le premier jour où
tu joueras en public. Pense à moi, qui t'entend et
qui, tout oppressé, suis debout à tes côtés.

Je n'ai pas peur pour toi, mais les circonstances ne sont pas toujours aussi propices. Il y a des hasards, certaines salles ont plus de chances que d'autres selon les moments; enfin, si tu ne réussis pas la première fois, ce sera pour la seconde. Ne pars pas pour Londres avant d'être sûre d'y aller fort recommandée par Paris. Ce sont les plus grandes villes du monde et tu y arrives pour la première fois, en artiste accomplie !

Robert.

CLARA A SON PÈRE

Paris, 19 mars 1839.

Mon cher père,

Je t'écris sur cette petite feuille, je ne sais vraiment pas où j'ai la tête.

Après-demain la matinée de Schlesinger [1] a lieu chez Érard (Érard lui a donné, par complaisance pour moi, sa salle gratuitement) et là je joue avec Batta [2] et Artôt le *Trio en si bémol majeur* et puis *Eloge des Larmes, Danse des Sorcières* et un *Poème d'Amour* de Henselt. Tu peux imaginer dans quel état je suis, la première fois que je joue à Paris. Le même soir il y a une réception chez Zimmermann [3], où je joue les *Variations* de Henselt qui ont été peu appré-

---

[1] Schlesinger, éditeur de *La Gazette musicale.*

[2] Alexandre Batta, violoncelliste français très fêté à cette époque. Alexandre-Joseph Artôt, violoniste français, mort à 30 ans.

[3] Zimmermann, professeur de piano au Conservatoire.

ciées dans *La Gazette musicale*! Tu as dû lire l'article,
sans doute ? Je les jouerai sans qu'elles soient estimées
et je verrai si le public parisien dédaignera ce qui
a enchanté le public viennois !

Demain je suis invitée chez une comtesse dont je
ne me souviens plus du nom et il y a peu de temps
j'ai rencontré chez Léo le consul de Saxe Apponyi [1] qui
prétend que je lui ai dit que j'irais jouer chez lui.
Demain, j'irai lui faire une visite. Je devais aller aussi
chez Konneritz [2] ce soir, mais je me suis décomman-
dée ; je ne supporte pas de sortir tous les soirs.

Dernièrement, j'ai été à une répétition chez Léo ;
il n'y avait que moi et Meyerbeer comme malheureux
auditeurs. Quand je suis rentrée chez moi, j'avais les
oreilles cassées !

Meyerbeer a été très aimable à mon égard.

Quelques jours après, j'ai été au concert de Batta
qui est ici la coqueluche des femmes. (Il est violoncelliste, son frère pianiste.) Pendant qu'il joue, il lance
sans arrêt des œillades aux femmes. C'est intolérable.
Il a un jeu délicat, mais il a une âme de Français, c'est-
à-dire qu'il joue avec affectation. Le concert a commencé par le *Trio en si bémol majeur*. Il n'y a que
les Français qui puissent le jouer aussi mal, tu ne peux
t'imaginer ce que c'est (son frère au piano) et aussi
une partie des *Variations* de Herz. Ils ont bâclé ça.
Je voudrais tout de même leur montrer comment ça
se joue. Hier, j'ai entendu Franchomme [3] jouer un

---

[1] Apponyi, ambassadeur d'Autriche.
[2] Konneritz, ambassadeur de Saxe.
[3] Franchomme, célèbre virtuose du violoncelle et ami de
Chopin.

charmant morceau qu'il a composé. Il m'a enchantée. Lui n'est pas comme Batta, il ne s'occupe pas des femmes !

Hier, j'ai été au concert d'Osborne [1], pianiste très moyen. Bériot a joué deux duos avec lui et ensuite le trémolo sur une insistance effrénée et des hurlements du public.

Il est venu me voir l'autre jour et il m'a apporté tes nouvelles *Etudes*. J'en travaillerai une pour piano dès que j'en aurai le temps. Peut-être Bériot jouera-t-il un duo avec moi dans mon prochain concert ; ce serait une excellente chose pour moi. Il pense rester ici une partie de l'été. Si Pauline (Garcia) reste ici, peut-être chantera-t-elle à mon concert !

Hier, j'ai été voir un monsieur Matthias [2], dont le fils me paraît être un second Liszt (il a douze ans) quant au génie ! J'aurais aimé que tu entendes ce petit ; il est élève de Chopin et je lui trouve un talent extraordinaire. Son talent, comment puis-je te l'expliquer ? Tu connais les enfants prodiges ? Celui-là a une excellente formation, des doigts admirablement déliés, il connaît tout Chopin et son jeu ne peut se comparer à aucun des pianotages qu'on entend ici. Ce qui est curieux c'est qu'il n'a jamais travaillé plus d'une heure par jour, il est maladif (comme Chopin) et jusqu'à présent n'a jamais été bien portant. Son père est un homme très raisonnable, ne le laisse pas jouer dans le monde et n'est pas le type du père qui idolâtre

[1] Osborne, pianiste irlandais, élève de Kalkbrenner, qui eut une certaine notoriété mais, à la vérité, sans grand intérêt.

[2] Georges-Amédée Matthias devint professeur au Conservatoire, mais pas un second Liszt !

son enfant. On m'a demandé de lui donner des leçons, mais je lui ai répondu qu'il n'en avait guère besoin. Je n'oserais pas lui donner des leçons car ses moyens physiques sont inférieurs aux exigences de son esprit.

J'ai joué à quatre mains avec lui et j'ai l'intention de le faire souvent. Je viens habiter prochainement très près de chez eux.

Chopin, extrêmement malade, est à Marseille avec George Sand. On craint pour sa vie.

Nourrit [1] (c'est Meyerbeer qui vient de me l'annoncer) s'est jeté par la fenêtre après s'être fait siffler dans un concert. Il venait de dire à sa femme, avec laquelle il s'entendait fort bien : « Va voir les enfants et amène-les ici. » C'était le soir. Sa femme revient avec un des enfants sur le bras ; la fenêtre était ouverte, elle se penche et aperçoit son mari étendu sur le sol. Elle s'évanouit avec l'enfant dans les bras, et lui, on le retrouve en morceaux. Il avait été chanter en costume dans un concert et on l'avait sifflé à cause du costume, bien entendu. On est complètement sens dessus dessous.

J'ai été voir Baillot [2] et Paer. Je n'ai pas trouvé le premier rue Auber, mais Paer a été très aimable. Il n'entend rien à la musique moderne.

Hier ils ont donné un sextuor de Kalkbrenner ; très mauvaise musique, très mal composée, fade, pauvre et sans fantaisie. Lui, bien entendu, était au premier rang, souriant, enchanté de lui-même et de sa création.

---

[1] Nourrit, chanteur célèbre qui créa Raoul, des *Huguenots*.
[2] Baillot, violoniste à l'Opéra.

Il a toujours un air de dire: « Mon Dieu, je dois te
remercier d'avoir pu créer un esprit comme le mien ! »
Ce que tu m'écris avoir lu sur Camille [1] de Pétersbourg m'a fait réellement plaisir. Il y a tout de même
encore des gens qui agissent avec droiture.
Comme tu peux le constater j'ai reçu ta lettre du
8 mars. Tu demandes que je t'écrive davantage. Mais
tu oublies qu'une heure à Paris représente un jour
entier chez nous. Pas un soir je ne rentre avant minuit
et le matin je me lève entre 7 heures et 7 heures et
demie. Le seul bon temps que j'aie se passe à écrire,
aussi il faut que tu te contentes d'une lettre tous les
quinze jours. Ecris-moi davantage, tu as bien plus de
temps. Avec la meilleure volonté, je ne puis faire
mieux, même si je le voulais.
Fechner veut faire une lithographie de moi. J'ai
accepté. J'aimerais bien avoir au moins une fois un
portrait ressemblant. Tâche de trouver une occasion
pour me faire apporter mes portraits faits à Vienne
et aussi ma bague avec les brillants [2]. Elle me manque
affreusement. Je ne vais pas voir Heine pour certaines
raisons, à moins que je ne m'y décide un jour en
compagnie de M. List.
Et maintenant, mes chers, portez-vous bien. Amitiés
à tous; à Nanny j'écrirai bientôt. Dis à Verhulst que
je compte jouer son andante avec Bériot. Amitiés à
Mensel, Pfundt, Reuter, à toute la famille et aussi
aux jolies petites violettes, n'est-ce pas ? Tu les pré-

[1] Camille Pleyel, pianiste réputée.
[2] Le père Wieck avait fait cadeau de cette bague à Clara
en 1836 pour la récompenser d'une tournée. Il ne la lui rendit
jamais.

fères encore aux violettes de Paris. A bientôt de tes nouvelles. J'embrasse ma mère et toi aussi, mon cher père.

Ta Clara.

CLARA A ROBERT

21 mars 1839.

J'ai joué hier à la matinée de Schlesinger et le soir chez Zimmermann, et j'ai eu, le soir surtout où il y avait de véritables amateurs de musique, un triomphal succès. Ils m'ont surnommée le second Liszt. A la matinée j'ai joué les *Variations* de Henselt, *Eloge des Larmes, Danse des Sorcières*, la *Sérénade* de Schubert et *L'Oiseau* de Henselt. Le soir, j'ai joué *Repos d'Amour, Le Sabbat*, qui a beaucoup plu, *L'Oiseau* et *Le Caprice*, de Thalberg. Mais il faut que je te raconte une petite histoire fort drôle qui te prouvera combien Schlesinger est peu musicien; j'avais l'intention de jouer les *Variations* de Henselt, mais Schlesinger, craignant de voir figurer le mot « variations » au programme, préféra me voir jouer *Le Caprice*, de Thalberg, qu'il pouvait annoncer en toute sécurité. Je trouvai meilleur de débuter par les *Variations*, et je les ai jouées sans prévenir. Je supposais que Schlesinger serait hors de lui, en tout cas je trouvais qu'il faisait bonne mine contre mauvaise fortune, ce qui me surprit d'une manière extraordinaire. Enfin, la performance terminée, il me dit: « Si vous faisiez connaître au public les *Variations*, maintenant ? — Mais je viens de les jouer », répondis-je !

« Ah ! la sorcière ! » et il rougit jusqu'aux oreilles. Je me suis solidement payé sa tête. Les *Scènes d'Enfants* m'ont absolument ravie. Qu'elles sont adorables. Demain, je vais les revoir, les goûter tranquillement. Jusqu'à présent, je n'ai fait que les déchiffrer en présence de Hallé qui en était aussi très enchanté. Mais je ne connais pas encore assez à fond ces compositions pour bien les juger, mais ce qui m'a le plus frappée c'est « Das bittende Kind », « Von fremden Ländern und Menschen », « Glückes genug », « Fürchten machen »,

Le poète, je le connais ! Ses mots [1] ont pénétré jusqu'au plus profond de moi-même. Ah ! Robert, comme je suis à la fois heureuse et malheureuse ! Un terrible et ardent désir de te voir soudain s'empare de moi et, quand je n'en peux plus, je me réfugie auprès d'Henriette et je pleure tout mon saoul...

Je ne peux pas aller à Londres sans protection masculine. Ce qui est important, c'est de n'aller à Londres qu'après avoir été à Paris, mais je ne suis pas encore assez connue à Paris, et la saison est maintenant trop avancée pour y travailler efficacement. Voici mes projets: Je voulais rester à Paris cet été, y donner des leçons et peut-être aller passer deux mois à Baden-Baden, puis revenir ici, donner au début de l'hiver quelques concerts, me procurer des lettres de recommandation, venir en janvier en Allemagne et puis, mon cher, t'épouser, vivre deux ou trois mois ou à

---

[1] Halle, pianiste allemand qui à Paris se fit appeler Hallé.

Zwickau ou à Leipzig, où tu veux d'ailleurs, et puis partir ensemble pour Londres où nous resterions deux à trois mois. Et le reste, on verra bien !

Es-tu d'accord ? J'espère alors avoir pris l'habitude des pianos d'ici. Ah ! ce qu'ils sont durs, c'est terrible. Et cependant, hier, j'ai tout de même pas mal joué. Les petites fleurs que je mets dans cette enveloppe faisaient partie du bouquet que je portais au corsage. C'est Emilie qui m'a donné ce bouquet et je le considérai comme venant de toi. Je crois que, hier, je t'aurais plu. Je portais une robe noire (ici on aime beaucoup le noir) très simple. Dans les cheveux un camélia avec d'autres petites fleurs blanches et au bas des fleurs la broche que m'a donnée l'impératrice d'Autriche. Tu ricanes de ces descriptions un peu enfantines; oh! mais, je le sais, j'en suis sûre, je t'aurais plu, j'étais vraiment d'une grande élégance.

Mon concert est fixé au 9 avril. Je me demande si j'aurai le temps de tout préparer d'ici là — c'est un peu court. Il faudra s'en donner du mal !

Minuit sonne, et je vois la lune ! La pensée que nous la regardons en même temps me rend heureuse et me console ! Chaque fois que je relis tes deux dernières lettres, je me réjouis de te sentir si joyeux, si confiant; tu m'épargnes ainsi bien des soucis. Comme tu as raison, et que peut-il nous arriver puisque notre véritable capital, tous deux nous le portons en nous-mêmes.

Aussi, nous n'avons qu'à continuer courageusement, tout ira bien, tout doit bien se passer.

Il m'est très agréable de penser que tu quittes Vienne, parce qu'après tout les Viennoises finiront

par te disputer à moi; tu y retourneras quand je serai
auprès de toi, ce qui me donnera plus de sécurité.

Mon cher Robert, je me suis également acheté un
petit livre de comptes dans lequel j'écris chaque soir
mes dépenses de la journée. Je suis si contente de te
sentir bien organisé, j'ai envie de faire sérieusement
ton éloge, et surtout pour m'avoir choisie comme
fiancée, moi et pas une autre; ça, c'est ce que tu as fait
de mieux !

A qui as-tu dédié les *Scènes d'Enfants* ? Elles
nous appartiennent à nous deux et pas à d'autres;
elles ne me sortent pas de la tête, si simples, si fami-
lières, tellement « toi »; j'attends demain avec impatience pour les jouer encore. Je repense à *Faire peur*
(Fürchten machen), pour ça tu t'y connais. Quand
tu me parlais de sosies, par exemple, ou bien que tu me
disais porter une arme à feu sur toi. Je ris encore en
pensant à ça ! Il faut reconnaître que j'étais bon
public, je croyais tout ce que tu me racontais. Men-
teur, va !

Plus tard, je défendrai qu'on me fasse peur, et surtout le soir quand nous serons tous deux assis l'un
auprès de l'autre. Bonsoir, mon Robert. Toi mon
espoir, mon amour, mon tout !

. . . .

Que tes *Scènes d'Enfants* sont jolies; je ne sais
comment t'exprimer mon admiration. Ah ! si je pouvais seulement t'embrasser. Hier, je pensais, et je
pense encore, est-ce que ce poète, ce poète qui parle
ainsi, est vraiment pour toi, n'est-ce pas un trop grand

bonheur ? je ne puis le concevoir encore ! Mon ravissement grandit à chaque fois que je les joue.

Comme ce que tu fais est plein de musique, il me semble comprendre chacune de tes pensées et je voudrais m'anéantir dans ta musique. Toute ta vie intérieure se dégage de ces Scènes, ainsi ton émouvante simplicité dans « Bittende Kind » (L'Enfant qui implore) où l'on voit l'enfant joindre ses petites mains et puis ensuite s'endormir. On ne peut pas s'endormir d'une manière plus ravissante !

Dans ce morceau, il y a quelque chose de si personnel, de si bizarre, je cherche le mot qui conviendrait. Le premier morceau, « Von fremden Ländern und Menschen » était depuis longtemps un de mes morceaux préférés ; je l'aime beaucoup aussi.

Maintenant « Haschemann » est facétieux et admirablement décrit. « Glückes Genug » a fait naître en moi un sentiment d'apaisement, et le passage en fa majeur a quelque chose de si noble, on a l'impression que tu t'épanouis dans ton bonheur. Je joue volontiers et d'une manière large « Wichtige ».

La deuxième partie, « Traumerei » (Rêverie), est délicieuse. Il me semble te voir au piano — quel joli rêve. « Der Kamin » (Le Coin du Feu) est un coin du feu essentiellement allemand, familier et charmant comme il n'en existe pas en France.

Mais je m'aperçois que je m'érige en critique aujourd'hui. Pardonne-moi cette analyse ; j'essaie de te dire dans quel sentiment j'aimerais les jouer, mais je ne trouve pas mes mots.

Si tu as le temps, écris-moi à propos de ces *Scènes*, dis-moi comment on doit les interpréter, ce que tu as pensé en les composant et si ce que je t'en dis te semble juste.

Ecris-moi aussi, écris-moi surtout si tu m'aimes encore toujours.

As-tu déjà entendu l'opéra italien ? Hier j'ai été à *Lucie de Lammermoor*. C'est l'opéra de Donizetti que je préfère. A la fin, il y a une ariette pour ténor qui te plairait certainement. Il y a là un moment où tu serais transporté.

Clara.

ROBERT A CLARA

2 avril 1839.

J'ai reçu de Thérèse une lettre qui m'a navré et j'en suis absolument bouleversé. Je connais ces lettres qui laissent prévoir la nouvelle d'une mort pour le lendemain. La mort d'Edouard serait aussi un malheur pour nous, mais enfin ne te tourmente pas, ma Clara, je ne puis rien te cacher, il faut que tu saches tout de moi. Si je devenais soudain un tout pauvre homme et si je te disais moi-même: je ne peux que t'apporter misère et soucis, il faut me quitter, ne me quitterais-tu pas ? A travers ta lettre je t'ai sentie à nouveau irrésistible... tu feras de moi ce que tu voudras, sauf pour Bellini [1].

Je suis de ton avis en ce qui concerne ton voyage de Londres. J'avais l'intention de t'écrire dans le même sens.

---

[1] Ils étaient en désaccord sur ce musicien.

As-tu encore assez d'argent ?

Pardonne-moi les frais que je te cause en te demandant de m'envoyer ces petits paquets. Un homme très coquet, ce monsieur Robert Schumann, n'est-ce pas ?

Je ne peux t'apporter que si peu de joie pour le moment, sauf par quelques nouvelles, et je crois que tu te réjouis tout de même quand tu sais qu'on m'aime et qu'on m'apprécie. Et maintenant, je t'envoie mes meilleurs vœux pour ton premier contact avec le public, et promets-moi d'être aussi magnifique qu'il est en ton pouvoir de l'être. Ainsi tu me rendras de plus en plus heureux — si c'est encore possible.

Tu me demandes si je t'aime encore ?

Oui..... Oui..... Oui !!!

Robert.

CLARA A ROBERT

Le 3 avril 1839.

Finalement, mon concert aura lieu le 16 avril. Pense à moi à 8 heures et demie ; à cette heure-là, je commence.

Dieu que j'ai peur ! Ma peur augmente, chaque fois que je joue ; qu'est-ce que c'est ? C'est à cause de toi que j'ai peur surtout ! J'ai l'impression que tu serais hors de toi si je déplaisais. J'ai été dernièrement invitée à dîner chez Meyerbeer. Il y avait chez lui Heine et Jules Janin. Heine est plein d'esprit, le second assez ordinaire ; il fait des plaisanteries qui ne sont pas dénuées d'amusement, mais ce qu'il y a de pire c'est qu'il rit tout le temps de ce qu'il raconte, bien avant les autres. Heine parle avec amertume de l'Allemagne. Il viendra me voir ainsi que Auber et Halévy.

Clara.

CLARA A ROBERT

Jeudi 4 avril 1839.

Tu ne te doutais sûrement pas que, ce matin, à deux heures, j'étais assise au piano et que je jouais encore ton *Carnaval*.

Ça se passait chez une comtesse Perthuis, et les véritables amateurs étaient restés là après le concert. J'ai joué alors une grande partie de ton *Carnaval*, du Chopin, du Scarlatti et aussi quelque chose de moi.

Hier, j'ai eu un vrai triomphe. Ce qui est curieux, c'est que mon *Scherzo* leur plaît vraiment ici, ils le bissent à chaque fois.

Dis-moi, Robert, si tu te décidais tout de même, une fois, à composer un morceau brillant, facile à comprendre, un morceau tout d'une traite avec un seul titre, ni trop long, ni trop court ? J'aimerais tant jouer une œuvre de toi accessible au public. Evidemment, c'est difficile pour un génie de s'abaisser volontairement à cela, mais il faut bien être un peu diplomate.

Il est très difficile d'arriver à jouer au Conservatoire; si on y arrive, c'est pour une fois seulement, et alors il vaut mieux donner un récital à soi tout seul pour n'avoir aucune autre obligation.

Les cabales ici sont insensées.

A propos de Londres, tu as tout à fait raison, avant d'y aller il faut obtenir d'abord un triomphe à Paris. Maintenant la saison est pour moi trop avancée, je reste ici cet été et donnerai mon concert l'hiver prochain, et alors je pense être assez connue pour aller à Londres.

Tout le monde se refuse ici à écouter les *Fugues* de Bach, même les vrais amateurs de musique.

Henriette reste ici tout l'été et bientôt nous habiterons tous ensemble.

J'aime beaucoup plus Emilie qu'autrefois, pour la bonne raison qu'elle t'aime beaucoup.

Quand on la connaît, elle a plus de cœur qu'on ne croit.

Mon cher Robert, ne sois pas inquiet si je ne t'écris pas pendant un long moment. Il faut que je rassemble mes forces et mon esprit pour mon prochain concert; d'autre part, il faut que je fasse beaucoup de courses, et il ne faut pas que je me raidisse les doigts en écrivant.

Clara.

ROBERT A CLARA

6 avril 1839.

Ma fiancée bien-aimée,

Mon cher et bon Edouard est mort. A deux heures et demie, samedi dernier, j'étais en voyage. J'entendis un choral. Il mourait à ce moment-là. Je ne sais que dire et j'ai été dans un tel état de tension que j'en suis absolument abruti. Je me réjouissais tant de revoir mes frères, et Thérèse et mes amis ici, et maintenant tout est attristé, et je me demande ce que le destin encore me prépare; j'aime autant ne pas y penser.

Peut-être que tant d'épreuves finalement me mèneront au bonheur et feront de moi quelqu'un d'indépendant et un homme véritable. Edouard était le seul sur lequel je m'appuyais, il a toujours été si parfaitement loyal, jamais nous n'avons eu entre nous quoi que ce soit d'inamical. Ses derniers mots, quand je lui ai dit adieu, il y a quelques mois de cela, étaient touchants: « Tout ira bien pour toi, tu es un être si bon » et je vis passer dans ses yeux comme un signe avant-coureur de mort. Jamais, à aucun de mes départs, il ne m'a dit des mots aussi affectueux, et puis je fus frappé que, sans aucune raison valable, il était revenu à Leipzig. Le ciel a voulu sans doute qu'il te vît une fois au moins me prendre la main. Tu te souviens de cette promenade ? Et quand je lui ai dit: « Alors, Edouard, est-ce que nous te plaisons tous les deux ? », je sais qu'il était très fier de ton amour pour moi et très sûr aussi que tu illustrerais un jour le nom de notre famille. Que de sentiments douloureux m'envahissent encore ! Heureusement j'ai conscience d'avoir eu toute la vie pour lui un véritable dévouement fraternel. Comme lui pour moi. Il n'y a rien de plus beau qu'un amour entre deux frères. Maintenant, j'ai perdu cet amour, mais je ne veux pas me laisser décourager ! Ta pensée m'est arrivée hier par l'intermédiaire de Reuter. Je te remercie, ma chère enfant.

Le fait que tu existes est une telle joie pour moi, tu es toujours ma joie. Sans toi je serais depuis longtemps à la place où est aujourd'hui Edouard. Est-ce possible que je ne doive jamais le revoir ? Comme c'est extraordinaire qu'à côté de nos rêves d'avenir je me souvienne encore si passionnément de Zwickau qui est mort pour moi et qui ne compte plus que des tombes ! Vais-je peut-être aller aussi les rejoindre ? Non, le printemps est là qui m'appelle à la vie, et puisque tu es là aussi, je ne songe pas à mourir !

Ne crois-tu pas que, par notre volonté, par notre énergie intérieure, notre amour pour un autre être, nous pouvons peut-être parvenir à prolonger notre existence ?

Alors, courage, allons jusqu'au bout et fidèlement l'un à l'autre.

Robert.

ROBERT A CLARA

7 avril 1839.

Comment te dire à quel point j'ai pensé à toi tendrement et continuellement pendant mon voyage. Quelle jolie vision me poursuivait, tu flottais tout autour de la voiture comme un ange gardien, je te voyais avec des ailes et des yeux si tendres; tu as dû sûrement penser très gentiment à moi hier et avant-hier !

Dès que je serai à Leipzig, que j'aurai rassemblé mes esprits, je t'écrirai immédiatement.

Immédiatement aussi je m'occuperai de mon journal, et je m'y remettrai à fond.

J'attends les nouvelles de Thérèse et je les crains. Crois-tu que l'on peut espérer encore après la lettre que j'ai reçue. Moi, je ne le crois pas, et cependant je ne peux imaginer qu'Edouard soit mort.

T'ai-je parlé de mon pressentiment ? je l'ai eu entre le 24 et le 27 mars dans mes dernières compositions. Il y a là un motif qui tendait à se répéter et qui était comme le soupir d'un cœur torturé: Ah ! mon Dieu. En écrivant, je voyais un cortège de cadavres, des cercueils, des êtres malheureux, désespérés, et une fois mon travail fini et que je cherchais un titre je pensai: Cortège de cadavres. N'est-ce pas curieux ?

Pendant que je composais, j'étais souvent angoissé au point de pleurer, et je ne savais pourquoi. C'était sans raison. Là-dessus, je reçus la lettre de Thérèse qui m'éclaira.....

Sois calme et ne perds pas courage même si ce malheur arrivait. Le destin nous a indissolublement liés.

Même si les chaînes qui nous lient te pèsent, tu ne les arracheras pas, n'est-ce pas ?

Je serai certainement mardi à Leipzig et immédiatement je t'écrirai, ma Clara.

Dis beaucoup d'amitiés à tes amies, n'oublie pas. Je te chuchote encore pas mal de choses à l'oreille. Tu entends ? Adieu.

Robert.

CLARA A ROBERT

9 avril 1839.

Tu me demandes si, au cas où tu deviendrais un tout pauvre homme, je t'abandonnerais ? Un homme qui a

ton esprit et ton cœur ne peut jamais être pauvre :
Tu peux aller où tu veux, le monde t'appartient et
mon cœur est à toi... M'as-tu posé cette question
sérieusement ? Je veux partager avec toi joie et douleur, mon cœur est ton bien, et si toi tu m'abandonnais, mon cœur te demeurerait fidèle ; mon dernier
soupir serait pour toi.

Je comprends bien ton chagrin pour ton frère
Edouard, mais peut-être ne faut-il pas encore déses-
pérer ?

Il y a quelques jours, mon père a écrit en cachette
à Emilie où il dit que si je ne renonce pas à toi, il ne
me considérera plus comme son enfant, il me déshé-
ritera, il me confisquera ma petite fortune personnelle
et engagera un procès contre nous deux qui pourra
durer trois à cinq ans !

Ce sont de jolies perspectives ! mais je ne me décou-
rage pas. Je compte tout essayer jusqu'à notre mariage
pour lui prouver que nous avons des moyens de subsis-
tance (c'est une des raisons de sa colère) et de tâcher
de l'adoucir par tous les moyens. Si, à ce moment-là,
il me repousse et ne veut rien entendre, je peux alors
me justifier devant Dieu. D'ailleurs, à la vérité, si
j'y pense, j'ai déjà à l'heure qu'il est l'impression
que je n'ai plus de parents, car je ne reçois jamais
rien d'affectueux de la maison.

[Quelques jours plus tard, elle écrit :]

La maladie de ton frère me semble de telle nature
qu'il faut se résigner à apprendre sa mort d'un jour
à l'autre. Tu es un homme, Robert, et tu sauras te
résigner. Je suis bien préoccupée par tout ce qui se
passe, ma tête éclate, et là-dessus j'ai encore les soucis

pour mon prochain concert. Par malheur, mon second doigt est devenu si sensible que je ne peux guère travailler plus d'une heure sans en souffrir odieusement. Il faut que je profite de l'enthousiasme momentané de mon public, car je ne sais pas comment j'exécuterai mes morceaux.

J'attends de tes nouvelles avec impatience, ta santé me préoccupe et j'ai de bien gros soucis pour toi.

Clara.

CLARA A ROBERT

12 avril 1839.

Mon concert, heureusement, s'est bien passé. Comme j'aurais voulu que tu fusses là ! Ce fut un véritable triomphe qui, paraît-il, était sans précédent.

C'était prodigieusement plein. Bien entendu, les frais à Paris sont tellement énormes qu'il ne me reste aucun bénéfice. Je n'en attendais pas ! Mais ça y est, ma réputation est faite et cela me suffit.

J'espère, mon chéri, que tu es au calme. Je ne puis arriver à m'imaginer qu'Edouard soit mort et comme il m'est douloureux de penser qu'il ne nous aura pas vus unis tous deux. Mais, mon Robert, garde ton courage: une seule te restera dans la tombe... celle qui d'un amour sans bornes tient à toi pour l'Eternité.

Oui, je suis celle-là.

Ta Clara.

CLARA A ROBERT

22 avril 1839.

Non, je ne suis pas faible vis-à-vis de mon père, mais je pense qu'il doit se sentir parfois très malheureux; il est à plaindre et, en silence, je me tourmente pour lui. Mais je n'y peux plus rien. On dira que j'ai mené mon père à la tombe. Mais le Seigneur me le pardonnera, n'ai-je pas rempli mes devoirs de fille ? Oh! Robert, pardonne-moi, même si plus tard tu me vois subitement mélancolique, c'est que je penserai à mon père. C'est tout de même très douloureux.

Clara.

CLARA A SON PÈRE

Paris, 1er mai 1839.

Mon très cher père,

J'ai reçu tes lettres de Dresde et je t'en remercie. Quel grand désir j'ai de te revoir, mon père chéri, et de bavarder avec toi affectueusement et en parfait accord. Essayons, pour le moment, de le faire par écrit.

J'ai lu ta lettre à Emilie, et je t'avoue franchement que tu as touché certain sujet qui me préoccupe depuis longtemps et auquel, en silence, j'ai déjà bien réfléchi.

Mon amour pour Schumann est, évidemment, un amour passionné, mais pas seulement un amour passionné. Je le considère, lui, comme un homme extraordinairement bon et loyal, et seul capable de me comprendre et de m'aimer avec autant de noblesse et de pureté.

En revanche, je suis la femme qu'il lui faut : je le comprends aussi et je crois pouvoir le rendre très heureux.

Excuse-moi si je te dis que, vous autres, vous ne le connaissez absolument pas et j'aimerais à pouvoir vous persuader de sa merveilleuse générosité de cœur.

Chaque être humain a ses singularités, il faut s'en arranger. Ce qui manque à Schumann, je le sais parfaitement : c'est un ami, un homme d'expérience sur lequel il pourrait s'appuyer et qui lui tendrait quelquefois la main. Songe que Schumann a vécu hors du monde, et il s'y trouve soudain mêlé ! Comment s'en arrangerait-il si vite ? Ecoute, père, si tu pouvais être un ami pour lui, il t'en serait certainement reconnaissant et tu l'estimerais, j'en suis sûre. Crois-tu que j'aimerais Schumann à ce point, si je ne l'estimais pas ? Tu crois que je ne connais pas ses défauts ? Mais je connais aussi ses vertus. Il ne manque à notre bonheur qu'un petit revenu pour nous tirer d'affaire, et ton consentement. Si tu le refuses, je n'aurai jamais de paix en moi et je serai toujours malheureuse, et Schumann, qui est si sensible, en souffrira aussi. Si tu me jettes hors de ta vie, comment pourrai-je vivre ? et toi tu serais malheureux également. Je ne pourrai pas le supporter. Mon cher père, promets-moi ton consentement si Schumann peut te prouver qu'il a mille thalers par an. Je crois que deux mille serait vraiment un peu trop exiger. On obtiendra cela petit à petit. Donne-nous cet espoir et nous serons heureux et Schumann travaillera avec une tout autre ardeur s'il est sûr de m'avoir auprès de lui. Je te promets de ne pas épouser Schumann avant d'avoir écarté de nous soucis et difficultés. Si Schumann obtient un traitement fixe — ce que je crois certainement — et que tu nous donnes ton consentement tu feras deux êtres heureux. Sinon deux êtres malheureux.

Jamais je ne renoncerai à lui ni lui à moi. Jamais je ne pourrai aimer un autre homme. Je t'en prie, promets-le moi, dis-moi avec franchise ce que tu exiges et ce que tu penses vraiment dans ton for intérieur. Ne me donne pas d'espoir si ce n'est pas sérieux. Ah! comme tu pourrais nous rendre heureux! Mon cœur déborde d'amour! Tu ne veux pas le briser! Je ne l'ai pas mérité! Tu ne me trouves pas gentille et tu dis que mon caractère s'est abîmé, que j'ignore combien tu m'aimes, que je suis ingrate; ah! mon père chéri, tu n'es pas juste. Emilie et Henriette peuvent témoigner de la manière dont je parle de toi: avec amour toujours et même après avoir reçu tes lettres pleines de reproches. Combien de fois j'ai pleuré en silence d'être séparée de toi, de ne pas être auprès de toi pour t'accompagner dans tes promenades! Que toi, tu dises de moi que je manque de reconnaissance envers toi et encore tant d'autres choses, est-ce possible?

Jamais je ne me suis sentie plus attachée à toi que maintenant.

Tu me grondais à Leipzig de ne pas être plus gaie. Réfléchis à la situation que j'avais à Leipzig. Moi qui aimais de toute ma ferveur, je n'avais pas le droit de parler de mon amour, et pas un être de mon entourage dont j'eusse la sympathie! Je n'avais pas même le droit de t'en parler à toi. Avec qui devrait-on pouvoir mieux parler qu'avec ses parents, et qui plus est, moi avec toi. Combien de fois ai-je essayé de te faire des confidences, et plus j'essayais, plus tu te montrais de mauvaise humeur. Cela m'était défendu. Il fallait que je refoule mon cœur, et de plus même admettre qu'on se moque de moi et même de celui que j'aimais. C'était difficilement supportable pour un cœur aussi profondément épris que le mien.

Vous ignoriez mes sentiments, et vous ne saviez pas que chacune de vos paroles me blessait, et que le moindre regard ironique me bouleversait le cœur?

Je me sentais malheureuse, c'est naturel, il me semble.

Oh! mon cher père, que nous serions heureux si tu me traitais avec plus d'égards, et si tu retrouvais en toi une étincelle d'amour pour Schumann. Il ne serait pas ingrat vis-à-vis de toi, nous serions tous heureux! Si je pouvais seulement tout te dire de ce qui se passe en moi. Ah! si tu étais là devant moi, tu te laisserais toucher; ou bien me prends-tu pour une menteuse, pour une hypocrite — je le crois presque. Ne me connais-tu donc pas tout à fait? D'autres m'aiment pourtant parce qu'ils savent que je suis une bonne fille, et toi tu ne le crois pas. Oh! si, quand même, aussi je t'embrasse.

Je t'en prie, réponds-moi tout de suite. Je ne peux plus demeurer longtemps dans l'inquiétude. Tu verras alors comme je vivrai pour mon art! Mon Dieu, il n'y a qu'au piano que j'oublie tous mes chagrins ! Tu me grondais de ne pas t'aimer davantage. Mets-toi à ma place, seule au milieu d'une grande ville. N'est-ce pas naturel que je ressente le besoin de parler avec mes amies; tu aurais été même jusqu'à m'en enlever l'envie. Tu dois bien penser combien tout ça me rendait malheureuse.

Alors, ton avis est que j'aille à Baden ?

Hier j'ai vu Meyerbeer; lui ne m'y engage pas; la vie y est chère et un concert ne me rapportera rien. Je crois que, pour moi, il serait préférable de passer l'été ici, tu viendrais me rejoindre, je donnerai encore un concert en décembre, tâcherai de me faire encore quelques relations afin d'obtenir des recommandations pour la Belgique et la Hollande et, au début de janvier nous partirions. C'est la meilleure saison. En ce moment, on ne peut rien faire nulle part et puis, en mai, nous irons en Angleterre. Emilie m'accompagnerait partout; ce serait une difficulté de moins puisqu'elle parle anglais.

Ecris-moi si ce projet te convient ? Si tu tiens beaucoup à ce que j'aille à Baden, j'irai; c'est-à-dire que de toute manière il me faut revenir à Paris. Si je n'allais pas à Baden, peut-être viendrais-tu assez rapidement ici ? Réponds-moi et aussi sur ce que je t'ai demandé auparavant. Mais, je te prie instamment, ne me donne pas un espoir consolateur. Tu me chagrinerais ainsi encore davantage.

Clara.

EMILIE LIST A ROBERT SCHUMANN

Avril 1939.
(Sans date.)

Cher monsieur Schumann,

J'ai le cœur très oppressé et je suis assaillie de senti-ments très divers devant cette lettre que je veux vous écrire. Ah ! si seulement j'avais pu vous parler ! Comme j'aurais été heureuse ! Alors je n'aurais pas craint une seconde la possibilité d'une mésentente entre nous; mais réussir cela en vous écrivant est peut-être douteux !

Je vous prie, avant tout, de me pardonner si par hasard une pensée, un mot, une expression dans ma lettre pouvaient vous être désagréables.

Seule ma grande amitié pour Clara et le désir très vif que j'ai de vous voir bientôt heureux ensemble m'ont poussée à vous écrire cette lettre. Je crois qu'il est de mon devoir de vous dire que, depuis quelques mois, la santé de Clara s'est altérée. Elle est dans un état d'émotivité perpétuelle dont évidemment vous n'ignorez pas les raisons.

Vous connaissez Clara et vous savez qu'il n'y a pas sur terre un être plus sensible et plus pur qu'elle ! Bien entendu, Clara souffre de voir son père si mal-heureux.

Je sais parfaitement que vous avez sérieusement à vous plaindre de M. Wieck et qu'en se laissant aller à ses passions, il vous fait grand tort et vous a souvent blessé dans votre sentiment de l'honneur, et aussi vous a offensé dans ce que vous avez de plus sensible en vous. Je ne l'excuse pas, mais ce qu'il ne faut pas oublier, cependant, c'est que pour Wieck il n'y a qu'un bonheur, celui de Clara, qu'il n'a vécu que pour elle, négligeant ses autres enfants, et qu'il n'avait à cœur que l'avenir de Clara et son bonheur.

Clara vous a donné tant de preuves de son amour, de sa fermeté, que vous ne pouvez pas douter d'elle, mais vous imaginez facilement aussi que la pensée d'avoir rendu son père malheureux a valu déjà à Clara une série de jours bien tristes, et pour l'avenir cette pensée pourrait empoisonner toutes ses joies.

Il y a longtemps que je sentais en elle cette lutte, mais je ne lui en aurais pas parlé, si je n'avais reçu de son père ce matin une lettre déchirante qui évidemment me fait comprendre combien il est réellement malheureux. Cette lettre fit une grosse impression sur Clara qui m'avoua, pour la première fois, ne pas pouvoir se sentir jamais heureuse si elle sait son père malheureux. Cher monsieur, vous ne lui en tiendrez pas rigueur; au contraire, vous respecterez ses sentiments et vous chercherez à la calmer. Dans la lettre qu'il écrit, Wieck me dit qu'il ne cherche absolument pas à éloigner Clara de vous, au contraire, il souhaite voir Clara vous épouser aussitôt qu'il verra pour vous un avenir plus sûr et dénué de soucis.

Pouvez-vous lui en vouloir de cette exigence? Vous ne pouvez pas vous imaginer combien il est difficile pour moi de toucher ce point délicat, mais il faut que je vous dise ce que j'ai sur le cœur. J'ai si confiance en vous, et vous allez bien me comprendre.

Même avant d'avoir reçu la lettre de M. Wieck il

me semblait peu conforme à la raison de vous marier avec un avenir aussi peu assuré.

Ne me croyez pas insensible; en vous parlant ainsi je sais que je vous atteins profondément étant donné votre ardent désir d'épouser Clara dans le délai que vous vous étiez assigné; bien entendu, ce que je vous demande exige une prolongation de ce délai. Mais, si pénible que ce soit, je ne puis m'empêcher de vous dire mon opinion qui est, je vous l'affirme, le résultat de longues et naïves réflexions. Il ne s'agit, à la vérité, que de réaliser votre bonheur à une date plus lointaine et ce sacrifice vous assurera un bonheur beaucoup plus durable. La santé de Clara est altérée du fait qu'elle vit dans une trop grande tension. Si elle veut observer ses forces pour continuer sa carrière de virtuose, elle pourra tout au plus donner une leçon par jour, ce qui est évidemment insuffisant pour subvenir aux frais d'une maison; Clara est capable de se restreindre, mais il faudrait où qu'elle néglige son art et qu'elle prenne à sa charge tous les soucis d'une maîtresse de maison, ou qu'elle ait les moyens de mener la vie libre dont elle a besoin et de laisser à d'autres l'ennui des soins du ménage.

Voilà pourquoi je pense qu'il est plus sage que Clara mette encore un peu d'argent de côté, pendant que vous chercherez quelque chose de stable pour vous. Ceci résoudrait le problème avec Wieck, et Clara n'aurait plus aucun reproche à se faire, et libre de soucis elle serait doublement heureuse auprès de vous.

Il y a une certaine prétention de ma part d'oser vous donner des conseils, mais après avoir réfléchi calmement peut-être m'approuverez-vous, si douloureux que ce soit pour vous.

La conscience de pouvoir offrir à Clara un avenir tranquille et joyeux fortifiera encore votre courage.

Vous n'aurez pas de mal, vu la qualité de votre esprit, de vous frayer une voie où bon vous semblera. Vous vous assignerez un but que vous poursuivrez avec énergie, et vous réussirez.

Il faudra que Clara fasse un sérieux effort pour ne pas se laisser aller à une trop grande détresse.

Si seulement je savais vous dire comme Clara vous aime; aucun homme n'a été aimé comme vous êtes aimé et pourtant Clara aura la force de supporter cette séparation qui se prolonge plus qu'elle ne le voudrait. Ah! comment pourrais-je m'exprimer pour vous dire la générosité et la noblesse de caractère de Clara! Comme elle est émouvante quend elle parle de vous; elle ne songe pas à elle, elle ne pense qu'à vous, et seul vous êtes son souci.

Oh! je comprends que vous désirez avoir cet ange auprès de vous! Ménagez-la, ne lui rendez pas sa décision plus dure à supporter par des reproches ou par une souffrance trop visible. Vous êtes un homme; il faut que votre courage soit plus grand que celui d'une jeune fille.

Consolez Clara, calmez-la; vous pouvez tout pour elle.

M. Wieck m'a donné la promesse formelle de son consentement sitôt qu'il verra pour Clara la possibilité de continuer à travailler sans être encombrée de soucis et d'obstacles. Ce talent qu'elle doit cultiver, elle ne l'a acquis qu'au prix de grands efforts. Il faut qu'elle le conserve, et alors il vous facilitera aussi la vie.

Ayez confiance, et oubliez une fois encore ce qu'il vous a fait. S'il vient à vous avec gentillesse, ne lui faites pas mauvaise figure. Rappelez-vous que dans les années passées vous l'avez aimé comme un père, et il vous a considéré comme un fils; ayez encore confiance ! On peut si difficilement juger d'une manière absolue les actes des autres. Notre humeur y est toujours pour quelque chose. Prenons tout du bon côté. Vous, vous le faites pour Clara — et c'est le père de Clara, il faut donc que vous l'aimiez. Et alors, si réellement il ne tient pas sa promesse, Clara n'aura plus de reproches à se faire, même si elle vous épouse sans son consentement. Je suis sûre, d'ailleurs, que vous avez souvent pensé comme moi, et que vous allez, grâce à votre compréhension, rendre à Clara sa décision moins difficile à supporter. N'oubliez pas que pour en arriver là, il lui en a coûté autant qu'il vous en coûte, et que vous la consolerez en paraissant calme et résigné.

Il est impossible que, telle que vous la connaissez, vous l'accusiez d'un manque d'amour ou de confiance ou de courage ou de force d'âme. Elle n'a toujours que prouvé le contraire.

Maintenant, il s'agit seulement que vous trouviez le moyen d'arriver au but qui doit contenter tout le monde. Je ne peux pas avoir la prétention de vous donner des conseils là-dessus. Votre génie et vos multiples connaissances vous donnent beaucoup de possibilités; mais c'est aussi ce qui complique votre situation. Bien entendu, il ne faut pas que votre art ait à en pâtir, Clara en serait trop malheureuse. Peut-être pourriez-vous prendre la direction de la librairie [1]

[1] Une librairie qui avait appartenu au plus jeune frère de Schumann décédé depuis peu.

en association avec un professionnel ? Ce serait une
manière de satisfaire très vite les exigences de **M.**
Wieck. Il n'y a que vous qui soyez bon juge de
la question, il faut bien y réfléchir parce qu'il n'y a
que des inconvénients à commencer sans aller jusqu'au
bout — parce qu'alors on a toutes les difficultés des
débuts et jamais les plaisirs du succès.

Le père de Clara veut aller avec elle en Belgique,
Hollande, Angleterre — où ils espèrent gagner aussi
un peu d'argent. Sans être accompagnée d'un homme,
elle risquerait de faire ce voyage sans le succès qu'elle
peut escompter, et sans les égards auxquels elle a droit.
Quand vous allez penser à tout cela, mon cher ami, avec
tranquillité, vous nous donnerez raison, sans doute.

Ecrivez-moi que vous n'êtes pas fâché contre moi
de vous avoir écrit ainsi. Je l'ai fait dans la meilleure
intention. Je vous demanderai surtout de ménager
Clara et de ne lui faire aucun reproche dans l'émoi où
elle se trouve. Elle pourrait ne pas le supporter.

Avec mon amitié sincère et mon estime.

Votre

Emilie List.

ROBERT A CLARA

Leipzig, 4 mai 1839.
Samedi matin.

Bientôt mon épouse adorée !

Hier matin, je me suis assis avec Reuter, j'ai calculé,
réfléchi et conclu que nous nous faisions vraiment des

soucis inutiles. Si seulement tu voulais, fille obstinée, nous pourrions nous épouser demain !

Nos richesses m'ont effrayé quand je les compare à celles des autres. Que le ciel est bon pour nous; il nous préserve du besoin de travailler pour le pain quotidien. Il y a juste de quoi suffire à deux simples artistes comme nous ! Cette pensée me rend heureux !

Ta fortune	4.000 thalers	
Ma fortune :		
1 valeur de l'Etat	1.000	»
2 chez	4.000	»
3 chez Edouard	3.440	»
4 héritage d'Edouard . .	1.500	»

14.040 thalers

Ceci nous donne 560 thalers de rentes.
Et puis ce que je touche dans l'année :

De Friese	624 thalers	
Vente de musique	100	»
Gain sur mes compositions .	100	»

1.384 thalers

par an.

Ne suis-je pas un mathématicien émérite ? Et ne pourrais-tu pas venir auprès de moi immédiatement si je le voulais ?

Et est-ce que je ne pourrais pas boire de temps en temps du champagne, ou envoyer quelque chose à Thérèse si elle en a besoin, et aussi à ta mère ? En un mot, ne te tourmente pas, ma petite Clara. Tu vois, je ne suis pas plus léger que toi. Comme j'ai appris à apprécier l'argent !

De temps en temps, tu ne le croiras pas, il faut que je lutte contre des accès d'avarice.

Robert.

CLARA A ROBERT

13 mai 1839.

Dis-moi, mon cher Robert, que dois-je faire pour rétablir chez toi de plus tendres sentiments à mon égard ? Dis-le moi, je t'en prie, quand je te sens en colère contre moi, je ne suis pas tranquille.

Il y a eu mésentente entre nous, voilà le seul malheur, et tu as manqué de confiance en moi, tu n'aurais pas dû !

Rien ne m'offense autant que lorsque tu mets en doute mon amour et la solidité de mon caractère. Je ne te les pardonne pas et je pourrais être très fâchée, si je pouvais l'être... Allons, embrasse-moi bien au nom de notre vieil amour qui se renouvelle sans cesse. Je t'aime trop et bientôt je te le prouverai. Rien ne m'empêchera d'être auprès de toi à Pâques prochain, tu peux compter là-dessus. Ah ! tu m'en as fait couler des larmes amères !

J'ai tant de chagrin de t'avoir attristé, ne serait-ce qu'un moment, et je ne serai tranquille que lorsque j'aurais eu de tes nouvelles me rassurant sur tes sentiments à mon égard !

Écris-moi vite, je t'en prie.

Hier, nous étions sur le point de sortir quand nous entendîmes crier subitement: « Révolution ». Dans toute la ville on a rassemblé les gardes nationales. De trois heures de l'après-midi à minuit, on n'a pas cessé de tirer. Il y a eu cinquante morts. Les Tuileries ont l'air d'un camp; pendant toute la nuit, les militaires ont fait la ronde autour de la cour du château.

Il paraît qu'aujourd'hui on peut de nouveau se promener dans la rue sans danger, ce qui m'est bien agréable car j'ai besoin d'aller à la poste.

Aujourd'hui, la journée est sinistre; il y a de sombres nuages au ciel — des nuages bizarres —, il y a eu aussi ta lettre à Emilie et Henriette. J'aurais été complètement désespérée si, à la fin de la lettre, tu n'avais eu un mouvement de pitié pour moi et si tu ne m'avais appelée ta petite Clara !

A l'instant même, le duc d'Orléans et le duc de Nemours parcourent les rues à cheval pour calmer le peuple. Le roi est renversé et la reine tremble. Moi, ça ne m'arrange pas, parce qu'il avait été décidé que je jouerais à la Cour, et je pense bien que maintenant c'est exclu !

Alors, cher Robert, je vais te faire un peu enrager. Il faut que j'aille voir la Révolution de près, ça m'amuse; il ne m'arrivera rien, je suppose.

Je t'embrasse de toutes les forces de mon amour et de mon âme.

Ta tendre fille dévouée et bientôt ton heureuse épouse.

Clara.

ROBERT A CLARA

18 mai 1839.

Dehors, il pleut ! Mais, en moi, brille un joli rayon de soleil et j'ai envie d'embrasser la terre entière.

Ma petite Clara, j'aimerais que tu puisses voir à l'intérieur de mon cœur.

Il y a quelques jours à peine, je pensais à quitter ce monde au plus vite et pourtant je me disais bien qu'il fallait attendre l'arrivée des lettres.

Ces lettres me rappelleraient une fille que j'avais aimée ; et puis j'eus l'impression qu'elle m'aimait encore, et qu'elle m'aimerait peut-être davantage et plus tendrement que jamais, bien qu'elle ait un caractère brusque et impatient ; mais elle est bonne comme du bon pain ; en un mot, je recommençais petit à petit à reprendre goût à la vie, aussi à la fille dont je caressai le front et les joues, et à moi-même avec qui j'étais très fâché et obligé d'être fâché !

Et puis je me disais : « A Pentecôte dans un an », je me voyais en maître de maison et avant cela en fiancé, et je songeais encore à diverses choses. Et voilà qu'aujourd'hui est arrivé le jour avant la Pentecôte ; j'ai la vision de la colombe avec son rameau d'olivier, la fête du printemps et de la paix. Alors, laisse-moi t'embrasser, toi ma plus ancienne amoureuse, toi que je possède à nouveau, toi que je sais pleine de fermeté et plus que jamais décidée.

Que je me sois vu obligé de te parler aussi durement que dans ma dernière lettre, ne t'étonne pas. Tu ne pouvais t'attendre à une autre réponse ! Interroge-toi, mets-toi à ma place, c'est surtout ta seconde lettre qui m'a davantage blessé [1]. Quand tu la reliras un jour, tu ne pourras pas croire que c'est toi qui l'a écrite. Tout m'est tombé dessus à la fois. Ton père a recommencé à avoir une attitude révoltante à mon égard. Mes amis et Thérèse, qui est venue pour quelques jours, tous sans exception, s'accordaient à dire que j'avais été traité indignement pendant cette histoire. J'étais obligé de les écouter et tout blessait au plus haut point mon sentiment de l'honneur. Ils se sont laissés aller à dire qu'ils doutaient fort de ton grand amour pour moi, sinon tu n'aurais pas pu admettre un tel comportement en ce qui me concerne.

Là-dessus cette seconde lettre glaciale, mécontente, dure. Bien entendu j'écris à Emilie et je me montre tel que je suis avec mon cœur ulcéré.

Ce furent d'abominables jours. De pareilles émotions m'ébranlent complètement et, dès que tu es en jeu, je me sens attaqué dans mon principe vital.

Il est donc naturel qu'ayant autant souffert, j'aie écrit et agi comme je l'ai fait.

C'est un avertissement pour l'avenir, ma chère Clara ! Il faut toujours me traiter avec beaucoup d'égards et de ménagements. Tout vient du ton dans lequel on s'exprime.

Tu aurais pu me faire part des mêmes pensées si tu avais su choisir tes mots. Mais tu t'es laissée aller à une réaction immédiate, d'une seconde à l'autre et

[1] Lettre qui n'a pas été retrouvée et ressemblait en plus dur à celle du 2 mai.

sans que je m'attende à quoi que ce soit; et **tout** cela d'une manière si rapide et si absolue que j'ai commencé à douter de ton cœur et je me suis même demandé si tu n'avais pas complètement changé d'avis.

Quand j'ai reçu ta dernière lettre, je l'ai ouverte en tremblant, je lisais toujours et, à mesure que j'avançais, il me semblait que les portes du ciel s'ouvraient les unes après les autres; je t'avais à moi de nouveau ! Ma chère Clara, est-ce possible que le printemps prochain tu viendras auprès de moi et que tu seras ma femme adorée ?

Mais, maintenant, promets-moi de ne plus avoir peur de l'avenir; promets-le moi — de ne pas te faire d'inutiles soucis, d'avoir confiance en moi; d'être soumise, puisqu'il est entendu que les hommes sont supérieurs aux femmes !

Et vous, deux autres chères filles, je vous ai un peu bousculées ! Puis-je vous demander pardon ?

Ah ! si seulement j'étais avec vous, on donnerait une fête de la joie et de la paix, et il pleuvrait des baisers... Mais, je vous en prie, ne soyez pas fâchées que j'aie voulu montrer que j'étais le maître, et que j'étais décidé à ne pas me laisser faire. On peut jouer avec moi comme avec les enfants à la voiture et au cheval, mais je ne supporte pas d'être battu.

D'ailleurs j'aime beaucoup Henriette. Elle m'a écrit quelques mots qui valaient mieux que toutes vos lettres réunies !

Droit au but.

Elle a tout dit en ces quelques mots. Bravo, Henriette, vous me plaisez !

Tu me demandes, chère Clara, si la lettre d'Emilie
a subi le même sort que la tienne ? Non. Je jouais le
jeu des parents quand les enfants se font de mauvaises
blagues entre eux. Ils punissent les uns et pas les
autres.

D'ailleurs, dimanche en huit jours, je suis parrain
chez Mme Voigt et, là, j'ai l'intention de me comporter d'une manière très ridicule.

Assez pour aujourd'hui. Non, je veux dire encore
que les jeunes filles sont un mélange d'ange et d'être
humain — ce qu'on rencontre peu chez les hommes.
Je ne puis rien trouver de plus joli pour finir.

Porte-toi bien, toi, ma petite Clara, ma bonne Clara,
mon trésor; j'aurais encore beaucoup à te dire.

Bientôt davantage.

Ton Robert.

ROBERT A CLARA

(*Sans date.*)
Mai 1839.

Ecoute, ma petite Clara, notre projet de n'écrire
à ton père qu'à la Noël ne me plaît pas. Il faut faire
cela bien plus tôt.

Je t'envoie deux lettres: l'une à ton père que je lui
ferai parvenir quelques jours avant ton anniversaire,
l'autre au tribunal pour que, au cas où ton père
refuse son consentement, nous puissions passer devant
le tribunal pendant qu'il est encore ici.

Alors, écoute Clara, que je t'éclaire sur mon caractère:

Tu m'écris quelquefois: « Pourras-tu supporter les soucis du quotidien ? » Nous n'avons pas à en attendre pour le moment, mais s'il en arrivait et que nous n'ayons encore que la moitié de ce que nous avons, je n'en serais pas attristé. Je commencerais à être attristé si j'avais des dettes et que je ne puisse pas m'en acquitter — peut-être — et puis je suis poète, mais ceci ne veut pas dire léger comme tu le crois souvent. Ne t'ai-je pas prouvé que je suis sérieux en tout ? — à cause de toi seulement !

La Révolution est terminée, Dieu merci; mais à Paris ça fermente toujours dans un coin quelconque. Alors, sois sur tes gardes et ne te promène pas trop à travers les barricades; du reste je me fie à ta prudence et suis relativement tranquille.

Je te prépare donc quelques lettres. Examine-les bien. Ce sont les plus importantes de notre vie. Courage et confiance, mon cher trésor de Clara.

Crois en mon amour infini.

De nouveau ton très heureux

Robert.

ROBERT A CLARA

3 juin 1839.

Ma bonne fiancée chérie,

Tu vas recevoir cette lettre le jour de mon vingt-neuvième anniversaire.

Puisse-t-elle te trouver florissante et me rappeler à toi plus tendrement que jamais. Nous pouvons jeter un coup d'œil satisfait sur l'année écoulée.

Nous n'avons pas de reproches à nous faire. Nous avons tenu fidèlement l'un à l'autre et nous nous sommes rapprochés de notre but.

Le pire nous l'avons supporté, mais bien que plus rapprochés du havre soyons encore prudents. Notre destin veut que nous luttions pied à pied pour obtenir ce que nous voulons. Seulement devant l'autel je me dirai: « Ça y est », et jamais un « oui » n'aura été prononcé avec autant de conviction et avec autant de foi dans l'avenir d'un bonheur.

Ce que je désire en attendant ce jour-là, c'est de devenir toujours plus digne de toi ; ceci n'est pas du bavardage, j'ai de la fierté, mais devant ta modestie à toi je reconnais volontiers mes faiblesses et j'essaye de m'améliorer. Je crois que dans les années qui viennent je te causerai encore beaucoup de chagrin. Je ne suis pas un homme fait ; je suis instable, enfantin, souvent faible — et soumis à mon plaisir, sans égards pour les autres. En un mot, j'ai mes mauvais jours où l'on ne peut rien faire de moi. Tu m'as prouvé que tu savais me ménager et m'aimer comme il le fallait et comme il le faut encore pour que je parvienne à m'améliorer.

Je sais que ta présence ne peut que rendre plus noble celui qui vit à tes côtés ; mais ce ne sont que des mots.

Le plus vrai est que nous nous aimons de tout notre cœur. Ton cœur est riche d'un grand amour et tu pourras rendre ton mari heureux pendant de longs jours.

Tu es une fille merveilleuse, Clara !

Il y a en toi tant de côtés divers et tant de qualités que je me demande comment tu as pu faire pour en accumuler autant en ta si courte vie. Vu surtout le milieu où tu t'es développée .

Je sais que déjà jeune tu as été frappée de ma manière d'être — très douce, et peut-être serais-tu devenue une tout autre fille si tu ne m'avais pas connu. Laisse-moi garder cette conviction qui me rend heureux ! Je t'ai appris l'amour tandis que ton père t'enseignait la haine (dans la meilleure acception du mot car il faut aussi savoir haïr) et je t'ai attirée à moi pour faire de toi ma fiancée, une fiancée conforme à mon idéal, tu as été une de mes plus brillantes élèves et en récompense tu m'as dit : « Me voilà, prends-moi ».

ROBERT A CLARA

Le lendemain, 4 juin,
jour de mon anniversaire.

Je crois que je ne pourrai jamais oublier de toute ma vie la journée d'hier.

Si je pouvais seulement te la décrire et aussi toutes les solennités liées à ce jour. Ecoute-moi, écoute ton vieil ami te raconter les contes de fées !

Je me réveillai de bonne heure et j'entendis en moi sonner les cloches !

Ma première pensée s'envola vers toi et le premier discours solennel c'est le soleil qui vint me le faire dans ma petite chambre. Le matin était tel qu'on aurait aimé s'élancer dans les airs. La matinée se passa à donner quelques audiences, et je proposai à mes pensées quelques projets.

Vers dix heures seulement on admit quelques gens du monde. Les artistes m'envoyèrent parmi leurs

disciples le plus digne d'entre eux comme délégué.
Il portait un habit et devait prononcer un discours.
Mais, pensais-je en moi-même, les solennités les plus
importantes doivent être en plein air et dans la ver-
dure. Aussi, fier comme un roi, j'allai avec le petit
Schmidt[1] jusqu'à Sonnewitz. J'avais comme satellites
les papillons et les alouettes qui volaient autour de moi,
saluant le jour de mon anniversaire ! Les champs de
blé s'inclinaient en guise de vœux de bonheur, et il
n'y avait pas le moindre petit nuage au ciel capable
de suggérer une pensée attristante.

J'avais le cœur joyeux et pensais beaucoup à ma
souveraine réfugiée en de lointains pays. Ensuite,
à Sonnewitz, ma résidence d'été, on déjeuna d'une
manière simple et modeste.

Après le déjeuner, le page (je suis le souverain)
proposa une excursion dans le voisinage. Et, tandis
que les rossignols nous accompagnaient, nous regar-
dions à droite, à gauche, la nature qui resplendissait
de jeunesse; je me sentais fier dans mon royaume.
Sous mon grand arbre bien vert, on fit la sieste, et les
insectes de toute espèce bourdonnaient autour de
nous, mais on leur avait interdit de déranger pendant
son sommeil *celui dont on fêtait l'anniversaire et de
l'approcher mais de ne pas même l'effleurer d'une aile.*

A peine réveillé, j'aperçois, traversant les champs,
au pas d'un courrier, un nouveau délégué; parce que
les provinces environnantes ne voulaient pas rester
à l'écart de la fête, et on avait élu Verhulst qui sou-

---

[1] Gustave Martin Schmidt — professeur de musique, **disciple**
de Schumann.

dain se trouva devant moi. Il s'exprima en termes corrects et souligna particulièrement son espoir de me voir bientôt uni à ma reine qu'un père à gant de fer tenait encore sous sa garde. Le roi, lui, était toujours plus silencieux et plus heureux.

Quatre heures de l'après-midi approchaient, c'était le moment où il attendait un message de son élue. Revenu à son palais, il ne trouve rien. Quelques nuages de tristesse se posèrent légèrement sur son front. Comment ne recevait-il pas de nouvelles le jour de son vingt-neuvième anniversaire, se dit le fiancé plein de bon sens. Le temps passa et soudain entra un délégué de l'Etat en jaune avec une lettre de ma royale fiancée et bientôt ensuite, mon ami très cher, le Dr Reuter, avec une couronne de myrthe et sagement dissimulés des cadeaux de ma bien-aimée. Puis, quand je remis la tasse en place et que je vis ton portrait, le portrait de ma fiancée, j'embrassai, j'embrassai encore, je n'eus plus d'égards pour rien, ni pour ma souveraineté, ni pour mon entourage et le reste, tu peux te l'imaginer. Ce portrait est le meilleur portrait qu'on ait fait de toi. Que tu m'as rendu heureux en me l'envoyant [1].　　　　　Robert.

CLARA A ROBERT

Juin 1839.

La dernière lettre de mon père avec ses nouvelles exigences est conçue d'une manière tellement bles-

[1] Un dessin fait à Paris.

sante que j'en suis horrifiée au point de me demander
s'il est possible que mon père en soit arrivé là.

Mon père imaginait me coincer; il espérait que je
serais bouleversée au point de signer dans la minute
même tout ce qu'il me demanderait; mais, moi aussi,
j'ai perdu patience maintenant et ne me soumettrai
à rien qui puisse entacher mon honneur.

Aussi voilà de quelle manière je lui ai répondu:
« J'ai reçu ta dernière lettre, à laquelle je ne puis
guère te répondre étant donné qu'il est inutile d'essayer de nous convaincre. Nos opinions sont diamétra-
lements opposée. Tu es trop persuadé que Schumann
est un homme abominable, moi du contraire, et moi
je pense qu'il est le seul qui puisse me rendre heureuse.

» Je veux encore te répondre en ce qui concerne les
nouvelles conditions que tu me poses: je ne les accepterai jamais et je ne signerai jamais de pareilles
exigences. Comment pouvais-tu imaginer que je signe-
rais un papier où l'homme que j'aime est complètement déprécié. Ce n'était pas sérieux de ta part, ou
si ce l'était, dis-toi bien que tu n'obtiendras jamais
que j'en arrive là. »

ROBERT A CLARA

21 juin 1839.

[Clara avait signé le 15 juin la demande au tribunal.]

En plus des roses et des acacias en fleurs, avoir une
fiancée dans toute la splendeur de son amour, voilà de
quoi faire un homme heureux, un homme comme moi,
heureux de tout ce bonheur.

Chère fille, bientôt je croirai que tu m'aimes pour de bon.

Si j'avais pu te voir alors que tu signais cet acte. Tu devais ressembler à Devrient[1] dans *Fidelio*. Tu devais trembler de tous tes membres, sauf la main qui écrivait était ferme et ne tremblait pas. N'est-ce pas vrai ?

Laisse-moi tendrement te presser contre mon cœur. Toi, mon amour, toi qui est tout pour moi, et que n'as-tu déjà fait pour moi et trouverai-je jamais une compensation à te donner. J'embrasse ton front, tes yeux, mon enfant, et que Dieu fasse que tu sois heureuse sur cette terre.

Mon courage à moi se lève aussi, et dans cet instant j'ai tout oublié, souffrances et tourments, qui nous ont été infligés.

Nous avons passé par une dure école que beaucoup sans doute ignorent, mais qui, à nous, nous a permis de nous connaître et de toutes manières. Es-tu aussi contente de moi que moi de toi ?

Si je pouvais, une seule fois, dire au monde qui tu es pour qu'il le sache enfin. Oui, Clara, peut-être est-il possible de trouver encore des artistes pareilles à toi, mais des filles avec une sensibilité aussi profonde que la tienne, il y en a bien peu.

Tu t'es déclarée officiellement ma fiancée et tu as sauvé mon honneur, je t'en remercie mille et mille fois. J'aimerais te poser une couronne sur la tête et tomber à tes pieds et lever vers toi un regard plein de

---

[1] Schröder-Devrient, grande cantatrice qui chanta les lieder de Schumann plus tard.

reconnaissance. Ce que le monde a de plus noble, je le trouve et le vénère en toi, et si nous étions près l'un de l'autre, je pourrais t'en dire encore davantage sur toi. Laisse-moi, en te serrant tendrement les mains, te murmurer ma gratitude pour ta ténacité — et avec ta tendresse cette grande confiance, le don le plus magnifique de l'amour.

Crois à mon amour éternel et infini; je demeure ton dévoué.

Robert.

ROBERT SCHUMANN A F. WIECK

24 juin 1839.

Clara m'écrit que vous désirez vous-même que nous en finissions. Je tends volontiers la main pour faire la paix.

Faites-moi savoir quels sont vos désirs, ceux qui sont en mon pouvoir de réaliser, je les réaliserai avec joie.

Mais si, d'ici huit jours, je n'obtiens pas de réponse, je considérerai votre silence comme un refus.

Votre

R. Schumann.

ROBERT A CLARA

3 juillet 1839.

[Le père ne répondit pas; ce fut sa femme qui écrivit: « Wieck se refuse à tout rapport avec Schumann. »]

Tout espoir à l'égard de ton père est perdu, ma Clara, et il faut que nous nous appuyions ferme l'un sur l'autre.

Tout cela m'a atteint profondément, et si tu avais été auprès de moi hier, j'aurais été capable de me donner la mort avec toi. Un mauvais esprit que je redoutais, m'a assailli depuis quelques jours et ne semble pas vouloir me quitter.....

Robert.

CLARA A ROBERT

Paris, juillet 1839.

Tu sais ce dont j'ai besoin ? c'est d'une leçon de mon père. Je crains de revenir parce que je ne vois pas qui maintenant corrigera mes fautes. Je suis tellement préoccupée par la musique même que je n'entends pas sans doute les fausses notes que je fais. Je dois beaucoup à mon père dans cet ordre d'idées; autrefois je montrais de la mauvaise volonté dans certains cas et aujourd'hui comme je regrette les critiques qu'il me faisait !

Tu ne peux pas t'imaginer combien je me sens malheureuse ici au milieu des Français et combien je me languis de mon pays. Je n'aurai pas de mal à quitter Paris.

T'ai-je parlé du vieux Cramer ? C'est un vieillard très aimable, très peu en concordance avec son temps. Il ronchonne sur Liszt, seul Beethoven l'enchante; tout le reste n'est rien à ses yeux.

Le croiras-tu ? Tous les matins je commence par jouer les deux *Etvdes* de Cramer ? Celle en octaves est un excellent exercice. Et puis, je joue toujours une sonate de Scarlatti, celle que j'aime tant !

. . . .

J'ai reçu hier seulement ta magnifique *Fantaisie*[1]. J'en suis encore malade d'admiration. Je la joue d'un bout à l'autre et puis, involontairement, j'allai jusqu'à la fenêtre et, à la vue des fleurs printanières, j'eus une envir furieuse de les serrer toutes dans mes bras.

Pendant que je jouais ta *Fantaisie,* je rêvais un joli rêve !

La marche est un enchantement et les mesures de 8 à 16 — page 15. Ah ! je n'en reviens pas ! Dis-moi à quoi pensais-tu quand tu as écrit ça ? Jamais encore je n'avais eu une impression pareille. J'entendais tout un orchestre ; je ne peux pas exprimer ce qui se passait en moi !

Quelques jours plus tard.

La marche de ta *Fantaisie*, j'en raffole. Ah ! je voudrais l'entendre exécuter par un grand orchestre ! Quand je la joue, j'ai chaud et froid ; quelle âme, quel génie !

---

[1] *Fantaisie en ut* dédiée à Liset — Tu ne peux la comprendre que si tu te reportes à ce malheureux été de 36 où je crus devoir renoncer à toi. — Maintenant je n'ai plus de raison de me laisser aller dans mes compositions à une telle mélancolie et à une telle détresse.

Quand je vivrai auprès de toi, je ne penserai plus jamais à composer — il faudrait que je sois folle. D'ailleurs, j'ai toujours de la gêne à te montrer mes compositions.

Quelques jours plus tard.

Quand je joue ta *Fantaisie*, certaines images se présentent à mes yeux. Concordent-elles avec celles que tu as imaginées ?

La marche m'apparaît comme une marche guerrière, victorieuse après une dure bataille — et au moment du la bémol majeur je vois les jeunes filles du village, habillées de blanc, chacune une couronne à la main, et s'agenouillant devant le guerrier vainqueur et le couronnant — et puis encore bien d'autres choses que tu sais déjà...

Et puis, je pense aussi que j'aime joliment le compositeur et, au moment où l'on passe en dièze, je me vois parmi les jeunes filles qui t'entourent et je couronne mon guerrier et mon conquérant et puis, et puis...

Robert a Clara

Juin (Juillet ?) 1839.

Chère fiancée, dans les *Novelettes* [1] tu apparais de tant de manières différentes et aussi avec tes côtés irascibles. Oui, regarde-moi. Je décrète qu'un seul a pu les écrire, ces *Novelettes*, un qui a connu des

[1] Clara les avait jouées d'après le manuscrit en 1838.

yeux comme les tiens et qui a effleuré des lèvres comme les tiennes ! En un mot, on peut faire mieux, mais rien de semblable, en tout cas !

Robert.

CLARA A ROBERT

Juillet 1839.

Je n'ai pas joui de ma jeunesse, il faudra que toi tu me les donnes ces années de jeunesse qui m'ont été refusées. J'étais une étrangère au milieu de ce monde, mon père m'aimait beaucoup et moi aussi je l'aimais, mais j'ai été privée de l'amour d'une mère, aussi n'ai-je jamais été heureuse [1].

Ecris-moi si tu sais quelque chose de mon père. Quelquefois, je me sens très inquiète, ma mère (sa belle-mère) est d'une froideur qui m'offense. Elle ne pense jamais à m'écrire et je ne sais rien de la charmante petite fille. C'est comme si j'étais seule au monde. En six mois je n'ai pas reçu une lettre affectueuse de la maison...

Tout ce que j'ai, je me le suis acheté moi-même, ils ne m'ont pas même donné une épingle, pas même une cerise ou une prune. Ma mère disait toujours: « Achète ce que tu veux puisque tu as de l'argent. » Tu comprendras...

---

[1] Le père Wieck s'est séparé de sa première femme, la mère de Clara, quand celle-ci avait cinq ans — et se remaria peu de temps après.

*Robert et Clara demandèrent en juillet à Marianne
Bargiel, la véritable mère de Clara, son consentement
au mariage.*

LETTRE DE MARIANNE BARGIEL A ROBERT SCHUMANN

Berlin, 18 juillet.

Cher monsieur,

Il n'y a pas un plus joli nom que celui de mère ! Il
m'a toujours donné du bonheur et par ailleurs comment ne m'en donnerait-il pas en une pareille occasion ?

Clara m'a parlé de vous et de votre profonde tendresse réciproque mais elle ne m'en a pas dit assez.
Aussi ne suis-je pas hostile à quelques explications et
mises au point qui seront nécessaires pour la tranquillité de chacun de nous.

J'écrirai encore aujourd'hui à Clara pour la consoler
parce que je vois à travers ses lettres qu'elle est dans
un grand état de surexcitation ce qui m'inquiète
fort.

Et rien n'est plus souhaitable et ne me donnera
plus de joie que de connaître celui qui est devenu
l'amour de ma si chère Clara et qui a comblé ses
vœux.

Une mère très soucieuse vous attend le plus tôt
possible.

Marianne Bargiel.

ROBERT A CLARA

Berlin, mardi 30 juillet 1839.

Ma très chère Clara,

Il faut que je t'envoie un souvenir tendre d'ici où tout parle de toi alors que te voilà solitaire dans ton petit village [1]. Ta mère te rappelle incroyablement, je l'aime avec ses yeux qui sont tes yeux. Je n'arrive pas à la quitter quand je suis avec elle.

Hier j'ai passé la journée avec elle, et je l'ai embrassée en lui disant bonsoir. Comme j'étais heureux ! Nous n'avons parlé que de toi. Elle m'a reçu si cordialement et il me semble que je lui plais. Si seulement tu étais auprès de nous. Hier soir, en me promenant avec ta mère au Thiergarten, douloureusement j'ai songé à toi; dans ta solitude lointaine tu ignorais à cette heure que ton amoureux et ta mère parlaient de toi.

Ta mère t'écrira encore aujourd'hui. Tu dis que tu crains que ton père ne te séquestre, mais, ma petite Clara, n'as-tu pas des bras pour te défendre. D'abord je ne crois pas qu'il le fasse; deuxièmement, s'il veut que tu viennes habiter chez lui, tu n'as qu'à répondre non, je vais chez ma mère — et là-dessus il ne peut rien objecter. Comme je te l'ai écrit déjà j'ai emporté ton portrait. Quand je l'ai montré à ta mère, de grosses larmes coulèrent le long de ses joues, elle n'en croyait pas ses yeux, si tu avais pu la voir !

---

[1] Elle était encore à Paris.

Quand les enfants Bargiel virent ton portrait, ils dirent ensemble: « C'est Clara, c'est Clara ! » Quelle profonde joie pour moi. Je ne m'imaginais pas la ville aussi belle, et je me suis promené avec enchantement à travers le musée ! Connais-tu la rotonde de l'entrée ? Si tu chantes doucement les notes d'*un accord*, on dirait cent voix qui sortent du toit. Ça m'a enthousiasmé; peut-être vagabonderai-je bientôt avec ma bien-aimée à travers ces belles salles !

Robert.

Marianne Bargiel a Clara

Berlin, 30 juillet 1839.

Ma très chère Clara,

Depuis hier j'ai la visite de ton Robert et je puis t'affirmer à ma grande joie que j'approuve ton choix et que d'heure en heure je l'aime davantage. L'essentiel, maintenant, ma chère enfant, est que tu viennes ici. Sans ta présence, il est impossible d'en finir, et comme ce qu'il y a de plus souhaitable pour nous tous est de vous voir unis, tu n'hésiteras pas à prendre la décision qu'il faut.

Il y a tant de choses à discuter, même entre nous deux, et il est impossible de le faire par lettre. Une fois que tout sera réglé, tu pourras retourner à Paris, évidemment ça coûte de l'argent, mais il n'y a pas moyen de faire autrement.

J'ai écrit à ton père qui ne m'a pas répondu. Tant pis; il faut en finir maintenant. Si je t'avais ici, que je serais heureuse de vous avoir tous les deux auprès de moi.

Robert nous a joué aujourd'hui plusieurs de ses compositions, ce qui a été pour nous une véritable jouissance. Quel beau talent ! Que je me sentirai heureuse de vous voir unis !

LE Dr REUTER A CLARA

Leipzig, le 11 août 1839.

Chère Mademoiselle,

Alors, bientôt, vous allez venir retrouver votre patrie où vous êtes attendue avec une ardente impatience et où je serai bien heureux de vous revoir. J'allais vous écrire demain encore à Paris, quand Schumann me dit : « Clara quitte Paris déjà lundi prochain... » Vous pouvez vous imaginer avec quel joyeux sourire il m'annonça cette nouvelle.

Il y aura pour vous un moment merveilleux quand vous vous retrouverez, mais vous le méritez bien tous les deux. Alors, afin que tout soit bien décidé, au cas où ma lettre se perdrait, je vous envoie un mot analogue à celui-ci à Francfort, et Schumann déjà vous en a envoyé un à Paris.

Si vous quittez Paris le lundi 12 vous arriverez mercredi soir ou dans la nuit à Francfort. Vous vous reposez jeudi et vous prenez la poste la plus rapide jusqu'à Naumbourg — vous vous inscrivez, bien entendu. Vous arrivez samedi matin à Naumbourg, entre 8 et 9 heures (c'est-à-dire le 17). Là, vous louez

une voiture, à moins que vous n'ayez une bonne occasion de faire la route autrement. Fixez les conditions
d'avance avec le cocher sinon il vous comptera n'importe quel prix et demandez-lui d'avoir de quoi nourrir ses chevaux, et de la monnaie pour qu'il ne vous
estampe pas, etc... Vous devez arriver à Altenbourg
le soir même, à une heure agréable. Vous habiterez à
Altenbourg l'hôtel « Ville de Gotha », s'il n'y avait pas
de chambre libre, au « Cerf », où vous trouverez une
lettre de Robert adressée à mademoiselle Wieck, de
Weimar. Robert habitera l'hôtel de « La Chenille »
dans cette petite ville de banlieue qui précède Leipzig
et vous attendra là. Il y sera déjà à 3 heures de l'après-
midi. Il faut que tout se passe très secrètement pour
qu'il n'y ait pas d'indiscrétion. Schumann sera à
Altenbourg avant votre arrivée.

Votre père est rentré de Dresde hier et croyait que
Schumann était parti pour Paris. A part cela tout est
calme.

J'ai rencontré Emilie Kiess[1], elle m'a parlé amicalement de vous et Alwin[2] vous est complètement dévoué.

Que le ciel vous protège pendant votre voyage !
Méfiez-vous des nuits froides, buvez de l'eau rougie,
pas de bière, pas de lait, et pas de l'eau pure en
voyage. Il est bon de mettre une cuillère à café de
bicarbonate de soude — le roulement continuel con-
gestionne.

Avec mes sentiments dévoués.

Votre Dr Reuter

Une nièce de sa belle-mère.
[2] Un frère de Clara.

CLARA A ROBERT

Paris, 2 août 1839.

Mon cher Robert adoré,

J'ai le cœur gros aujourd'hui parce qu'il faut que
je t'écrive ce que j'ai envie de t'écrire déjà depuis
assez longtemps; j'ai beaucoup lutté avant de m'y
décider, mais il le faut, ça concerne notre bonheur.
Je suis terriblement malheureuse à l'idée d'être
séparée encore de toi pendant de longs mois. Mais
nous ne pourrons pas encore nous marier à Pâques
prochain; ne perds pas courage, moi je demeure forte;
crois-moi, nous ne serions pas heureux. Laisse-moi te
parler absolument franchement, mon Robert chéri. Ce
sont deux raisons valables qui me poussent à cette
décision.

La première: notre avenir est encore trop incertain
et puis mon père, lui, serait très malheureux si je
t'épousais sans un avenir assuré. Il m'en voudrait et
je porterais le poids de cette faute et je n'aurais
jamais une heure de quiétude, et je ferai ainsi mon
malheur et le tien.

D'autre part, comme je te connais, tu te sentirais
misérable si tu avais de grosses préoccupations quotidiennes et nos vies d'artistes en seraient anéanties.

Je pense ainsi depuis pas mal de temps et j'en ai
parlé avec Emilie qui partage aussi ma manière de
voir; il fallait que je te le dise et je crois que finalement tu seras d'accord. Si nous avons le nécessaire

assuré, alors nous ne risquerons rien, nous nous arrangerons ; nous pouvons même avoir un train de vie réduit et être très heureux.

Mon père alors donnera son consentement dès qu'il te verra capable de me promettre un avenir sans soucis. Je le vois pour moi comme pour toi, tu te sentirais malheureux si ta belle vie d'artiste allait être troublée par des soucis d'argent ; il me semble être de mon devoir de te préserver d'un tel sort. Vois-tu, Robert, si mon père commence un procès, ce procès peut nous retarder d'un an et nous nous sentirons de plus en plus malheureux. Il faut que tu puisses prouver deux mille thalers par an devant le tribunal, et même avec cette somme, mon père n'est pas obligé de donner son consentement. Mon père se sent trop malheureux, je ne veux pas lui faire ce chagrin. Il m'écrit que, du moment que tu as le nécessaire, il est prêt à tous les sacrifices pour nous aider à nous marier ; ce qu'il veut, c'est un avenir assuré pour moi, et d'ailleurs c'est ce que tu veux aussi. Si nous attendons encore six mois ou un an, nous pouvons améliorer chacun notre situation et alors nous serons bien plus heureux. Qu'en penses-tu ? J'imagine que tu as une sainte horreur de ce que je t'écris là, mais si tu savais combien il m'a été pénible et dur de m'y contraindre. Tu ne peux pas te sentir plus malheureux que moi, mais ayons de l'endurance, elle nous mènera au bonheur !

J'ai écrit à mon père qu'il m'assure de son consentement si, toi, tu ne peux prouver même que mille thalers ; de mon côté, je lui promets de ne t'épouser qu'avec la perspective d'une vie dénuée de soucis. Je l'ai fait parce qu'il fallait que je le fasse ; mais j'ai ajouté que jamais je ne te quitterai, que tu es le seul au monde que j'aime et que j'aimerai, et cela je te le répète et te l'affirme encore une fois. Jamais je ne te laisserai, jamais je ne cesserai d'être ta Clara à toute épreuve. Comme j'ai dû lutter avant de me décider à t'écrire, avant de t'arracher à tes doux espoirs, mais je ne pouvais plus supporter d'être seule à connaître cette décision. Robert, sois un homme, ne te laisse pas aller à un trop grand chagrin, n'est-ce pas ?

Tu t'imagines dans quel état je peux être et quel souci immense je me fais pour toi. Ah ! si seulement j'étais auprès de toi — mon désir de te voir me torture. La pensée que tu pourrais m'en vouloir un instant me désespère, oh ! non, tu sais comment je t'aime, tu sens que jamais tu ne seras aimé ainsi, et qu'il n'y a pas un homme aussi aimé que toi. En es-tu persuadé ? Je t'en prie, écris-moi tout de suite et aussi tout ce que tu ressens, même si c'est de la colère ! Ecris-moi aussi si tu m'aimes encore ? Chaque heure, je t'aime davantage, tu me crois ?

Mon père veut venir ici cet hiver et aller avec moi en Belgique, en Hollande et en Angleterre. Je me rends compte que j'obtiendrai beaucoup plus s'il m'accompagne, que seule. Ce n'est pas que le courage me manque, oh ! non, j'étais décidée à faire ces voyages seule, mais on a plus d'égards pour une femme accompagnée d'un homme !

Hier, mon père m'écrivit une fort aimable lettre; par contre, une très désespérée à Emilie qui m'a déchiré le cœur. Elle a précipité une décision que, depuis longteêps déjà, j'aurais dû prendre. J'ai écrit une lettre à mon père qui, si elle ne l'attendrit pas, je ne sais plus quoi dire. Je t'enverrai sa réponse dès que je l'aurai, mais je t'en supplie, mon cher Robert, ne me laisse pas vivre longtemps dans cette inquiétude.

Je ne peux t'en écrire davantage aujourd'hui, mon cœur déborde et le tien aussi, sans doute.....

Si dans cette lettre tu trouves un mot qui te blesse, pardonne-le moi. Je t'apparais peut-être comme un peu froide, mais jamais mon cœur n'a battu plus fort pour toi. Je ne peux pas t'en dire davantage, réponds-moi tout de suite et tranquillise-moi.

Prends garde à ta santé, je te le répète souvent. Ta vie est la mienne. Je t'embrasse le plus tendrement du monde, et demeure immuable dans mon amour.

Demeure fidèle comme moi jusqu'à la mort. Laisse-moi encore te serrer la main. Ah ! si seulement je pouvais te voir, et te prêcher le courage, partager tes sentiments. Que le Ciel te protège — et qu'Il écoute mes prières.

Clara.

SCHUMANN A FRIEDRICH WIECK

Une fois de plus, je viens, d'accord avec Clara, vous demander votre autorisation pour célébrer notre union aux prochaines Pâques.

Il y a déjà deux ans que je vous adressai ma première demande.

Vous doutiez alors de nous voir rester fidèles l'un à l'autres ; nous le sommes restés, rien ne peut nous faire dévier de la certitude que nous avons de notre bonheur futur.

Ce que je vous ai écrit alors quant à mon patrimoine était la vérité même, et tout cela s'est depuis consolidé et amélioré. Nous pouvons regarder favorablement l'avenir. Ecoutez la voix de la nature. Ne nous poussez pas dans nos derniers retranchements. Dans quelques jours Clara aura vingt ans. Donnez-nous de la paix pour ce jour, dites-nous oui. Nous avons besoin de repos après ces terribles luttes. Ce que je vous demande, vous nous le devez à Clara et à moi. Je suis persuadé que vous allez nous envoyer votre réponse favorable.

Je reste votre encore plus dévoué et plus confiant

Schumann.

ROBERT A CLARA

Chère Clara, comme cette lettre est froide, c'est comme si je donnais de bonnes paroles à une enclume. Je ne puis la rédiger autrement. Ecris-moi ton avis sur ma lettre.

La suivante est, en grande partie, écrite par Hermann.

* * *

Les soussignés ont depuis de longues années le désir commun et profond de se lier par les liens du mariage.

Cependant, il est un obstacle qui empêche la réalisation de ce désir et il nous est aussi nécessaire d'écarter cet obstacle de notre route qu'il nous est pénible de l'y avoir rencontré. Le père de la soussignée Clara

Wieck nous refuse, malgré les plus affectueuses demandes réitérées, son autorisation. Nous n'arrivons pas à nous expliquer les raisons de son refus, nous n'avons commis aucune faute, notre situation de fortune est telle que nous n'avons lieu d'avoir aucun souci pour l'avenir. Ce qui empêche M. Wieck de donner son accord à cette union doit être une espèce de sentiment haineux personnel contre le soussigné qui croit de son côté remplir tous les devoirs que peut exiger le père de celle qu'il a choisie pour compagne de sa vie.

Quoi qu'il en soit, nous ne songeons pas à changer notre décision qui est bien pesée et nous présentons à la cour la requête suivante :

Plaise à la cour de faire savoir à monsieur Wieck qu'il ait à donner son accord à notre mariage ou au cas où il ne le donnerait pas que la cour nous le donne. Seule la certitude de l'absolue nécessité de cette démarche nous empêche de nous réconcilier avec lui, mais nous sommes en même temps pénétrés de l'espoir que le temps ici aussi, comme il est arrivé maintes fois, aidera à oublier totalement ce douloureux différend.

Leipzig, septembre 1839.

> Robert Schumann,
> Clara Wieck, à Paris.

Pour la première fois, ma fille, tu dois unir ton nom au mien. C'est beau... et un peu douloureux.

Pèse chaque mot dans ta lettre...

tu n'auras besoin de ton certificat de baptême que pour le mariage. Clara chérie, c'est rudement bien que tu sois de ce monde !

Salue de ma part Emilie et Henriette. Elles doivent m'aimer autant que je les aime. Henriette devrait te murmurer souvent cette jolie et forte phrase: « Droit au but ! » Tout sera terminé bientôt; je te fais pleine confiance, écris bien vite, ma chérie.

Robert.

ROBERT A CLARA

Tu ne peux pas considérer cette lettre comme un accord, et nous sommes exactement sur les vieilles positions, l'accord étant conditionné par les clauses suivantes:

1º Aussi longtemps que Wieck serait vivant Robert et Clara ne devaient pas habiter la Saxe mais que Schumann devait gagner ailleurs autant avec son journal;

2º Que monsieur Wieck ne verserait pas la fortune de Clara pendant cinq ans; jusque-là, il ne payerait que 5% de son montant;

3º Que Schumann fasse certifier judiciairement l'état de ses revenus tel qu'il l'avait présenté à Wieck en septembre 1837 et qu'il fasse remettre cette pièce à un avocat que Wieck désignerait;

4º Que Schumann ne devait jamais lui adresser la parole, ni lui écrire tant que lui, Wieck, n'en manifesterait pas le désir;

5º Que Clara renonce à tout héritage;

6º Que le mariage ait lieu avant la Saint-Michel 1839.

Sois certaine qu'à ma demande de septembre il ne me répondra rien ou, s'il me répond, ce sera d'une manière si désobligeante qu'il ne nous restera rien d'autre à faire qu'à nous mettre sous la protection des autorités. La rupture est inévitable, je ne l'ai jamais vu plus clairement qu'après avoir reçu sa dernière lettre. Mais sois persuadée qu'un jour, plus tard, nous reprendrons avec lui des relations plus amicales, car c'est le père de ma bonne et chère Clara. Tu as ma parole qu'une fois marié avec toi je me réconcilierai avec lui où et dès que je le pourrai, mais parlons sérieusement. Ne te laisse pas manœuvrer par cette apparence rusée d'autorisation et ne deviens pas passive et ne cède pas sur toute la ligne. Fais attention à ce que tu dis et regarde longuement avant de mettre ta signature sous un écrit.

M'aurais-tu envoyé immédiatement la lettre de ton père et ta réponse tu m'aurais épargné bien de la peine. Songe que dans notre éloignement l'un de l'autre je n'ai que les mots que tu m'écris et c'est pourquoi ces derniers temps je perdais chaque jour un peu plus mon courage. Je ne puis t'exprimer à quel point j'ai souffert pour toi. De longtemps je ne t'ai pas écrit, et j'étais fermement décidé à rester séparé de toi. Pourquoi ?... Laisse-moi oublier. C'est passé...

Maintenant que je vois quelle confiance tu me fais, que je vois aussi la manière ferme dont tu t'es exprimée, comme tu t'es conduite avec moi et qu'enfin je puis rejeter la nasse dans laquelle on voulait nous prendre. Je n'ai plus peur que tu veuilles de nouveau revenir sur la parole que tu m'as donnée. Je n'ai plus peur de te voir redevenir faible. Je te serre les mains, ma Clara, et je compte que plus jamais tu ne m'écriras ou tu ne me diras les choses à moitié, j'en suis certain.

ROBERT A CLARA

4 septembre 1839.

[Après avoir déposé la plainte contre Wieck, il écrit cette lettre.]

Je t'en prie, prononce quelquefois mon nom dans tes prières et demande à Dieu de me protéger; moi, je t'avoue que je ne peux plus prier, tant je suis affaissé et ahuri par la douleur. Je suis très coupable de t'avoir séparée de ton père, et cela me tourmente souvent.

Avant-hier m'a paru un jour bizarre, où tout semblait se concentrer sur un même point.

Ce fut un jour si calme et tout meublé de fantômes. Le ciel était comme enveloppé d'un crêpe blanc; je voyais des cercueils un peu partout; je passai par hasard devant l'église de Saint-Thomas, j'entendis l'orgue et j'entrai. On venait de célébrer un mariage. L'autel était couvert de fleurs. Je m'en allai. Avant cela, après avoir écrit au tribunal, par hasard je rencontre Voigt, il me dit que sa femme partait le lendemain pour les eaux et me demanda d'aller la voir dans la soirée. Je passe devant leur maison, je monte, je fais mes adieux à sa femme qui, en effet, partait aux eaux le lendemain. Je lui fis des adieux comme à une mourante — elle me tend une lettre imprimée qui m'apprend la mort du mari d'Ernestine !

Comme je rentrai, le soir, je vis rouler pas loin de moi un corbillard. Quel jour ! La nuit je dormis paisiblement.

Je me sens allégé d'avoir pu te raconter tout cela, parce que, en ce moment, je me sens si timide, si effrayé de tout, que je fuis mes amis.

Robert.

CLARA A ROBERT

21 septembre 1839.

Je reçois à l'instant une lettre de mon père, comme elle est froide ; c'est douloureux pour moi.

Il veut que j'aille à Dresde ; qu'est-ce que je dois faire ?

C'est horrible de ne pouvoir plus se fier à son propre père ; mon Dieu, que c'est dur !

Si je n'avais plus de parents, je me résignerais, mais me sentir expulsée de ma famille simplement parce que j'aime quelqu'un, ce n'est pas juste..... Vraiment, je ne mérite pas cela.....

Aujourd'hui, j'ai envie de mourir ! Non, il ne faut pas que le courage m'abandonne, même si le cœur est atteint.

La famille Carl est très gentille pour moi. Je m'en souviendrai. Dans ma situation, chaque mot affectueux est un bienfait.

Einert, notre avocat, m'a obligée d'écrire une lettre détaillée à mon père.

26 septembre 1839.

J'ai parlé à mon père hier et aujourd'hui. Hier son regard m'a bouleversée, et puis soudain un coup d'œil douloureux m'a émue, mais c'est la brutalité de ses expressions qui m'ont blessée et glacée aussi . . . .

ROBERT A CLARA

Leipzig, 28 décembre 1839.

Ma chérie, bientôt ma chère femme,

Je suis arrivé ici épuisé, fatigué, mais avec un cœur content.

La nuit était douce, une nuit qui aurait pu annoncer le printemps !

Et alors je me suis mis à rêver, à dormir, à penser tout le temps à toi, à l'avenir et aux jolis jours que nous venions de passer.

Pour toi, je ne trouve plus de mots. Alors, ce que tu sais depuis des années, je ne puis que te le dire encore... continue à m'aimer bien et demeure charmante et bonne, chère Clara de mon cœur.

J'ai retrouvé ma chambre telle que je l'avais quittée, mais plus astiquée, comme si elle attendait un fiancé !

J'ai déjà déballé — tout est bien arrivé. Paganini tient encore son violon..... L'étui à cigares est sur la table — en un mot tout est en ordre.

Dans les jours qui viennent j'ai beaucoup à travailler ; aussi pardonne-moi si je ne t'écris pas très vite ; dans tous les cas, je le ferai pour la Saint-Sylvestre.

Dis beaucoup de souvenirs à ta mère, la plus charmante de toutes, et aux enfants.

Soyons tous deux joyeux et vivants.

De toute mon âme.

Robert.

ROBERT A CLARA

30 décembre 1839.

Bonsoir, bonsoir, chère petite fille !

Comment vont les doigts, la tête et le cœur ? Ton fiancé essaie de se consoler. J'aimerais faire tout le temps de la musique comme à Berlin avec toi où nous jouions à quatre mains et où je te mordais bravement les lèvres..... J'ai du mal à écrire pour le journal !

Ce soir, mes chéris, pensez à moi avec amour et aussi avec indulgence, car j'ai été souvent un peu sans gêne, et je jouais déjà le fils de la maison [1].

Toi, ma Clara, dans ta petite chambre, quand minuit sonnera, pense particulièrement à moi et que tous deux ensemble nous remerciions Celui qui jusqu'à présent nous a secourus. Cette année fut l'année de l'épreuve, une année douloureuse mais joyeuse aussi.

Sois reconnaissante de cette force que tu possèdes, toi la plus fidèle, la plus dévouée.

De tout cœur je suis à toi et t'embrasse avec amour et tendresse.

Pour toujours,

Robert.

---

[1] Schumann avait habité chez la nièce de Clara, à Berlin.

ROBERT A CLARA

31 décembre 1839. La Saint-Sylvestre.

C'est la dernière lettre que je t'écris pour cette année, et peut-être la première que tu recevras au seuil de la nouvelle.

Je ne trouve plus de mots pour exprimer mes souhaits. Tu connais mes désirs, et que mon amour puisse faire ton bonheur et réciproquement.

J'attendrai minuit... et puis nos esprits se retrouveront.

Je te veux du bien, toi mon amour, toi toute la grâce de ma vie.

Souvenirs à ta mère et à tous.   Robert.

CLARA A ROBERT

Saint-Sylvestre.

Permets-moi de te donner le baiser du nouvel an, mon Robert chéri ! Les sentiments qui m'envahissent au début de cette année sont à la fois joyeux et graves.

Bientôt je t'appartiendrai complètement. Cela m'impressionne, mais agréablement. Tu tiens en main tout le bonheur de ma vie. J'ai en toi une confiance illimitée. Tu me rendras tout à fait heureuse, mais moi je veux de toute mon âme me dévouer à toi, ton bonheur, je le prends en charge, il est ma constante préoccupation.

Donne-moi ta main, mon Robert chéri, je veux traverser la vie, fidèle à tes côtés, tout partager avec toi, et tâcher d'être aussi une bonne maîtresse de maison. Ah ! je t'aime d'une passion illimitée.

Bientôt ton heureuse épouse.

Ta Clara.

CLARA A ROBERT

Berlin 1840.

Comme l'année 1840 me regarde singulièrement ! Enfin, elle est là cette année si ardemment désirée qui doit nous unir pour toujours ! Je n'ai pensé qu'à toi toute la journée ! Alors, dans quatre mois, je serai à toi. Ce sera en mai, veux-tu ? C'est le plus beau mois, c'est le mois que tu préfères, je crois, et moi aussi.

En ce qui concerne les romances, j'ai quelque prétention. Comme ta fiancée, il faut que tu me dédies encore quelque chose et je ne connais rien de plus délicat que ces trois romances ! surtout celle du milieu, où se trouve ce joli duo d'amour. Ah ! Robert, je ne lâcherai pas ! les romances, tu me les dois, tu m'en as fait cadeau. Alors, donne-moi un baiser pour que je sache bien que tu n'es pas fâché contre moi. Tu trouves peut-être que je manque de modestie ?

Maintenant un baiser pour te remercier, mon cher Robert, pour ta lettre d'hier, la dernière de la vieille année ! Que la première lettre de la nouvelle année soit aussi bonne pour moi. Peut-être la recevrai-je aujourd'hui.

Dors bien et rêve de ta petite fille bien dévouée.

Clara.

ROBERT A CLARA

Leipzig, 2 janvier 1840.

Tes lettres me rendent très heureux, mon adorable fille. Ecris-m'en toujours autant, j'y tiens terriblement. Merci pour la lettre de ta mère et de Bargiel; je leur dois une réponse.

Ta dernière lettre était si tendre et bonne — tout ce que j'aime le mieux. Tu pourrais rendre à la fois plusieurs hommes heureux chacun avec une de tes qualités particulières (ne m'en veux pas de cette pensée). Moi je choisis ton cœur, ton côté simple et familier — toi, Clara, chère épouse dont la douce intimité m'est chère !

Encore autre chose. Si c'est possible, nous nous marierons encore avant mai. La raison ? Le plus tôt sera le mieux. Pour le reste je t'écrirai après-demain, peut-être avec la nouvelle triomphante.

Excuse cette petite lettre courte. Il vient de sonner six heures. Les trois romances ne sont pas dignes d'une fille comme toi. Mais je suis bien content de penser que tu aimerais que je te les dédie. Qu'est-ce que j'écrirai... Attends, je sais...

Au revoir, mon trésor aimé. Que ta mère m'excuse encore pour deux jours. Je promets de lui écrire. Un rédacteur, un compositeur et fianéc est forcément débordé.

Adieu, pense à moi avec amour.

Robert.

Le père Wieck ayant fait passer une note comme quoi Schumann était un ivrogne, la décision du Tribunal fut remise à plus tard.

ROBERT A CLARA

Janvier 1840.

Ne sois pas triste, ma Clara.

C'est peut-être un bien que le Ciel nous envoie d'avoir à attendre encore notre bonheur. Moi, de mon côté, je te promets de tenir bon jusqu'à la fin de ma vie. Les souffrances et les offenses que nous avons supportées, un jour ou l'autre le bonheur les effacera.

Alors, donne-moi ta main, ma fille si fidèle, et demeure pleine de confiance.

Quelques jours plus tard.

ROBERT A CLARA

Ta lettre me regarde si douloureusement. Mais peut-être ai-je besoin plus que toi de consolation et d'encouragement. Ne l'oublie pas, ma fille, et pardonne-moi si je t'écris quelquefois tristement.

Travaille bien, et va faire ton voyage. Un air nouveau, des visages étrangers divertissent au moins un peu.

Si seulement j'avais l'énergie de m'élancer à travers le monde. Je ne veux pas te voir avant que le dernier jugement du tribunal n'ait arraché la honte que ton père fait tomber sur moi. Ah ! si seulement j'avais la force de travailler. J'ai commencé à composer une petite sonatine en si bémol majeur, très jolie. Mais la force m'abandonne si vite. Ciel, est-ce que ça ne s'améliorera jamais ?

CLARA A ROBERT

Berlin, 31 janvier 1840.

Depuis lundi dernier je souffre d'une douleur faciale qui me rend absolument démente. Jusqu'à hier je n'ai pas pu travailler mon piano, je ne pouvais pas même écrire. La dernière lettre que je t'ai écrite m'a donné de fortes douleurs. J'étais prête à m'évanouir.

J'ai donc commencé hier seulement à travailler ta sonate, et demain déjà je dois la jouer — et aussi la *Fantaisie* de Liszt. Alors, me pardonnes-tu, mon cœur chéri. Ah ! j'aurais tellement envie d'être gaie ; si seulement cette douleur n'était pas si horrible....

Vraiment, je peux surmonter un grand nombre de douleurs, mais maintenant, quelquefois, j'aimerais m'étendre et mourir...

Pourvu que je joue bien. Je me fais du souci pour demain. Si tu pouvais venir jusqu'ici ? Quelle bonne surprise !

Clara.

ROBERT A CLARA

Vendredi, 7 heures et demie du soir.

Bonsoir. J'ai attendu une lettre jusqu'à présent —
mais, enfin, je ne veux pas m'imposer — alors...
Bonne nuit et encore deux baisers.
Ton
                                        Robert.

CLARA A ROBERT

Berlin, janvier 1840.

Tu m'as fait mal aujourd'hui. Pas un petit mot
gentil de toi pour mon concert ! Je ne te croyais pas
capable de ça !

Le mot « imposé » m'a résonné aux oreilles toute la
soirée ; il me semblait que je t'entendais le prononcer,
et tu vois, il est onze heures du soir et je suis encore
assise là à t'écrire avec un cœur très tendre et l'âme
triste comme il m'arrive souvent de l'être après un
concert.

Tout alla bien — et aussi ta *Sonate*. Mais je crois
que je l'aurais mieux jouée si tu m'avais écrit affectueusement.

Le public n'a pas compris le *Trio* de Schubert.
On hésitait à applaudir, on n'osait pas donner le signal
du succès jusqu'à la fin ; là on s'est mis à applaudir
sérieusement.

Dans l'ensemble, j'étais plutôt dans de bonnes dispositions et je dirai même avec un peu d'arrogance que ma force ne s'est pas démentie pendant tout le concert. Comme on est satisfait du bon Dieu quand, après une ondée, il vous permet d'apercevoir un rayon de soleil — c'est l'impression que j'ai, en tout cas — je ne suis plus affalée là, et il me semble avoir retrouvé toute ma résistance.

Il y avait encore beaucoup plus de monde au concert que la première fois, et la musique résonne superbement dans cette salle, et même le piano avait une bonne résonance.

Le Kronprinz et sa femme étaient là de nouveau, ce qui m'a fait très plaisir. Mon concert précédent leur avait beaucoup plu.

(Le lendemain.)

Marx est enchanté de ta *Sonate*[1] et beaucoup d'autres aussi. On a trouvé que ta *Sonate* était ce qu'il y avait de plus beau dans la soirée, les vrais amateurs, bien entendu. On a dit que je l'avais jouée avec un tel amour; il est probable que le compositeur est quelqu'un que je ne hais point.

Clara.

---

[1] Deux jours avant le concert, Schumann écrivait à Clara: « Arme-toi pour samedi, joue comme si c'était un jour avant notre mariage, ne prends pas les mouvements avec trop de sauvagerie — Pense à celui qui a écrit la *Sonate*.

CLARA A ROBERT

Hambourg, janvier 1840.

Mon très cher Robert,

Pardonne-moi de ne pas t'avoir écrit hier, il m'a
été impossible de le faire, j'ai dû courir toute la
journée après un piano; il y en a peu ici et pas de
bons.

Enfin j'ai retrouvé l'ancien, sur lequel j'ai joué il y a
trois ans, qui, évidemment, est usé; j'en suis désolée
et préférerais retourner immédiatement à Berlin, et
du reste j'en ai assez de voyager.

Depuis hier, j'ai sans arrêt des visites, et tu me
croiras si tu veux, mais depuis que je t'écris, j'ai déjà
été dérangée trois fois, et comme je me sens fatiguée
aujourd'hui, c'est affreux, je ne peux plus jouer; du
reste, je trouve que je joue de plus en plus mal!

Nous avons eu beau temps pour voyager et, mardi
soir, je pensais à toi bien tendrement quand je regardais le ciel tout resplendissant d'étoiles. Je pense
que tu l'as senti.

Mon bon et cher Robert, si seulement je pouvais te
revoir et te serrer contre moi, je t'aime au point d'en
avoir mon pauvre cœur malade. Tout le monde est
aux petits soins pour moi. Les directeurs de la Philharmonique sont venus me voir et sont pleins d'atten-
tions.

Ah! pourvu que je joue bien — j'ai une peur affreuse
surtout qu'ici on n'entend rien à la musique — ils

préfèrent Dreischock à Thalberg, c'est tout dire...
La semaine prochaine, je jouerai deux fois au théâtre
et, le 16, nous allons à Brême.

ROBERT A CLARA

Leipzig, 7 février 1840.

Clara de mon cœur,

Mon désir de te voir est plus ardent et plus douloureux à mesure que tu t'éloignes de moi.

Je n'ai pas encore de nouvelles de toi; mais j'espère
en avoir demain matin.

Je rêve de musique; je me sens très ardent comme
toujours en février.

Tu seras étonné de voir tout ce que j'ai fait depuis
quelque temps. Rien pour le piano. Il ne faut pas
que tu le saches encore...

Ici le temps est doux et chaud, mais je n'en profite
guère, je suis presque toute la journée à la maison.
Est-ce que tu as déjà fait un plan pour mon voyage ?
Mais pas par Weimar ! Arrange ça comme tu veux.
Ce que tu décideras sera bien. D'ailleurs tu peux être
n'importe où, j'irai de toute manière te retrouver.
A l'instant, je me suis effrayé. Sais-tu que nous sommes
le 7 février — le mardi 7 février 1836 à Dresde —
comme tu étais charmante, et timide et heureuse
auprès de moi.

Mais maintenant tu es encore tellement autre. Je
crois tout de même qu'il existe peu de rapports comme
le nôtre. J'ai une telle confiance en toi, une estime si

profonde, comme un véritable lien fraternel; ô ma tendre Clara, que ton amour me rend heureux; laisse-moi te le dire encore une fois.

Voilà, il faut que je m'arrête. Laisse-moi te serrer fort dans mes bras encore une fois; embrasse ta mère et garde-moi ton amour.

Ton Robert.

CLARA A ROBERT

Hambourg, février 1840.

Veux-tu être assez gentil pour demander à Härtels de m'envoyer la *Symphonie* de Liszt [1] immédiatement à Berlin. Je veux travailler le sol mineur (s'il m'en faisait cadeau j'en serais ravie, et je le mérite bien). Je l'ai jouée hier, elle est d'une beauté unique et magistralement composée, mais terriblement difficile, et surtout la dernière phrase. Je doute même que je puisse jamais l'apprendre.

J'ai entendu enfin de nouveau l'ouverture de *Léonore* à la répétition du concert philharmonique; j'aurais pu m'évanouir. Je n'ai pas de moyen d'expression pour parler d'une telle musique. Elle me rend malheureuse et me touche douloureusement. L'impression qu'elle vous fait est singulière et difficile à décrire.

Comme j'aurais besoin de toi! Quand j'étais aux concerts j'ai pensé au Gewandhaus !

Clara.

[1] Arrangement de Liszt sur la *Symphonie en sol mineur* de Beethoven.

CLARA A ROBERT

Samedi soir, février 1840.

Je te remercie, mon Robert adoré, de ta lettre qui m'a semblé envoyée du ciel pour me donner du courage. Cranz et Avé [1] m'avaient complètement démontée. Ils ont passé trois heures chez moi pour me raconter qu'en tant que pianiste, il n'existait que Camilla Pleyel [2] ! Tu sais, mon cher Robert, que je reconnais tous les grands artistes, que j'admire particulièrement Thalberg et Liszt — on ne peut les admirer davantage. Mais, ne trouves-tu pas très indélicat de me parler sur ce ton-là à moi ?

Cranz m'a dit qu'après m'avoir entendue, il croyait qu'aucune autre pianiste ne pourrait lui plaire —mais depuis qu'il a entendu Camilla Pleyel, il prétend que rien au monde ne peut l'égaler. Il en a encore dit d'autre...

Je ne devrais pas me laisser impressionner par ce genre de discours, mais ensuite, je ne pus me défendre d'être très mécontente de moi et aux prises avec un grand découragement.

Ils sont là, trois extraordinaires enthousiastes de C. Pleyel, le troisième est Gathy [3]. Ce qui m'ennuie bien, c'est de ne pas avoir entendu C. Pleyel. Le concert s'est normalement passé et je suis tout de même parvenue à mettre le public dans un enthou-

[1] Cranz et Avé, le premier, éditeur à Hambourg, Avé, professeur de musique.
[2] Pianiste femme de l'époque.
[3] Gathy, rédacteur de la *Musikalischen Conversations Blatt*.

siasme satisfaisant, vu que cela se passe en Allemagne
du Nord. A ma seconde entrée en scène, je fus très
bien accueillie. Ce qui veut dire beaucoup pour ces
commerçants réfrigérants. Mais ce qui m'a été horri-
blement désagréable, j'en ai presque eu les larmes aux
yeux, c'est que Cranz et Avé ne m'ont pas dit un mot
de mon jeu, et Cranz pour en terminer me fit grand
compliment sur mes boucles d'oreille — j'aurais pu
le gifler. Tu vas me trouver très mesquine, mais je ne
ne peux pas m'en empêcher.

Ne me méconnais pas, j'ai eu depuis hier un sentiment que je ne peux décrire mais qui, certainement,
ne peut pas te fâcher contre moi. Grund (le chef
d'orchestre) m'a fait grand plaisir — c'est un artiste
chaleureux. Imagine-toi que je n'ai pas joué par cœur
le *Capriccio* de Mendelssohn à cause d'une peur
incompréhensible. Explique-moi pourquoi tu penses
que la nouvelle démarche de mon père auprès du
tribunal puisse nous faire du tort. Est-ce auprès
des juges dans le cours de l'affaire ou auprès du
public ?

Mon père est vraiment épouvantable. Cranz lui a
écrit une lettre aujourd'hui en le prenant par le cœur,
et doucement, il voudrait toucher sa conscience, aussi
son sentiment paternel, qui doit sommeiller, mais ne
peut être éteint. En un mot, il veut rendre possible
ce qui est impossible. Sa réponse à lui, je la connais.

Ses attaques contre nous ne sont pas arrivées ici,
elles doivent être à Brême, si je savais seulement à
qui il les a envoyées [1].

---

[1] Le père envoyait des lettres dans toutes les différentes
villes avec des injures contre Clara.

Ah ! Robert, tu n'imagines pas combien il m'est pénible d'être annoncée dans une ville de la manière la plus basse et la plus vulgaire.

Tu as raison, il y a longtemps que je souffre de sentir la terrible inconscience de mon père. Tant mieux pour lui s'il ne se rend compte de rien ! Il s'effraierait peut-être de ce qu'il commet.

CLARA A ROBERT

Lundi, 10 février 1940.

J'ai très peur pour demain, d'autant plus que le piano (c'est un autre que celui que j'ai eu à la Philharmonique) est estrêmement difficile à jouer.

Pourvu que j'arrive à bout de mes morceaux. Et avec ça, je n'ai pas une demi-heure de tranquillité avec ces continuelles visites. Maintenant laisse-moi gentiment te câliner et raconte-moi ce que tu composes. J'aimerais tant le savoir — je t'en prie, je t'en prie ! Un quatuor ? Une ouverture ? ou une symphonie ? Est-ce un cadeau de noces pour moi ? Dis-moi seulement la première lettre !

Le temps est doux ici. Moi aussi j'aimerais rêver, si seulement c'était possible. J'espère que tu ne restes pas trop enfermé chez toi mon Robert chéri ? Tu as besoin de bouger, c'est nécessaire à ta santé, ne l'oublie pas et ne te surmène pas trop.

Pour aujourd'hui, adieu mon cher mari. J'attends à Brême une réponse à cette lettre.

Après-demain je t'écrirai encore à moins que je n'aie tout raté. Alors, je n'écris plus du tout. Ma mère t'embrasse et moi je te serre dans mes bras.

La résignée

Clara.

ROBERT A CLARA

Leipzig
Dimanche matin, 9 février 1830.

Mon trésor bien-aimé,

Je viens de recevoir ta lettre.

J'ai l'impression quand je suis sans nouvelles de toi pendant quelques jours, que je suis mort ou tout seul au monde.

Enfin, puisque par bonheur tu es là, laisse-moi t'embrasser, mon trésor, du fond du cœur.

Ces jours derniers, je n'ai pas quitté mon travail et pourtant je n'en finis pas.

Mais ça ne me réussit pas mal et je me sens sain de corps et d'esprit. Imite-moi, sois gaie et heureuse en pensant à l'avenir.

En ce qui concerne ton jeu, je crois que tu tournes à l'hypocondrie. Je t'en prie, ne sois pas comme ça. Chaque fois, tu m'attristes. Tu vas bientôt avoir 21 ans et tu dois tout de même savoir ce que tu vaux.

Mais je crois que tu te souviens trop de ce que te disait ton père — que sans lui et une fois mariée, on t'oublierait. Il n'en est pas question pour une artiste comme toi. Ne crois donc pas ce qu'il t'a dit — c'est

bon pour des médiocres. Est-ce qu'on oublie Paganini,
la Pasta, la Sonntag ? C'est exactement la même chose
pour toi.

Et même si pendant quelques années tu chômes
un peu en tant que maîtresse de maison, et qu'ensuite
tu veuilles te produire à nouveau, on ne t'aura pas
oubliée. Tu peux me croire, ma Clara.

Que fait ta mère ? Que je suis heureux de vous
savoir ensemble ! Le destin sait toujours compenser !

Adieu donc !

Toujours... éternellement

Ton Robert.

CLARA A ROBERT

Hambourg, 12 février 1840.

Soupçonnes-tu que ta dernière lettre m'est arrivée
juste une heure avant mon concert ?

Tu ne peux t'imaginer combien elle m'a rendue
joyeuse; j'ai perdu toute peur et j'ai joué le *Concerto*
de Chopin — plutôt bien, j'ai été contente de moi —
et tu sais que cela veut en dire long.

La salle était pleine, le public me reçut avec un
grand et continuel enthousiasme et devint de plus en
plus chaud jusqu'à la fin. Pendant le *Caprice* de
Thalberg, il m'arriva un accident. Tu sais que je suis
assise sur le boîte du souffleur, et celle-ci bougeait
tout le temps et craquait chaque fois que je jouais les
notes aiguës. J'ai eu une peur terrible de défoncer le
truc, ce qui m'a fait moins bien jouer, mais je ne
crois pas que le public s'en soit aperçu.

L'*Ave Maria* que j'ai joué avant le *Caprice* a plu extraordinairement; je dois avouer que je l'ai bien joué — grâce à ta lettre qui m'était sans cesse présente à l'esprit.

Maintenant, je crois t'avoir assez parlé de mon pianotage ! Pardonne-moi, j'aime bien t'en raconter long quand je suis contente.

Le jour où tu recevras cette lettre, mon second concert aura déjà eu lieu. Il faut que tu saches quand même ce que j'ai joué : *Sonate* de Scarlatti, *Nocturne* de Chopin, le *Roi des Aulnes*, *Phantasie*. Je n'ai plus eu peur (il y a longtemps que cela ne m'était pas arrivé), sauf de la boîte du souffleur. Je vais l'examiner sérieusement demain.

Nous avons eu hier des nouvelles de Bargiel [1] — il s'intéresse à toi et nous aime beaucoup tous les deux, ce qui me fait toujours plaisir, et il est un des rares qui te comprenne complètement et te tienne en haute estime.

Il faut que je te remercie très fort de m'avoir affectueusement secouée en me traitant « d'hypocondriaque », j'avais dépassé les bornes. Depuis hier, je vais mieux et j'ai repris confiance en moi. Ecris-moi bientôt encore aussi gentiment !

Je te serre contre moi, mon Robert adoré, toujours avec mon vieil amour toujours nouveau.

Ta Clara.

Je t'envoie une petite fleur du bouquet que je portais hier !

[1] Le second mari de sa mère, également un musicien.

CLARA A ROBERT

Hambourg, 14 septembre 1840.

Bonjour, mon Robert chéri !

Si tu as aussi bien dormi que moi, alors ça va !

J'ai bien joué hier et le public (quoique moins nombreux que la première fois) a fait preuve d'un enthousiasme beaucoup plus grand et a bissé le *Roi des Aulnes*, ce qui m'a fort bien réussi. La boîte au souffleur paraissait solide, en entendit quand même sauter quelques cordes, ce qui m'a paru fort gai !

Avé veut absolument qu'à mon retour de Brême je m'arrête ici pour jouer un *Trio* de Beethoven.

Dis-moi donc, cher mari de mon cœur, que composestu ? Si tu ne me le dis pas, je ne te rapporterai pas de cigares — et ça te sera très dur je crois !

Liszt a, dans son avant-dernier concert à Vienne, dans un accord fait dévier trois marteaux et sauter trois cordes; il doit donc être de nouveau bien portant comme ta fiancée, et partout où l'on sable champagne et vin, on pense à toi.

Clara.

ROBERT A CLARA

Leipzig, 16 février 1840.

J'ai reçu hier soir ta chère bonne et fidèle lettre.

Ah ! si seulement tu avais pu entendre cette Camilla Pleyel, tu aurais pu être rassurée pour l'éternité

— Cranz est une brute — et l'autre Avé ne vaut guère mieux, mais, Clara, une artiste comme toi doit se contrôler et ne pas immédiatement tomber dans la mélancolie.

Et, cependant, j'aimerais t'embrasser pour ta modeste fierté, toi, ma bonne petite Clara !

Mais, ne sois pas stupide ni dédaigneuse — Shakespeare dit que ce monde n'est pas fait pour essayer de cacher ses vertus.

En parlant de Shakespeare, je pense à toi ou c'est plutôt le contraire. Tu voudrais savoir ce que je compose en ce moment ? Pour répondre à ta question, je vais te copier un dialogue de *Comme il te plaira*:

Fabio. — Si tu m'aimes, montre-moi cette lettre.

Le Fou. — Cher Monsieur Fabio, alors pour cela faites-moi un autre plaisir.

Fabio. — Ce que tu voudras.

Le Fou. — Ne demandez pas à voir cette lettre.

Quand j'ai lu ça, j'ai pensé que ce serait bien que je te le fasse lire. Tu as deviné pas mal de choses dans ta dernière lettre, mais tu n'y es pas ! Ce sera pour la prochaine fois — quoique, évidemment, j'aurais déjà pu te le dire aujourd'hui !

Pardonne-moi, mon enfant ! Que veux-tu, j'aime bien jouer avec les enfants !   Robert.

CLARA A ROBERT

Hambourg, 16 février 1840.

Nous sommes arrivés ici depuis une heure avec le bateau, ma mère dort un peu. Je voulais dormir aussi, mais je pensais si vivement à mon Robert que je ne puis m'empêcher de lui écrire, sinon je n'aurais pas trouvé de repos. Laisse-moi t'embrasser tendrement, mon cher Robert, je t'aime tellement que je ne sais que faire pour que tu le saches bien !

J'aimerais à te faire un grand plaisir — mais pas un plaisir de l'esprit, il faut que tu me permettes de l'offrir.

Avant de monter en bateau, nous avons mangé tout à l'heure les meilleures huîtres du monde, les plus fraîches, les plus belles. Mon Dieu, si seulement Robert était là, pensai-je, il les aimerait aussi sans doute et en pensant à toi avec tant d'ardeur et de regret de ne pas t'avoir là, je pris la décision suivante : J'ai prié Cranz de t'envoyer demain ou après-demain des huîtres, dès qu'elles seront sorties du bateau.

Si seulement je pouvais t'envoyer aussi Hambourg au complet avec son Elbe et ses beaux navires ! N'es-tu encore jamais venu ici ? Il faut que nous venions ensemble ici ; le Jungfernstieg est adorable le matin au soleil, et l'Alster avec ses grands cygnes, quel spectacle divin. Pendant que j'étais là, je n'ai cessé de déplorer ton absence.

Aujourd'hui, j'ai trouvé, par hasard, imagine-toi, un merveilleux piano, un Andreas Stein, de Vienne, tout neuf, qui aurait pu être à ma disposition tout le long de mon séjour à Hambourg. J'étais navrée de m'être débattue sur cet horrible instrument, alors que je pouvais en avoir un magnifique. Il appartient à un jeune Viennois qui l'a reçu comme cadeau de son père et qui ne s'en sert pas — c'est le plus beau Stein sur lequel j'aie joué.

Hier, j'ai reçu chez moi une foule de jeunes élèves de Avé et je leur ai joué pendant deux heures de tes compositions parmi lesquelles deux fois les *Scènes d'Enfants*, dont ils ont été enchantés.

Le soir, après avoir joué le *Trio en si bémol et en ré majeur* de Beethoven, toutes les jeunes filles et leur professeur en tête n'eurent de cesse jusqu'à ce que je rejoue encore les *Scènes d'Enfants* et quelques *Novelettes*. J'étais folle de joie, comme tu peux bien le penser, et je les ai jouées avec un véritable enthousiasme. Elles vont vouloir m'imiter; qu'elles essayent !

Clara.

CLARA A ROBERT

Brême, février 1840.

Tu ne peux t'imaginer ce que j'ai souffert à Brême. Je suis en morceaux ! Cet affreux Rakemann [1] a promené chez tout le monde les accusations de mon père; Eggers et Möller les ont lues, ce dernier, je suppose, a dû les lire, vu la manière dont il m'a reçue — c'est-à-dire avec une froideur sans exemple et un sérieux mépris. Ça m'a coûté beaucoup de larmes.

Je suis si habituée à être très aimablement accueillie que ce genre de mésaventures me touche presque douloureusement, d'autant plus que j'en sais le motif. Avant que je n'arrive ici, on savait tout de toi et de

---

[1] Le frère d'un ancien amoureux de Clara — très lié avec Wieck.

moi, mais je t'assure que d'avance j'étais fort mal vue
— car, après tout, les gens doivent se dire que mon
père a raison — et ça je ne peux pas le supporter.
Je me sens très malheureuse ici et suis étrangère
soudain à toute joie.

Möller, aujourd'hui, était tout à fait enchanté de
mon jeu, et a terriblement insisté pour que j'aille
dîner chez lui demain. Je suis furieuse contre moi de
m'être laissé faire et d'avoir accepté, je ne peux pas
oublier d'avoir été offensée.

Il faut beaucoup me pardonner aujourd'hui — je
suis très irritable et très épuisée — chaque mot me
fait mal, et la musique me fait pleurer.

Ton *Lied*[1] m'a absolument transportée — il a
résolu les quelques dissonances de ta lettre en bien des
harmonies. On ne peut rien écrire de plus délicat et
aussi, naturellement il y a encore quelque chose de mé-
ditatif. Je l'ai chanté je ne sais combien de fois dans la
journée, et j'en suis tout à fait éprise ! Merci de tout
mon cœur, cher Robert, et un baiser très tendre.
Pourvu que je puisse te revoir bientôt, j'en ai un désir
éperdu. Mon Dieu, il en a sur la conscience, mon père !
Il essaie de nous atteindre dans notre honneur; il
faut que je te laisse calomnier, bafouer par lui, mon
chéri, et on croit que je ne peux pas agir parce que je
suis aveuglée, on dit que je te regarde avec des yeux

---

[1] Sans doute *Le Noyer*. En le lui envoyant, il lui écrivit:
« Voilà encore une petite chanson que je viens de faire. Lis
bien le texte et pense à ton Robert. En somme c'est le *Scher-
zino* sous une autre forme. Je veux simplement te dire que
j'ai fini le volume des chansons, ballades. Il y en a qui te
plairont beaucoup.

d'amoureuse — ce mot amoureuse, me fait horreur, le rouge me monte aux joues quand je l'entends prononcer par un homme ordinaire, une âme de commerçant. Les êtres sont tellement indélicats, ils ont un tel manque de culture qu'ils ne comprennent pas combien des réflexions me font mal; leurs discours, leurs plaisanteries (qu'ils ne font que trop souvent) me font l'effet d'un coup de stylet. Je ne puis me consoler qu'avec l'avenir. Bientôt, tu seras réhabilité !

Le concert s'est bien passé, j'avais un bon piano qui appartenait à mon père et j'ai très bien joué; mais je me sentais si malheureuse pendant que j'étais là que tout ce que je jouais a dû paraître triste. Le public ici n'applaudit pas, ce qui donne quelque chose de mort dans la salle. Ils ont décrété cela, ici, pour les concerts. Parce que souvent des dilettantes y participent, mais il faut la froideur de ces Allemands du Nord pour observer une loi pareille au pied de la lettre. L'artiste a besoin d'être soutenu par les marques extérieures du succès, sinon il ne sait pas où il en est. Après-demain, je donne mon concert, je pars d'ici samedi et entrerai, si Dieu le veut, dimanche matin à 9 heures dans le port de Brême !

Jeudi matin.

Möller m'envoie sa voiture à l'instant et fait demander si j'ai passé une bonne nuit ! Rakemann est en Amérique. Son frère, le plus jeune, me poursuit; il ressemble beaucoup à son frère, il ricane avec un œil languissant et tient toujours sa tête de travers

— c'est le portrait de son frère — c'est d'ailleurs un bon garçon ! Mais je veux me dépêcher de filer, ces Rakemann ont tous une telle sympathie pour moi, que j'ai même peur aussi de ce petit.

Ne vais-je pas voir bientôt les autres *lieds* et *ballades*? Je suis tout à fait surprise de te voir réussir dans cette nouvelle manière aussi délicieusement. Ce *lied* ne me sort pas de la tête.

J'ai joué souvent ici les *Scènes d'Enfants, Novelettes* et *Sonate*. Les gens étaient ravis et manifestèrent un enthousiasme qui leur est peu coutumier !

A Hambourg, j'avais mis aussi une *novelette* au programme — la première, celle que j'ai jouée ici, une fois, dans le monde !

Clara.

CLARA A ROBERT

Brême, samedi 22 février.

Hier, le concert a été bon et j'ai joué comme rarement j'ai joué ! grâce aussi au piano (un piano de mon père) qui avait une sonorité magnifique. Les gens de Brême ont applaudi, ce qui signifie beaucoup.

Quatre fois, j'ai joué la *Sonate en fa mineur*, les *Phantasiestucke* et encore six pièces; je croyais m'évanouir de fatigue, et il fallait encore que j'aille chez Sengstaks (la sœur de Grund, de Hambourg) après le concert, c'est pour cela que je ne t'ai pas écrit hier au soir — ce que je préfère à tout.

Je suis remise avec les Brémois, ils ont peut-être remarqué combien leurs discours m'ont été pénibles, aussi se tiennent-ils tranquilles.

Nous n'arrivons pas à lire l'accusation de mon père, on dit que...

ROBERT A CLARA

Leipzig, le 24 février 1840.

Ma chère Clara,

Le début de ta lettre m'a affecté — je ne savais plus où j'en étais. Voici ce que j'ai fait. J'ai écrit à Rakemann et je l'ai averti que s'il se mettait à propager ce libelle, il se faisait l'écho d'abominables mensonges et que je déposerais une plainte contre lui. J'ai envoyé la lettre à mon avocat et l'ai prié, en cas de nécessité, de me chercher un homme d'affaires.

Voilà, chère Clara, autrement nous n'en sortirons pas. Il faut défendre notre honneur très vite partout et avec fermeté. Tu sais ce que dit Gœthe : « Pour réparer, il faut se garer. »

Gathy m'a écrit pour me dire les bruits infâmes qui couraient sur moi. Tu m'écris la même chose. Je ne sais plus que penser de moi.

Je veux me défendre aussi longtemps que ce sera nécessaire. Voilà que je t'écris tout ce que je ne dois pas, tout ce que je ne veux pas, et cependant je ne peux pas faire autrement. Tu m'écris que j'ai une humeur chagrine contre toute l'humanité. Oh ! non, tu te trompes. J'ai de l'amour, de la musique, du rêve dans mon cœur, j'en ai tout plein, tout plein.

N'aie pas peur, mais il faut me permettre de me plaindre en une ligne et pendant un instant de tout ce qui est arrivé. Il est impossible de me le défendre. Ma patience a été surhumaine. Songe à ce que j'ai souffert. Un autre, à ma place, qui aurait été ce que je suis, n'aurait pas eu mon endurance.

Et tu sais qui est mon modèle ? toi-même, ma Clara ! Et je sais que tu n'as pas moins souffert que moi !

Je t'envoie un petit *lied* pour te consoler. Chante-le doucement, simplement comme tu es ! Bientôt je t'en enverrai davantage.

Ces jours derniers, j'ai fait un cycle (enchaînement) des *lieder* de Heine, qui est terminé. Et puis en dehors de ça, une ballade. Il y a un cahier de fait.

Et puis un cahier de Burns (un Anglais sur lequel je n'ai fait encore que très peu), et puis deux cahiers de Mosen, Heine, Byron et Goethe; cela fera sept cahiers avec le cycle. N'est-ce pas bien ? Et aussi un cahier pour quatre voix, dans lequel un pour quatre voix de femmes qui résonne très bien.

Les textes sont pour la plupart dans un style passionné. Tout cela s'est passé si facilement et je ne puis te dire comme j'ai été heureux. Pour la plupart, je les ai faits debout ou marchant de long en large et pas au piano.

C'est une tout autre musique que celle qui ne passe pas d'abord au travers des doigts, c'est tellement plus direct et plus mélodieux. Je les ai joués et chantés à Hulern, à Verhulst et à d'autres, et, pour employer ton langage quand tu es contente, je dirai qu'ils ont été enthousiasmés.

CLARA A ROBERT

2 mars.

Je viens de vivre un jour que je n'oublierai jamais. Nous étions à Travemunde. Nous nous sommes embarqués dans un petit bateau à trois voiles et nous cinglâmes vers le large jusqu'à ce que nous eussions perdu la côte de vue et que personne ne pût se douter où nous étions !... et, bien que je me sentisse un peu effrayée, j'ai cependant *bramé* de bonheur. Il y avait du brouillard, mais cela était d'autant plus beau lorsqu'un rayon de soleil fatigué parvint à percer les nuages et fit les vagues argentées...

Pour la millième fois, j'ai prononcé à voix basse ton nom. Ah ! comme tu aurais dû être avec nous.

Il n'y a rien à dire de ta petite chanson, elle est faite pour être chantée.

C'est quand même merveilleux comme tu composes avec zèle, mais je pense à quelque chose en lisant tes chansons, ne serait-ce pas un *nouveau* et *jeune* rossignol qui t'a enflammé ? est-ce qu'il y a chez toi aussi ce beau temps de printemps et le soleil pénètre-t-il déjà dans ta chambre ?

Je voudrais savoir tant de choses de toi, mais ce que je préférerais, c'est d'être auprès de toi.

ROBERT A CLARA

13 mars 1840.

Ceci est une maigre récompense pour tes deux dernières lettres. Mes chansons sont les premières qui

aient été imprimées, alors n'exerce pas trop ton esprit
critique. Quand je les ai composées j'étais tout à toi;
ô toi fille romantique, tu me poursuis de tes regards
où que je sois et je pense souvent que, sans une fiancée
comme toi, je n'aurais pas composé une semblable
musique qui n'est faite que pour chanter tes louanges,
car je ne t'aime que trop et je voudrais te dire que
chaque soir j'ai envie d'aller te retrouver et que je
n'ai pas cessé d'être dans une crainte perpétuelle de
ne pas arriver à temps auprès de toi.

Sais-tu également que c'est aujourd'hui ton anniversaire? — je calcule tout d'après ma fiancée. Ainsi,
vingt ans et demi ma petite Clara, je n'aurais jamais
songé que nous vieillissions autant tout en n'étant
encore que fiancés. Ces longues fiançailles ont du bon.
On apprend à bien s'aimer et à bien se connaître.
Cependant permets-moi une observation: toi, quand
tu m'as froissé et que je te le dis, tu fais exactement
comme si c'était toi le plus froissé des deux et tu te
dis prête malgré tout à me pardonner. Songe, petite
fille, que deux fois depuis trois mois, je t'aurais profondément froissée à ton avis et cependant, Clara,
la pécheresse c'était toi. Ne me connais-tu donc pas,
et ne sais-tu pas que je suis un homme loyal et que je
ne ferai jamais de mal à personne? Alors, femme, avoue,
et laisse-moi te dire qu'avec tes deux dernières lettres,
tu as tout arrangé et je t'écris cela seulement pour
l'avenir. Nous devons plus tard souvent nous parler
de nos craintes réciproques pour rendre plus solide la
paix de la maison.

Pendant que je compose, crois-tu que tu puisses
te permettre d'être paresseuse ? Ecris donc une chan-

son ! Si tu commences, tu ne pourras plus t'arrêter. C'est une telle tentation. Je veux te laisser jeter un coup d'œil dans mes différents projets d'opéra... Tâche de lire *Les Frères Sérapion*, de Hoffmann. Tu y trouveras un conte « Doge et Dogaresse ». Lis-le bien attentivement. Imagine tout cela sur les planches. Dis-moi ton avis et tes pensées. Dans cette nouvelle, ce qui me plaît, c'est le mélange de naturel et de noblesse.

Julius Becker doit me faire le texte en vers. J'ai déjà fait les plans !

CLARA A ROBERT

Berlin, 14 mars 1840.

Mon cher Robert, grand merci pour les *Lieder*; ils m'ont surprise, ils sont vraiment très singuliers et nécessitent de bons chanteurs et un esprit susceptible de les comprendre.

Ton jugement dans l'article de la S.F.M. sur la *Symphonie* de Schubert me paraît excellent. Ah ! si seulement il était encore là ! Comme il est douloureux qu'il soit mort avant que son talent ait été reconnu.

Quel sentiment bizarre que celui que j'ai devant sa tombe et celle de Beethoven. Quels amis vous deviez être ! Si seulement je pouvais entendre cette symphonie...

Je ne peux pas composer, et quelquefois cela me rend malheureuse, mais vraiment je ne peux pas, je ne suis pas douée pour ça. Ne crois pas que ce soit de la paresse. Et un *lied* par-dessus le marché, je ne saurais absolument pas. Composer un *lied* sur un texte, avoir une conception de tout cela, mon esprit n'y suffit pas !

Tu voudrais savoir ce qui me reste de bénéfice après cette tournée. Je vais te le dire quoique je n'aime pas beaucoup en parler. Le tout m'a rapporté neuf cent soixante-dix thalers; j'ai pas mal dépensé pour des achats, valises, pour moi, ma mère et pour la maison, ce qui fait qu'il me reste quatre cent quatre-vingt-dix thalers. Es-tu content ? Moi, je le suis, je ne crois pas qu'on puisse obtenir beaucoup mieux en cinq semaines !

Clara.

ROBERT A CLARA

Mercredi, 18 mars 1840.

Je ne pourrai pas t'en écrire long aujourd'hui. Je suis fatigué et épuisé par ces quelques derniers jours. Aussi longtemps que Liszt **est** ici, je ne peux pas beaucoup travailler et je ne sais pas comment j'arriverai à terminer mon travail pour la semaine de Pâques. Je suis presque toute la journée avec Liszt. Il m'a dit hier: « J'ai l'impression de vous connaître depuis vingt ans ! » J'ai la même impression. Nous nous parlons d'ailleurs fort grossièrement déjà, il m'en donne souvent l'occasion, étant extrêmement lunatique et terriblement gâté par son séjour à Vienne. Mais je ne peux pas tout te raconter dans cette lettre. Ainsi notre première rencontre à Dresde, nos premiers entretiens après son concert, notre voyage en « chemin de fer » hier jusqu'ici, le concert d'hier au soir, la répétition ce matin pour son second concert. Et quel jeu extraordinaire est le sien ! A la fois audacieux et fou, et tendre et délicat. Ça, je l'ai bien entendu.

Mais, ma petite Clara, son univers n'est pas le mien. L'art que tu professes, comme souvent je le professe au piano quand je compose, cette belle intimité, je ne la donnerais pas en échange de toute sa splendeur, et il y a aussi un peu trop de clinquant. Pas davantage pour aujourd'hui. Tu me comprends, n'est-ce pas ?

Robert.

CLARA A ROBERT

Berlin, 20 mars 1840.

Il faut t'y résigner ! Je viens encore te trouver ! Il me semble que je ne devrais rien faire d'autre que de t'écrire constamment. Ce qui serait encore mieux, c'est de ne plus être séparés ! Nous nous épargnerions bien des tourments. Etant sans nouvelles de toi depuis un certain temps, je pensais que Liszt était le coupable, et je dois t'avouer que j'étais fort jalouse de lui ! Mais alors, ta lettre m'arriva et je vis que tu ne m'oubliais pas.

Qu'il est heureux ce Liszt de pouvoir tout déchiffrer si facilement, alors que nous autres nous trimons pour n'arriver à rien !

Je partage absolument ton jugement sur lui.
T'a-t-il déjà joué ses études ? J'étudie en ce moment
sa neuvième *Etude*, je la trouve belle, avec des res-
trictions.

Que penserais-tu si j'allais travailler la fugue avec
Rungenhagen. J'en aurais très envie, mais je me
demande si mes facultés de comprendre sur lesquelles
je compte peu, sont mûres pour une pareille étude.

J'ai repris mes leçons de français; si seulement je
pouvais arriver enfin à quelque chose, je suis souvent
très fâchée contre moi-même.

Tu m'as fait bien rire en me disant que tu étais
grossier avec Liszt. Tu le trouves gâté, et toi, mon
chéri, ne l'es-tu pas un peu ? Je te le pardonne !
Tout cela s'arrangera quand tu seras mon mari !

Clara.

ROBERT A CLARA

Leipzig.

Ce matin, j'aurais bien souhaité que tu fusses chez
Liszt. Il est vraiment extraordinaire ! Il a joué les
Novelettes, une partie de la *Fantaisie*, la *Sonate*; j'en
étais vraiment ému ! Il les a jouées tout autrement
que je ne l'imaginais, mais toujours génial et avec, à
la fois, une audace et une délicatesse de sentiment
même exceptionnelle pour lui. Il n'y avait que Becker
qui était là; je crois qu'il avait les larmes aux yeux.

C'est surtout la deuxième *Novelette* en ré majeur
qui m'a fait le plus grand plaisir.Il agit sur vous

incroyablement ! Il la jouera à son troisième concert. Il est difficile d'imaginer le brouhaha qui se fait ici. Il n'a pas donné son second concert; il s'est couché sous prétexte qu'il était malade, et il n'a prévenu que deux heures avant le concert. C'est vrai qu'il était épuisé, mais c'était tout de même une maladie diplomatique — je ne peux pas te raconter les détails. Ce qui m'a été très agréable, c'est que j'ai été toute la journée auprès de lui pendant qu'il était couché, et sauf Mendelssohn, Hiller et Becker, personne n'avait le droit de le voir !

Si seulement tu avais pu être là ce matin, tu aurais fait comme Becker — tu aurais pleuré.

Pour son concert, il a eu un piano de chez Härtel qu'il n'avait même jamais vu ni touché auparavant.

Ça me plaît cette confiance qu'il a en ses dix doigts. Ne prends pas exemple sur lui, ma Clara Wieck, garde ta manière à toi. Personne ne peut se comparer à toi et dans ton jeu je retrouve la profondeur de ton cœur — tu entends, ma vieille !

Dans quatre semaines aujourd'hui je serai auprès de toi, si Dieu le veut, ma fille chérie, appuyée contre mon cœur, tu seras heureuse et contente n'est-ce pas ? Clara, ne veux-tu pas organiser un petit concert bien secrètement pour ton fiancé ?

J'aimerais entendre la *Sonate* (la grande) *en si bémol majeur*, en entier, et puis un *lied* de moi, que tu joueras et chanteras (ce qui est le plus important, c'est que ta diction soit claire) et puis ton nouveau *Scherzo* et, pour finir, la *Fugue* de Bach *en ut dièse mineur* du second cahier. Je ne demande pas ce concert en échange de rien, non, je m'attablerai sérieusement. Et puis, nous nous récompenserons réciproquement, tu sais bien comment ? Je me réjouis beaucoup de ce concert des fiancés.

O toi ! la meilleure et la plus adorable de tous. Quand je vais te revoir pour la première fois, je t'étoufferai de bonheur ! Maintenant il faut se séparer. Liszt seul ajoute quelques lignes à ma lettre.

Robert.

LETTRE DE FRANZ LISZT
(original en français)

Permettez-moi aussi, mon grand artiste, de me rappeler affectueusement à votre gracieux souvenir.

Combien ne regrettai-je de ne pas vous trouver à Leipzig ! Si seulement le temps me permettait d'aller vous serrer amicalement la main à Berlin ! Mais, malheureusement, cela ne me sera guère possible. Veuillez donc bien recevoir ainsi à distance mes vœux les plus empressés pour votre bonheur et votre gloire — et disposez entièrement de moi si par un heureux hasard je pourrai le moins du monde vous être bon à quelque chose. Vous savez que je vous suis entièrement dévoué.   F. Liszt.

ROBERT A CLARA

22 mars 1840.

Ma fidèle enfant,

Que je te souhaiterais auprès de moi !

Ici, pour le moment, c'est une folle vie ! Je ne sais pas si tu ne la craindrais pas un peu !

Quand Liszt est arrivé chez nous, il était tout imprégné de l'aristocratie autrichienne, et se plaignait, trouvant que dans notre pays ça manquait de toilettes, de princesses et de comtesses ! Il m'a même énervé au point que je lui ai dit: « Nous avons aussi une aristocratie, mais elle se compose de cent cinquante libraires, de cinquante imprimeries et de trente journaux » et qu'il ferait bien de se méfier ! Il a ri de bon cœur, ne s'est point préoccupé des usages de l'endroit, aussi, maintenant, s'effraye-t-il de tous ces journaux, et je crois qu'il s'est rappelé ma conception de l'aristocratie; en un mot, il n'a jamais été aussi aimable que depuis deux jours où il se fait malmener un peu partout.

A toi, je te parle franchement. Chaque jour Liszt m'apparaît comme quelqu'un de plus puissant.

Ce matin, il a joué chez Härtel. Nous tous qui étions là avons tremblé d'émotion et notre joie de l'entendre était immense ! Il a joué des *Etudes* de Chopin. Un morceau tiré des *Soirées* de Rossini et encore des tas d'autres choses.

Pour lui rendre hommage et faire comprendre au public à qui il a affaire, Mendelssohn a eu une idée charmante. Demain soir (c'est l'anniversaire de Bach et de Jean-Paul), il offre un concert avec orchestre au Gewandhaus, où très peu de monde est invité, où il sera donné quelques ouvertures de Mendelssohn, la *Symphonie* de Schubert et le triple *Concerto* de Bach.

N'est-ce pas une heureuse idée de Mendelssohn d'organiser cela ? Si seulement tu étais assise auprès de moi, ma chère Clara. Mais toute la soirée, je penserai à toi comme si tu étais là. Tu vois, ici on est assez agité !

Mais le soir, je serai de nouveau seul dans ma chambre, et je penserai : « Tout cela n'est pas le bonheur que tu recherches, et celui-là, tu ne le trouves qu'auprès de ta chère fille. »

Robert.

CLARA A ROBERT

Berlin, 23 mars 1840.

J'ai été très surprise des quelques lignes de Liszt. Je lui répondrai aujourd'hui. Il faut qu'il vienne ici. C'est affreux pour moi de ne pouvoir l'entendre. Je peux m'imaginer comme il doit jouer la deuxième *Novelette*, avec quelle violence !

La première fois que j'ai entendu Liszt à Vienne, je n'ai plus eu de contrôle et je me suis mise à sangloter (c'était chez Graff), j'étais bouleversée. N'as-tu pas l'impression quelquefois qu'il ne fait qu'un avec le piano ? et puis soudain, il joue si délicatement, c'est divin. Son jeu est si vivant ! Mon âme en a été frappée et s'en souvient.

Ce que tu me dis au point de vue de ce piano qu'il n'essaye même pas avant le concert, est magnifique ! voilà comme cela doit se passer chez un vrai génie !

A côté de lui, tous les autres virtuoses m'apparaissent comme si peu de chose, même Thalberg... et moi... C'est à peine si j'arrive à me voir !

Enfin, je suis tout de même heureuse, je comprends toutes les musiques, c'est plus important que mon jeu, et ta musique me rend si heureuse, ce côté intime familial, seul tu le possèdes !

Je m'exerce déjà sérieusement pour le concert de la fiancée, mais je ne m'en réjouis pas; par contre, je me réjouis fort pour le concert du fiancé, celui que tu me donneras! Que te proposerais-je de mon répertoire? Je ne sais pas! Moi, j'aime tout ce que tu me joues et comme je serai heureuse quand je pourrai être assise de nouveau au piano à tes côtés. Je suis toute rouge d'effroi quand je pense qu'il faut que je te chante un *lied*, d'autant plus que tu me recommandes une diction très nette! C'est justement ce que je ne sais pas faire. Je peux encore au besoin sortir un son de ma gorge si je n'avais pas besoin de prononcer nettement. Si tu savais comme ma voix est rouillée! Il y a deux ans que je n'ai pas chanté... Quelle erreur!

Clara.

CLARA A ROBERT

Ah! malheureuse que je suis!

Me voilà assise ici et privée de tous les plaisirs que vous vous procurez les uns aux autres.

Qu'est-ce que j'aurais donné pour être hier à Leipzig! J'étais allée au théâtre, mais mon esprit était ailleurs. Je te voyais de loin extasié en entendant la musique et comme j'aurais aimé être assise à tes côtés!

A la vérité, depuis longtemps déjà, j'avais pensé venir avec ma mère, mais peut-être je te dérangerais dans ton intimité avec Liszt et peut-être n'aurais-je pas été tout à fait la bienvenue! Je crois que c'est mieux d'être restée ici.

Quelle belle idée d'artiste a eue Mendelssohn, et quel grand honneur pour Liszt.

Est-ce que Liszt se languit encore de son aristocratie viennoise ? de toutes ces comtesses ? J'espère qu'auprès de vous il les a oubliées.

Est-ce que le *Concerto* de Bach est celui en ré mineur ? Que Liszt te paraisse toujours de plus en plus grand me fait monter les larmes aux yeux !

Quelquefois, quand on le voit devant le piano, on le prendrait pour un esprit !

Est-ce possible que mon père ait écrit contre lui ? Ce serait trop horrible ! Vous avez eu tort tout de même de ne pas lui avoir envoyé de billets pour le concert [1]. Pendant des années, il a été d'une extrême obligeance, a toujours prêté ses pianos et il en a plus de dommage que de bénéfice ; il s'est donné souvent, bien souvent, du mal et maintenant qu'on n'a plus besoin de lui, on le laisse tomber. Ce n'est pas bien de votre part et vous m'avez fait pleurer à chaudes larmes !

Il est bien naturel que tu m'écrives plus que je ne t'écris, cela ne t'étonne pas, je suppose ! Tu as bien plus à dire que moi, et même si tu n'as rien à dire tu t'en tires quand même mieux que je ne le fais. Tu comprends, n'est-ce pas, «que moi je ne suis pas toi»... ô cher homme !

Ecris-moi tout le temps. Tu ne m'écris jamais autant que je le mérite. Tu t'en rends compte ? Je compte les minutes jusqu'au jeudi saint... Dis-moi le jour où tu arrives — écris-le encore pour que nous te préparions la petite chambre.

---

[1] Liszt, bien entendu, avait pris le parti de Schumann contre Wieck.

Bargiel te fait dire qu'il veut absolument que tu viennes habiter chez nous; si tu le refusais, il en serait désolé. Et puis tu as raison, ce serait bien plus économique pour toi. J'espère que tu ne trouveras pas ta chambre trop petite et notre existence pas un peu trop simple.

Enfin, il est vrai que tu l'as acceptée la dernière fois... Si seulement tu étais là !

A l'instant, le facteur a passé. Il m'a fait un signe de tête et moi aussi... Ce sera pour demain, n'est-ce pas, mon Robert ?

Je te serre dans mes bras avec toute la force de mon amour. Aime-moi toujours bien. Ta très fidèle et de toute mon âme à toi.

Clara.

Ma mère et tous ceux qui t'aiment se rappellent à ton souvenir.

ROBERT A CLARA

Mercredi, 25 mars 1840.

Chère fille, fiancée de mon cœur,

Quand tu auras lu cette lettre, tu regarderas le monde d'un autre œil, il t'apparaîtra plus joyeux et plus ensoleillé, je le jurerais ! Voilà : Liszt et moi t'invitons par ce mot à venir à son prochain concert qui aura lieu lundi prochain (pour les pauvres). Liszt jouera l'*Hexaméron* (ce sont des variations de Thalberg, Herz, Pixis et Liszt), le deuxième *Concerto* de Mendelssohn (qu'il n'a pas même encore aperçu) et le *Carnaval* (les deux tiers); deux *Etudes* de Hiller qu'il ne connaît pas encore.

Alors va vite te faire inscrire pour samedi, afin que tu sois ici dimanche, surtout pas plus tard, parce qu'il faudra que tu t'occupes de ton passeport et pendant quinze jours acheter tout ce dont tu as besoin, et comme je ne veux plus te quitter, je rentrerai avec toi à Berlin le dimanche des Rameaux. Ecris-moi tout de suite: «Cher mari, qu'est ce qui arrive? C'est ton obéissante femme, ta Clara!» Tu veux bien? Il le faut! Liszt n'ira en aucun cas à Berlin. Il considère que Berlin étant une ville très importante, il voudrait y donner plusieurs concerts, et il n'en a pas le temps. Pendant ces derniers jours, nous sommes allés de dîners en soupers, avons passé de musique au champagne, entourés de comtes, de comtesses et de jolies femmes. En un mot, toute notre vie a été bouleversée.

Nous aimions tous ce Liszt d'un amour indomptable, et hier il a de nouveau joué comme un dieu, et son triomphe a été au-dessus de tout ce qu'on peut imaginer.

Cancans et clabaudages ont cessé.

Hiller a donné un dîner à Aekerleim, très élégant, avec de nombreuses personnalités.

Liszt porta un toast à Mendelssohn, et puis à moi dans un très joli français et plein de mots charmants. Je me suis senti devenir tout rouge, et aussi très content d'avoir été ainsi apprécié.

Dimanche, je te raconterai tout cela et le reste aussi? la soirée de Mendelssohn a été formidable.

Robert.

CET OUVRAGE
A ÉTÉ REPRODUIT
ET ACHEVÉ D'IMPRIMER
SUR ROTO-PAGE
PAR L'IMPRIMERIE FLOCH
À MAYENNE EN SEPTEMBRE 2008

N° d'impr. 71555.
D. L. : octobre 2008.
(Imprimé en France)